コミュニティ・スクールの全貌
―全国調査から実相と成果を探る―

佐藤晴雄 編著

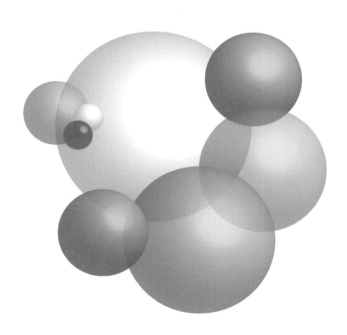

風間書房

はじめに

　去る 2017（平成 29）年 2 月 7 日に、地方教育行政の組織及び運営に関する法律が一部改正されて、教育委員会のコミュニティ・スクール導入の努力義務化に関する条文が同法に盛り込まれた。改正された条文は以下の通りである。

　第四十七条の六　教育委員会は、教育委員会規則で定めるところにより、当該学校の運営及び当該運営への必要な支援に関して協議する機関として、学校運営協議会を置くように努めなければならない。ただし、二以上の学校の運営に関し相互に密接な連携を図る必要がある場合として文部科学省令で定める場合には、二以上の学校について一の学校運営協議会を置くことができる。

　この法改正によって、今後、各地の教育委員会ではコミュニティ・スクール導入の動きが激しくなることが十分に予想されるところである。そうなると、教育委員会や学校では、コミュニティ・スクールの実態や成果、課題などに関する情報を求める声がますます大きくなるのは間違いない。

　これまで、そうした声に応えるために、編者を代表とする研究会（コミュニティ・スクール研究会）は、4 回のコミュニティ・スクール全国調査に取り組んできた。2007（平成 19）年には旧・文教協会の研究補助金による調査を実施し、以後、文部科学省委託調査研究事業による調査を 3 度実施してきた（2011（平成 23）年度、2013（平成 25）年度、2015（平成 27）年度）。その最新調査は 2015（平成 27）年に実施したが、この報告書は発行部数の制約から、一部の教育委員会と主要大学の図書館に提供したに止まり、広く読まれてはいない現状にある。その調査はコミュニティ・スクールの活動実態や校長の意識を明らかにしたもので、今後のコミュニティ・スクール導入等に際して大いに参考になるデータと考察を加えたものである。

はじめに

　そこで、本書は、2015（平成27）年度実施の最新調査が広く活用され、コミュニティ・スクール導入の推進に資することを願って、市販図書として刊行することとした。本書の一部では過去の全国調査のデータを取り上げて比較分析も試みられているが、2015（平成27）年調査の報告書の内容を中心に、若干スリム化しつつ編集することとした。また、コミュニティ・スクールの導入過程や成果を具体的にご理解いただくために、各地の事例を新たに加えたところである。

　本書の特色は以下の通りである。

1. 教育委員会や学校の教職員を主対象に、これからコミュニティ・スクールの導入・指定に際して参考になる全国規模のデータを提供していること。
2. 学校運営協議会の活動実態や校長の成果認識や課題認識等に関する最新データに基づき専門家が考察を加えていること。
3. 図表を豊富に活用して、読みやすさを心がけていること。
4. 事例については、コミュニティ・スクール導入・指定の背景と手続について、直接関わった教育長や教職員、専門家が取り上げ、また成果と課題についても触れていること。

　本書がこれからのコミュニティ・スクールの普及と発展に少しでも寄与することになれば、編や執筆者にとって望外の喜びとなる。

　最後に、本書のために執筆くださった共著者の先生方、そして全国調査に当たってご尽力くださった文部科学省初等中等教育局参事官付けの方々、さらに出版事情厳しい中、本書の意義をご理解の上、刊行を認めていただいた風間書房の風間敬子社長には、心より感謝申し上げる次第である。

2017年12月

編者　佐藤晴雄

本書で主に用いた全国調査の実施概要

　本調査は、2015（平成27）年度文部科学省委託調査研究「学校の総合マネジメント力の強化に関する調査研究」のうち「A．コミュニティ・スクールの推進に関する教育委員会及び学校における取組の成果や課題の検証、学校支援地域本部との一体的な推進や学校評議員などの関係機関との連携の在り方、指定に向けての促進と阻害要因の分析など、学校運営協議会制度等の発展に関する調査研究」として実施したものである。

1．本調査の目的
①学校運営協議会権限の具体的な行使の実態
②学校運営協議会の権限外の機能とその活動実態
③教育委員会の課題認識と指定準備の実態
④子どもの安全・命や学校の危機管理に関する学校運営協議会の取組実態
　以上から、コミュニティ・スクールの有効性と課題を解明し、今後の政策・実践や研究に資するデータ等を提供することを最終的なねらいとする。

2．調査の内容
①学校運営協議会権限の組織及び権限行使の実態、成果認識・課題認識等。
②学校支援活動及び学校評価並びに学校評議員制度などの諸機能と学校運営協議会との関係。
③教育委員会の課題認識と指定準備の実態及び成果認識・課題認識。
④子どもの安全・命や生徒指導に関する学校運営協議会の取り組み実態など。

3．調査の実施方法等
（1）調査対象
　A．学校調査
　　コミュニティ・スクールに対しては成果認識も問うこととしたため、指

定後1年以上経過している学校を対象にした（ただし、2014年の4月1日現在の指定校）。

　①コミュニティ・スクール指定校（2014年4月現在）

　　　1,919校（有効回収数／率：1,555校／81.0％）

　②コミュニティ・スクール未指定校（同上）

　　　1,919校（指定校同数を抽出）（有効回収数／率：1,503校／89.6％）

　　※未指定校には指定予定校（67校）を含む。

B. 教育委員会調査

　　1,788カ所（悉皆）（有効回収数／率：1,503カ所／84.1％）

　　　有効回収数のうち、コミュニティ・スクール導入教委：186カ所、類似制度有り：43カ所

　　　同未導入教委：1,274カ所

C. 訪問調査

　　特色ある取り組みを展開している教育委員会及び学校10カ所

　※なお、本書には新たに書き下ろしてもらった事例を含んでいる。

(2) 調査の実施方法

　eメール発送と郵送回収による自記式アンケート調査（文部科学省初等中等教育局参事官の協力を得て発送・回収を行った）

(3) 調査実施時期

　2015年5月～6月

以上のほか、コミュニティ・スクール研究会による以下の調査データも一部取り上げている。

・2011年調査：平成23年度文部科学省委託調査『コミュニティ・スクールの推進に関する教育委員会及び学校における取組の成果検証に係る調査研究報告書』日本大学文理学部、2012年3月。

・2013年調査：平成25年度文部科学省委託調査『コミュニティ・スクール指定の促進要因と阻害要因に関する調査研究（報告書）』日本大学文理学部、2014年3月。

目　次

はじめに…………………………………………………………………… i
本書で主に用いた全国調査の実施概要…………………………………… iii

序　章 …………………………………………………………………… 1

第Ⅰ部　コミュニティ・スクールの全国的な実態

第1章　コミュニティ・スクールをめぐる環境実態 ………………… 9
第2章　学校評議員制度・学校支援地域本部と学校運営協議会との関係… 22
第3章　学校運営協議会の組織と活動………………………………… 32
第4章　学校運営協議会の権限行使の実態…………………………… 41
第5章　学校運営協議会による派生活動の実態と校長の成果認識・
　　　　運営評価………………………………………………………… 53
第6章　コミュニティ・スクールの権限に対する校長の認識……… 62
第7章　コミュニティ・スクール未指定校校長の認識……………… 74
第8章　地方教育政策としてのコミュニティ・スクール…………… 83
第9章　学校運営協議会の権限行使と教育委員会の成果認識……… 97
第10章　未導入教育委員会にとってのコミュニティ・スクール導入の
　　　　条件 …………………………………………………………… 109
第11章　これまでの調査から見たコミュニティ・スクールの実態の変化… 119

第Ⅱ部　コミュニティ・スクールをめぐる諸課題の分析

第1章　校長による成果認識が高いコミュニティ・スクールの特徴 …… 135
第2章　学校支援地域本部（地域学校協働本部）とコミュニティ・
　　　　スクール ……………………………………………………… 148
第3章　学校運営協議会による生徒指導の取り組みと成果 ………… 163

第4章	コミュニティ・スクール未指定校の特徴	176
第5章	コミュニティ・スクールと教職員の多忙化	190
第6章	学校評価とコミュニティ・スクール	202
第7章	各種教育施策とコミュニティ・スクール	216

第Ⅲ部　事例校にみるコミュニティ・スクール導入の過程と成果・課題

第1章	北海道安平町のコミュニティ・スクール	229
第2章	甲斐市のコミュニティ・スクール	238
第3章	八王子市のコミュニティ・スクール	248
第4章	世田谷区のコミュニティ・スクール	254
第5章	三鷹市のコミュニティ・スクール	261
第6章	奈良市教育委員会及び同市立三笠中学校の取り組み	271
第7章	津市教育委員会及び同市立南が丘小学校の取り組み	279
第8章	山口県教育委員会の取り組み	286
第9章	春日市教育委員会の取り組み	300
第10章	沖縄市教育委員会の取り組み	310
第11章	高等学校におけるコミュニティ・スクールの導入と展開	316
第12章	特別支援学校におけるコミュニティ・スクールの導入と展開	326
第13章	小中一貫校のコミュニティ・スクール	338
第14章	幼稚園におけるコミュニティ・スクールの導入と展開	349

資　料 　355

おわりに 　377

序章

　本書で取り上げるコミュニティ・スクールとは、学校運営協議会を設置する学校のことである。学校運営協議会には、①校長の作成した基本的な方針を承認すること、②学校運営に関して教育委員会や校長に意見を申し出ること、③教職員の任用に関して任命権者である教育委員会に意見を申し出ること、という3つの権限ないしは役割が与えられている。さらに、2017（平成29）年3月の法改正によって、学校運営協議会は学校運営及び学校運営支援に関する関係者の理解を深め、協議結果に関する情報を積極的に提供するよう努めることとされた。

1．コミュニティ・スクールをめぐる最新動向

　コミュニティ・スクールは、学校制度の一環として文部科学省初等中等教育局によって推進され、2004（平成16）年の創設から13年を経た2017（平成29）年4月には3,600校にまで増えた。その創設は、2004（平成16）年の地方教育行政の組織及び運営に関する法律の一部改正によって学校運営協議会の設置に関する規程が盛り込まれたことによる。学校運営協議会を設置する学校をコミュニティ・スクールと称し、地域運営学校と称する場合もあるが、正確に言えば、いずれも法に基づく名称ではなく、文部科学省初等中等教育局発行の『コミュニティ・スクール設置の手引』においてそのような名称を用いることができるものとされたに過ぎない。ただし、教育改革国民会議の提案は、もともとコミュニティ・スクールの創設を求めていた訳であるから、今日、「コミュニティ・スクール」の名称が浸透してきたと言ってよい。

　しかしながら、コミュニティ・スクールをめぐっては、保護者や地域住民等が学校運営に意向を申し出ることができる仕組みでことから、これを忌避しよ

うとする姿勢も見られた。その理由には、学校の自律性が損なわれるのではないかという危惧もあるが、その成果が曖昧であるという見方もある。

しかしながら、コミュニティ・スクールの指定を契機に、学校支援活動が活発に取り組まれ、地域や家庭との連携が円滑に進むようになったという例は少なくない。元々は学校のステイクホルダー（利害関係者）による学校運営参画組織として創設された制度ではあるが、学校支援活動などの法定権限等以外の活動にも及ぶようになったのはどのような経緯によるのであろうか。

2. コミュニティ・スクール制度の創設過程

コミュニティ・スクールの制度化に先がけて、2002（平成14）年度から、文部科学省は全国7地域9校を「新しいタイプの学校運営の在り方に関する実践研究」校として指定し、学校の裁量権の拡大や「地域教育協議会」などの設置による地域連携のあり方など新たな学校改善の方向性を探ろうとしたところである。その実践研究校の一つである東京都足立区立五反野小学校は、2002（平成14）年6月3日、学校評議員類似制度である「開かれた学校づくり協議会」（地域運営検討委員会）の下に、専門部会として「コミュニティ・スクール分科会」を設置し、新しいタイプの学校運営について検討を始めた。

その後、足立区教育委員会に五反野小学校運営指導委員会を設置し、同年10月1日には第1回会合が開催された。編者は運営指導委員会副委員長に就き、直接コミュニティ・スクールの在り方の検討に関わっていた。なお、運営指導委員会は、コミュニティ・スクール（学校理事会）創設にむけた検討を主として行うグループ「地域運営検討委員会」と学校評価を主として検討するグループに分けられ、編者は後者を担当することになったが、コミュニティ・スクールグループにも関わることになった。すでにこの段階で同校はコミュニティ・スクールに学校評価（学校関係者評価及び授業診断を含む）機能を取り組むことを企図していたのである。

当時、文部科学省教育制度改革室長も同会議に出席し、思い切った提案をす

るよう促した。それだけに、コミュニティ・スクールに対する文部科学省の期待が高かったことが分かる。委員会会議では、「総合的な学習の時間」の指導計画の地域への委託や無償報酬教員の独自採用など独自の意見も出されたが（佐藤　2017）、どちらかと言えば当時の雰囲気は学校運営に対して強い権限を持つ学校理事会の設置の要請に傾いていった。元々イギリスの学校理事会の影響を受容しようとする姿勢があったからである。

そして、2002（平成14）年12月14日、「地域運営検討委員会」は「（仮称）学校理事会に関する提案」をまとめ、これを受けた翌2003年1月27日には学校理事会が設置され、理事の委嘱式と第1回理事会が開催された。理事構成は、保護者代表3名、地域代表3名、学校代表4名、行政代表1名とされた。理事長は地域枠から選出することとされたのは、ステイク・ホルダーである保護者と地域代表6名に対して、学校・行政を合わせて5名とし、中立的立場に置かれる理事長を地域代表から選出することによって、保護者等と学校等との委員数の均衡を図るよう配慮したからである。

また、学校理事会の設置に先立ち、同校は校長の公募を実施し、その結果4名の現職の応募者を得た。学校理事会に新たに設置された「校長候補者選考委員会」が二次選考まで行い、うち1名を校長候補者として選出し、この候補者が平成15年度から校長として着任することになった。しかし、諸事情により、翌年度には民間人校長を新たに迎えることになった。

3.　スクール・ガバナンスとソーシャル・キャピタルとの関係

以上のような経緯を経て制度化されたコミュニティ・スクールは学校運営協議会（以下「協議会」）を通してステイク・ホルダーによる学校運営参画を可能にするスクール・ガバナンスを体現させようとする制度である。2000（平成12）年の教育改革国民会議の提案では、市町村が校長を公募し、有志による提案を審査して市町村が設置する「新しいタイプの学校」とされていた。つまり、既存の学校とは別の学校を設置するよう提案されたのであった。五反野小学校

の学校理事会が校長公募に踏み切ったのは、同提案を意識したからである。

　一方、総合規制改革会議は教育改革国民会議の提案を受けて、2001（平成13）年7月に「中間とりまとめ」の中でチャーター・スクール的要素を盛り込んだコミュニティ・スクールの在り方を示すことになる。提案は、「現行法制の下においても、校長を公募し、教員について校長の推薦が尊重されるとともに、学校と協力して運営に当たる『地域学校協議会』を学校ごとに設置するなどの仕組みを備えた、自主的な学校運営の実験を行うモデル校作りを早急に推進するべきである」と述べていた。まさに教育改革国民会議の提案をそのまま受け止めた提案であった。

　しかし、同年12月の「規制改革に関する第一次答申」は、文部科学省の考え方に近い「地域学校協議会」を既存の学校に置くという現行型のコミュニティ・スクールの設置を求めるよう方向転換を図った。

　そして、翌年度に文部科学省は「新しいタイプの学校運営の在り方に関する実践研究」を実施するために研究指定校を募った。前述の五反野小学校はこの実践研究の指定を受けたわけである。

　この実践研究の課題は、①学校裁量権の拡大、②学校と地（コミュニティ）との連携、③その他学校運営に関する事項とされ、このうち②の中に「学校における地域人材の積極的な活用」という文言が盛り込まれていた。3年度間の実践研究を経て、スクール・ガバナンスの要素を重視して学校理事会（学校運営協議会）を創設した東京都足立区立五反野小学校の取り組み、またソーシャル・キャピタルの要素を重視した京都市立御所南小学校の取り組みが注目され、制度化以降、これら二つの異なるタイプのコミュニティ・スクールが各地に普及していった。その結果、コミュニティ・スクールと学校支援活動は一定の関係づけがなされるようになり、むしろ両者の関係付けを重視する傾向が強まったのである。

　周知のように、コミュニティ・スクールに置かれる学校運営協議会は、①校長の作成した学校の基本方針を「承認」すること、②教育委員会及び校長に対して「学校運営に関する意見」を申し出ること、③当該校の教職員の「任用」

に関する意見申出を行うことという3つの権限を有する。さらに、2017（平成29）年3月の地教行法一部法改正によって、④保護者及び児童生徒並びに地域住民に対して、地域協働・連携や学校支援に関する理解を深め、これに関する協議結果の情報提供の努力義務化が加えられた。この新たな役割の付加によって、学校運営協議会は地域学校協働活動にも関わるよう定められたことから、ガバナンス機能の弱化がますます懸念されると同時に、その活動の取り込みによる相乗効果も期待される。

これまでの学校運営協議会は、法的には学校支援活動（法改正後は「地域学校協働活動」に包含される）という「実働」を担う仕組に位置づけられていないが、実際には「協議」と「実働」という二側面に関する活動を担う例が増えてきた。

4. 本書で取り上げる調査研究に至るまでの経緯と本書の構成

先行研究によれば、学校支援や学校評価などの派生活動を展開するコミュニティ・スクールはそうでない場合に比べて校長の成果認識が高い傾向にあり、また派生活動に取り組みつつも、教育委員会等に対する意見申出など本来のガバナンスに関わる活動を怠らない学校で高い成果認識が見出された（佐藤2017）。したがって、コミュニティ・スクールは「実働」に主軸を置くのではなく、「協議」を軸にしながら「実働」を展開する方が有効だと言えるのである。

この間、文部科学省は、放課後子ども教室や学校支援地域本部などの地域連携事業を推進してきた。その結果、地域連携を重視する学校改善が進み、学校運営協議会とそれら連携事業が相まって一定の成果を示すようになったが、コミュニティ・スクール固有の成果は明らかにされたとは言えなかった。また、コミュニティ・スクールの成果に関しては、これまで『事例集』や研究協議会などの場で地域の活性化や学校理解の高まり、あるいは教職員の意識改革や学校の特色づくりの進展などが指摘されてきた。しかし、コミュニティ・スクールのどのような機能が成果につながるのかが十分解明されてこなかった。

序章

　筆者らは、2007（平成19）年に、その時点の指定校全校の校長に対して悉皆調査を実施し、その実態と校長の意識を明らかにしようと試みたところであるが、コミュニティ・スクールの制度化間もなかったために、その成果を十分検証するには至らなかった。

　そこで、2011（平成23）年度に文部科学省の委託調査研究を受託し、コミュニティ・スクール固有の成果とそのプロセス及び課題の解明に迫り、併せて教育委員会のコミュニティ・スクール制度に対する評価を探ることとした。その後、2013（平成25）年度には指定間もないコミュニティ・スクールに限定した調査を実施し、さらに2015（平成27）年度には同委託調査研究によって、コミュニティ・スクール指定校と未指定校の実態と校長の意識、そして教育委員会の施策及び教育長等の意識を問うことを試みたのである。同調査の報告書は調査協力機関等の一部関係者に限って配布したところである。

　本書は、そのうち最新の2015（平成27）年度調査研究の成果報告書を市販書のスタイルに合わせて編集し直し、さらに新たな論考を加えたものである。その構成は以下の通りである。

　第Ⅰ部　2015（平成27）年調査の学校調査及び教育委員会調査の結果概要
　　（第7章及び第10章以外はコミュニティ・スクール指定校・導入教委のデータ）
　第Ⅱ部　同調査の分析と考察に関する論考
　第Ⅲ部　同調査による事例及び書き下ろしによる事例の紹介

　このように、コミュニティ・スクールの全国的動向を明らかにし、また先進事例を取り上げることによって、今後、新たにコミュニティ・スクールを導入しようとする教育委員会や新たにその指定を受けようとする学校、そしてすでにコミュニティ・スクールの指定を受けている学校の参考に資することが本書の目的である。また、コミュニティ・スクールに関する研究の一助になることも願うところである。

（佐藤　晴雄）

第Ⅰ部
コミュニティ・スクールの全国的な実態

第1章　コミュニティ・スクールをめぐる環境実態

はじめに

　本章では、2015年度に実施した本調査の結果から明らかにされたコミュニティ・スクールにおける「学校・教職員」、「児童・生徒」、「保護者」、「校区の地域住民」のそれぞれの実態についてとりあげる。本章では、コミュニティ・スクールの実態を浮き彫りにするため、指定校（コミュニティ・スクール）のデータのみではなく、指定予定校、未指定校、そして全体のデータを合わせた図表を掲載する。本調査は、各設問において（「とても当てはまる」、「少し当てはまる」、「あまり当てはまらない」、「全く当てはまらない」）の選択肢から択一で回答を得たものである。各図の帯グラフでは、回答結果を上述の4択順に濃色から淡色に表している。

1. 学校・教職員の様子（Q1）

（1）教職員の地域への参加

　「教職員は地域の行事や会議に積極的に参加している」について、肯定的な

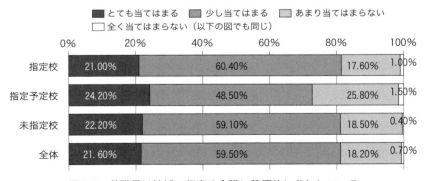

図1-1　教職員は地域の行事や会議に積極的に参加している

回答(「とても当てはまる」と「少し当てはまる」の合計)が、指定校と未指定校ではいずれも81%であり、否定的な回答(「あまり当てはまらない」と「まったく当てはまらない」の合計)は、両者ともに10%台後半で、同じような傾向を示している。

(2) 教職員による学校支援ボランティアの活用

「教職員は学校支援ボランティアの活用に積極的である」について、指定校では、肯定的な回答(「とても当てはまる」と「少し当てはまる」の合計)が86.5%、否定的な回答(「あまり当てはまらない」と「まったく当てはまらない」の合計)が13.5%である。この結果は、学校支援ボランティアの活用に最も積極的な学校が指定校であることを、示すものである。

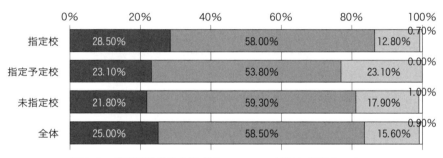

図1-2 教職員は学校支援ボランティアの活用に積極的である

(3) 教職員の時間外勤務や休日出勤

指定予定校、指定校、未指定校という順で、時間外勤務が多い傾向にあることが示された。ただし、「とても当てはまる」と「少し当てはまる」の合計が、いずれも約80%(指定校:82.2%、指定予定校:81.6%、未指定校:78.2%)であることから、全体的に依然として教師の時間外勤務や休日出勤が多い傾向がみてとれる。

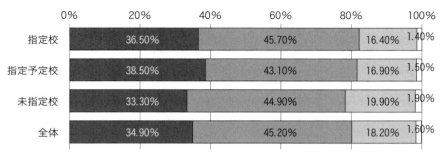

図1-3 教職員の時間外勤務や休日出勤は多い方である

(4) 教職員のコミュニティ・スクールへの理解度

コミュニティ・スクールへの理解は教職員に対して未だに浸透していない実態が示された。自ずと指定校の教職員が最もコミュニティ・スクールを理解している様子があきらかになった。しかしながら、指定校の教職員の約15％がコミュニティ・スクールについて理解していないことも事実である。

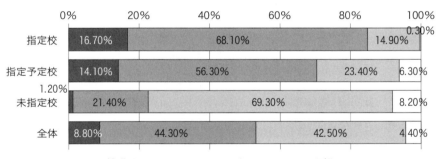

図1-4 教職員はコミュニティ・スクールについて理解している

(5) 教職員の学校運営への関わり

「教職員は学校運営に積極的に関わろうとしている」について、肯定的な回答（「とても当てはまる」と「少し当てはまる」の合計）が、いずれも90％以上を示している。なかでも指定予定校は95％を上回っており、これから学校運営協議会を設置して本格的なコミュニティ・スクールの取組をスタートしようとする機運の高まりがみてとれる。

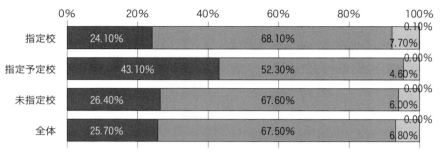

図1-5　教職員は学校運営に積極的に関わろうとしている

(6) 学校運営への地域・家庭の意向の反映

「学校の運営に地域や家庭の声が反映されている」について、肯定的な回答（「とても当てはまる」と「少し当てはまる」の合計）の高い順が、指定校：95.5％、未指定校：94.6％、指定予定校：89.2％であることが示された。学校運営協議会を設置することで、地域や家庭の意向が反映された学校経営が推進されることがあきらかである。

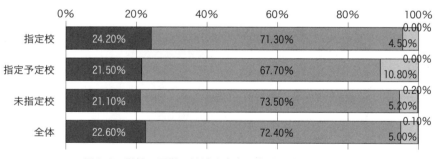

図1-6　学校の運営に地域や家庭の声が反映されている

2. 児童・生徒の様子（Q2）

(1) 児童・生徒の学力

「児童・生徒の学力は高い」について、肯定的な回答（「とても当てはまる」と「少し当てはまる」の合計）の高い順が、指定校：58.5％、指定予定校：52.3％、

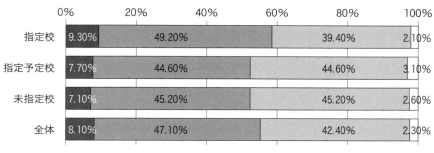

図1-7 児童・生徒の学力は高い

未指定校：52.3％であることが示された。多くの指定校では学校運営協議会が個々の児童生徒に対して授業の内容を補完する学習支援事業や、日頃の学習の成果を試すことのできる検定等の取り組みを実施している。このような取り組みの成果が反映されているのかもしれない。

(2) 児童・生徒の不登校の様子

「児童・生徒の不登校は少ない」について、肯定的な回答（「とても当てはまる」と「少し当てはまる」の合計）の高い順が、指定校：79.0％、未指定校：76.9％、指定予定校：72.3％であることが示された。一方、「まったく当てはまらない」は、指定校：1.7％、指定予定校：1.5％、未指定校：2.3％であることから、いずれの学校にも一定の割合で不登校の児童・生徒が在籍している様子がうかがえる。

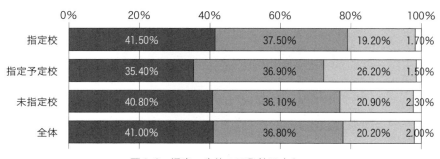

図1-8 児童・生徒の不登校は少ない

(3) 児童・生徒の家庭学習の時間

「児童・生徒の家庭学習の時間は長い」について、肯定的な回答（「とても当てはまる」と「少し当てはまる」の合計）の高い順が、指定校：39.4％、未指定校：38.8％、指定予定校：37.5％であることが示された。指定校の児童・生徒が他に比べ若干多く家庭学習に取り組んでいる様子がみてとれるものの、全体として一定以上の家庭学習の時間を確保している児童・生徒は4割以下である。

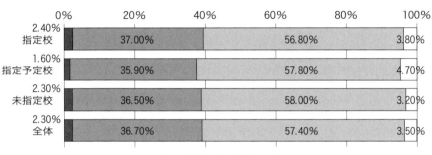

図1-9　児童・生徒の家庭学習の時間は長い

(4) 児童・生徒の地域活動の様子

「児童・生徒は地域活動に取り組んでいる」について、肯定的な回答（「とても当てはまる」と「少し当てはまる」の合計）の高い順が、指定校：78.5％、未指定校：75.6％、指定予定校：70.7％であることが示された。

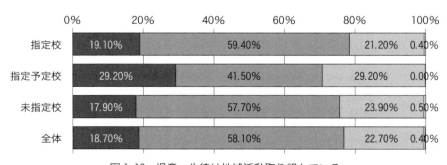

図1-10　児童・生徒は地域活動取り組んでいる

3. 保護者の様子（Q3）

(1) 保護者の学校行事への参加

「保護者は学校行事に積極的に参加している」について、肯定的な回答（「とても当てはまる」と「少し当てはまる」の合計）は、全体の9割以上（指定校：93.2％、指定予定校：92.4％、未指定校：92.7％）である。熱心に学校行事に参加する保護者の割合は、指定校が最も少ないものの、「まったく当てはまらない」の回答値は指定校と指定予定校では皆無、未指定校では0.1％であることからも、概ねの保護者が学校行事に参加している。

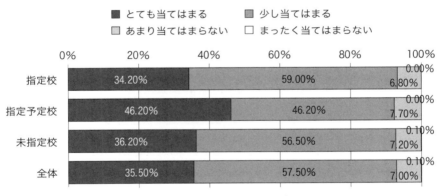

図1-11　保護者は学校行事に積極的に参加している

(2) 保護者による学校の実態の把握

「保護者は学校の実態を十分把握している」について、肯定的な回答（「とても当てはまる」と「少し当てはまる」の合計）の高い順が、指定校：85.1％、未指定校：83.4％、指定予定校：76.9％である。全体として、「まったく当てはまらない」は0.2％とごくわずかであり、約8割の保護者が学校の実態を把握している。

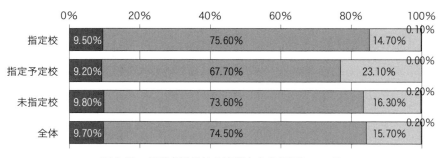

図1-12　保護者は学校の実態を十分把握している

(3) PTA活動の様子

「PTA活動は活発に行われている」について、肯定的な回答（「とても当てはまる」と「少し当てはまる」の合計）の高い順が、指定校：87.9％、未指定校：87.3％、指定予定校：86.1％であり、全体として同じような傾向を示している。

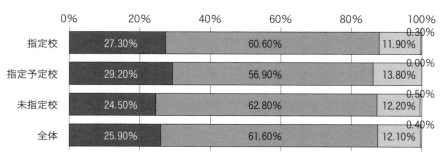

図1-13　PTA活動は活発に行われている

(4) 保護者のコミュニティ・スクールの理解

「保護者はコミュニティ・スクールについて理解している」について、肯定的な回答（「とても当てはまる」と「少し当てはまる」の合計）を示した割合が最も高いのは、指定校（56.3％）である。一方で未指定校は6.3％であり、この差は顕著である。コミュニティ・スクールについて理解する保護者が依然として少ないことを示している。

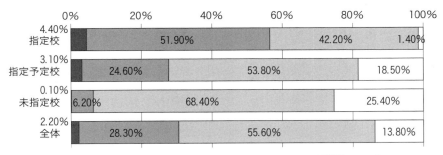

図 1-14　保護者はコミュニティ・スクールについて理解している

(5) 保護者からの苦情

「保護者からの苦情は少ない方である」について、肯定的な回答（「とても当てはまる」と「少し当てはまる」の合計）の高い順は、指定校：85.5％、未指定校：82.1％、指定予定校：78.5％である。全体の約16％の学校で、保護者からの苦情が多い傾向にある。

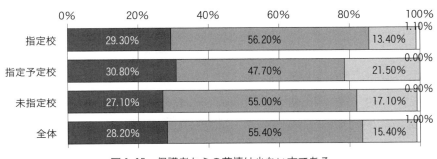

図 1-15　保護者からの苦情は少ない方である

4. 校区の住民の様子（Q4）

(1) 地域住民による学校の活動への協力

「地域住民は学校の活動に積極的に協力している」について、肯定的な回答（「とても当てはまる」と「少し当てはまる」の合計）の高い順が、指定校：87.6％、

第Ⅰ部　コミュニティ・スクールの全国的な実態

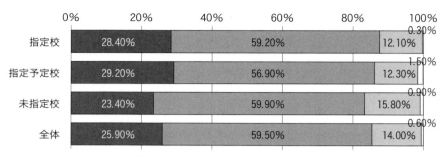

図1-16　地域住民は学校の活動に積極的に協力している

指定予定校：86.1%、未指定校：83.3%である。指定校の9割弱をはじめとして、地域住民による学校の活動への協力が積極的に行われている様子が示された。

(2) 地域住民による学校の実態の把握

「地域住民は学校の実態を十分把握している」について、肯定的な回答（「とても当てはまる」と「少し当てはまる」の合計）の高い順は、指定校：67.8%、未指定校：66.2%、指定予定校：53.8%である。指定校で最も地域住民の学校の実態の把握が進んでいることが判明した。

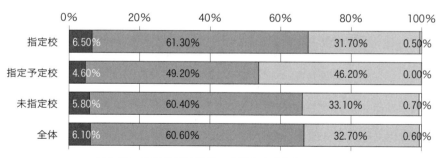

図1-17　地域住民は学校の実態を十分把握している

(3) 地域住民による学校支援活動

「地域住民による学校支援活動が活発に行われている」について、肯定的な回答（「とても当てはまる」と「少し当てはまる」の合計）の高い順は、指定校：79.1％、指定予定校：69.2％、未指定校：70.6％である。指定校の校区の住民が、最も活発に学校支援活動を行っている様子が判明した。

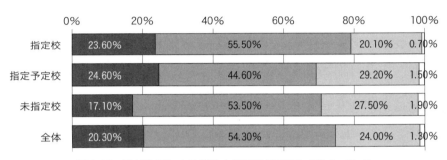

図1-18　地域住民による学校支援活動が活発に行われている

(4) 自治会や子供会の様子

「自治会や子供会などの地域活動が活発に行われている」について、肯定的な回答（「とても当てはまる」と「少し当てはまる」の合計）の高い順は、指定校：80.3％、指定予定校：80.0％、未指定校：73.1％である。全体の約7割以上の学校で自治会や子供会は一定以上に行われている様子がみてとれる。

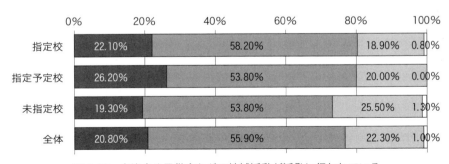

図1-19　自治会や子供会などの地域活動が活発に行われている

(5) 地域住民によるコミュニティ・スクールへの理解

「地域住民はコミュニティ・スクールについて理解している」について、肯定的な回答（「とても当てはまる」と「少し当てはまる」の合計）を示した割合は全体として低い傾向にあるが、最も高いのは指定校（44.0％）である。一方で未指定校は6.3％であり、ほとんどコミュニティ・スクールについて理解する住民がいないことを示している。

図1-20　地域住民はコミュニティ・スクールについて理解している

(6) 地域からの苦情

「地域からの苦情は少ない方である」について、肯定的な回答（「とても当てはまる」と「少し当てはまる」の合計）の高い順が、指定校：91.1％、未指定校：87.7％、指定予定校：85.9％である。

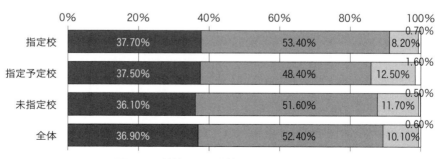

図1-21　地域からの苦情は少ない方である

5．本章のまとめ

　以上に示した調査の結果から浮き彫りにされたコミュニティ・スクールの環境実態における特徴をまとめると、次の通りである。
　指定校の教職員は、学校支援ボランティアを最も積極的に活用しており、コミュニティ・スクールの仕組みや取り組みについての理解度が未指定校や指定予定校よりも高い。その一方、指定校に勤務する教職員でさえも、未だにコミュニティ・スクールについて理解していない者が約17％いることも判明した。とりわけ指定校では、教職員全体に職員会議や研修等の機会を活用して、学校運営協議会の仕組みや取り組み等の周知を図ることが求められるであろう。
　児童・生徒は、未指定校や指定予定校の児童・生徒と比較すると、不登校の割合がやや少なく、学力もやや高い傾向にあることが判明した。
　保護者は、学校行事やPTA活動への参加度は未指定校や指定予定校の保護者と同様の傾向を示しているが、学校の実態を把握している者が最も多く、学校に対する苦情が他よりも若干少ない。この結果より、コミュニティ・スクールでは、学校側（学校運営協議会を含む）が保護者に対する情報提供を丁寧に実施している、あるいは保護者が学校側から提供された情報をしっかりと受信する姿勢を有する傾向にあるのではないであろうか。一方、コミュニティ・スクールの仕組みや取り組みについての保護者の理解度は、未指定校や指定予定校の保護者に比べると大差で高いことがあきらかとなった。
　校区の住民は、未指定校や指定予定校と比較すると、学校の実態を把握している者が多く、学校支援ボランティアを実施する割合も高く、学校に苦情を寄せる者は若干少ない。コミュニティ・スクールの仕組みや取り組みについて理解する住民は半分弱程度である。上述の保護者の場合と同様に、未指定校や指定予定校の地域住民の大多数がコミュニティ・スクールについて理解していない実態とは大きくかけ離れているものの、学校運営協議会制度について一般に広く周知する取り組みが、必要であろう。

　　　　　　　　　　　　　　　　　　　　　　　　　　（柴田　彩千子）

第2章　学校評議員制度・学校支援地域本部と学校運営協議会との関係

1. 学校評議員と学校運営協議会との関係

(1) 学校評議員または類似制度の設置状況について（Q9）

　学校運営協議会制度設置に伴い、「学校評議員または類似制度を廃止・停止した」と回答した割合は76.4％であった（図2-1）。2011年度調査では54.8％であったため、学校運営協議会設置に伴い、学校評議員や類似制度は廃止・停止傾向にあると言えるであろう。

　なお、今回の訪問調査によれば、学校評議員実施校の中にも学校評議員を校長の学校運営、経営上の専門的意見聴取機関と位置づけ、合議機関の学校運営協議会とは別の役割と捉えてそのまま設置している事例があった。

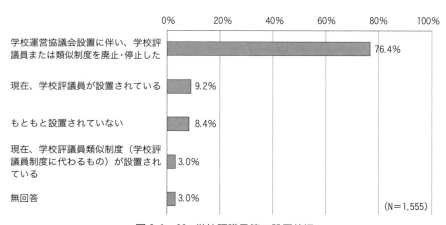

図2-1　Q9. 学校評議員等の設置状況

(2) 学校評議員と学校運営協議会の関係（SQ9-1）

学校評議員と学校運営協議会の関係に関しては、「学校評議員を委員とし、新たな人材も加えた」(50.3％)、「学校評議員の一部を委員に移行」(28.2％)、「学校評議員をそのまま委員に移行」(9.9％) とあるように、学校評議員の人材を学校運営協議会でも活用している割合が高いことが明らかとなった（図2-2）。

2014年度調査では、「評議員からは委嘱しなかった」(21.8％) と2割が学校評議員の人材を活用していなかったのに対し、今回調査では5.8％となっていることからも、学校評議員の人材を学校運営協議会に活用する傾向が強まっていることがうかがえる。

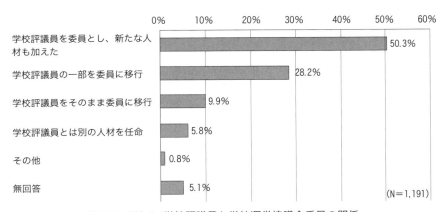

図2-2　SQ9-1.　学校評議員と学校運営協議会委員の関係

(3) 学校運営協議会と学校評議員の関係性認識（SQ9-2）

学校運営協議会と学校評議員の関係の在り方の認識について、図2-3中のA〜F（図中の上からF〜B）までの各項に対して「1.まったく当てはまらない」から「4.とても当てはまる」の4件法で回答を求めた。図2-3は「とても当てはまる」「少し当てはまる」の2つの肯定的な回答の合計値を示したものである。

肯定的な回答が高い順に示していくと、「学校運営協議会と学校評議員を併設する必要はない」（「とても当てはまる」＋「少し当てはまる」）は、9割超（97.9

%）と高い割合を示している。「学校支援活動や学校評価などの活動が積極的に展開されるようになった」(87.9%)、「学校評議員等よりも当事者意識が高い」(82.2%)、「学校評議員等よりも活発に意見を出してくれる」(79.1%)についても約8割の肯定的な回答が得られている。

これらの結果から、学校運営協議会は学校評議員会制度と比較して、学校支援活動や学校評価などの点においても有効であることが読み取れる。

一方で、「学校評議員等が廃止・停止されて、管理職の勤務負担が軽減した」(16.1%)、「学校評議員等が廃止・停止されて、教職員（管理職以外）の勤務負担が軽減した」(13.3%)の項目では、肯定的な回答が2割に達している。これら2項目のデータは数値こそ低いが、学校評議員等の廃止や停止によって管理職や教職員の勤務負担が軽減したことを表わしている。

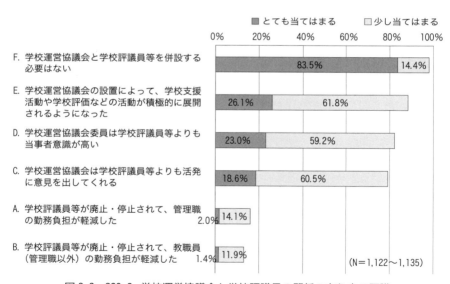

図2-3　SQ9-2. 学校運営協議会と学校評議員の関係の在り方の認識

2. 学校支援地域本部と学校運営協議会の関係

(1) 学校支援地域本部の設置状況（Q10）

　学校支援地域本部の設置状況を見ると、「もともと設置されておらず、今後も設置される予定もない」51.6％、「文部科学省補助事業以外の学校支援組織・仕組みが設置されている」24.4％、「文部科学省補助事業としての学校支援地域本部が設置されている」13.8％という数値になる（図2-4）。

　また、2011年度調査では、「学校支援地域本部が設置されていない」（51.0％）、「学校支援地域本部以外の組織・仕組みが設置されている」（15.3％）、「学校支援地域本部が設置されている」（28.1％）となっている。

　2011年度調査結果と比較すると、「学校支援地域本部が設置されていない」と回答した学校の割合に変化は見られないが、「文部科学省補助事業以外の学校支援組織・仕組みが設置されている」と回答した学校の割合が約8％増え、「学校支援地域本部が設置されている」と回答した学校の割合が逆に約15％減っている。

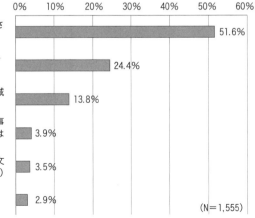

図2-4　Q10. 学校支援地域本部の設置状況

(2) 学校支援地域本部設置のきっかけ (SQ10-1)

学校支援地域本部設置のきっかけは「教育委員会からの働きかけによって」が約4割（44.8％）、「学校が希望して」（21.9％）、「学校と教育委員会の働きかけが一致して」（19.2％）がそれぞれ2割程度という結果となった。学校支援地域本部設置にあたっては、学校運営協議会制度導入同様、教育委員会の働きかけが重要になっていることがうかがえる。

表2-1　コミュニティ・スクール指定の契機

学校が希望して設置された	教育委員会からの働きかけによって設置された	首長のマニフェスト等にとりあげられた	学校の希望と教育委員会の働きかけが一致して指定された	その他	わからない	無回答
21.9%	44.8%	1.0%	19.2%	3.5%	3.7%	5.9%

(N = 594)

(3) 学校支援地域本部と学校運営協議会の関係づけ (SQ10-2)

Q10で「文部科学省補助事業以外の学校支援組織・仕組みが設置」及び「文部科学省補助事業としての学校支援地域本部が設置」と回答した校長に学校支援地域本部と学校運営協議会の関係づけについて質問した。その結果、「下部組織ではないが、学校運営協議会と連携させている」と回答した学校は半数以

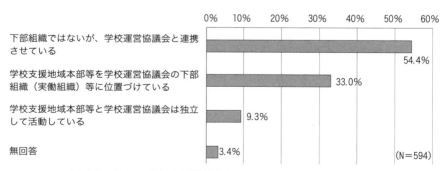

図2-5　Q10-2. 学校支援地域本部と学校運営協議会の関係づけ

上（54.4%）であった。「学校支援地域本部等を学校運営協議会の下部組織（実働組織）等に位置づけている」は3割程度（33.0%）であった。

2011年度調査では「下部組織ではないが、学校運営協議会と連携させている」（56.6%）と今回の調査結果と比較して数値の変化があまり見られないが、「学校支援地域本部等を学校運営協議会の下部組織（実働組織）等に位置づけている」は24.4%から33.0%に増えており、学校支援地域本部を学校運営協議会の下部組織に位置づけている学校は増加傾向にある。

(4) コーディネーターの配置状況（SQ10-3）

コミュニティ・スクールにおけるコーディネーターの配置状況を見ると、「学校支援地域本部等の地域コーディネーターが学校運営協議会のコーディネーターを兼ねている」が約4割（41.2%）、「教職員がコーディネーターを担っている」（21.7%）及び「コーディネーターは配置されていない」（21.5%）は共に約2割となっている。

2013年度調査では「地域コーディネーターはいない」の回答が約4割（40.3%）であったことから、前回調査よりコーディネーターの配置が進んでいるといえる。しかし未だ2割の学校でコーディネーターの配置が進んでいない。

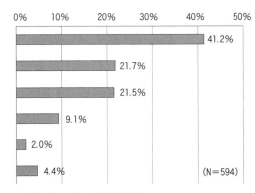

図2-6　Q10-3．コーディネーターの配置状況

(5)「地域教育協議会」等と学校運営協議会の関係（SQ10-4）（SQ10-5）

　学校支援地域本部に置かれる「地域教育協議会」と学校運営協議会との関係を見ると、「『地域教育協議会』等と学校運営協議会は独自に活動している」は1割（10.4％）と低く、多くは両者間に何らかの関連づけがなされている。具体的には、「『地域教育協議会』等の機能を学校運営協議会が担っている」（27.3％）、「『地域教育協議会』等と学校運営協議会は連携している」（30.0％）、「『地域教育協議会』等は設置されていない」（29.0％）がそれぞれ約3割という結果となっている。

表2-2　地域教育協議会と学校運営協議会の関係

「地域教育協議会」等の機能を学校運営協議会が担っている	「地域教育協議会」等と学校運営協議会は連携している	「地域教育協議会」等と学校運営協議会は独自に活動している	「地域教育協議会」等は設置されていない	無回答
27.3%	30.0%	10.4%	29.0%	3.4%

（N = 594）

(6) 学校支援地域本部等と学校運営協議会の連携（SQ10-5）

　学校支援地域本部等と学校運営協議会との関係を見ると、「学校運営協議会の方針に基づいて、学校支援地域本部等による支援活動が実施されている」が

表2-3　学校運営協議会と学校支援地域本部と学校運営協議会の関係

学校運営協議会の方針に基づいて、学校支援地域本部等による支援活動が実施されている	学校運営協議会と学校支援地域本部等が協議した方針に基づいて、支援活動が実施されている	学校運営協議会委員からの情報提供や助言を得ているが、学校支援地域本部等が主体的に方針等を決定し、支援活動が実施されている	学校運営協議会とはまったく別に、学校支援地域本部等による学校支援活動が実施されている	無回答
48.0%	14.3%	23.6%	9.8%	4.4%

（N = 594）

約半数（48.0%）を占め、次いで「学校運営協議会委員からの情報提供や助言を得ている」(23.6%)、「学校運営協議会と学校支援地域本部等が協議」(14.3%)、「学校運営協議会と学校支援地域本部は別に活動が実施されている」(9.8%)となっている。

この結果から、約半数の学校では学校運営協議会の方針が学校支援地域本部等の活動に取り入れられている実態がわかる。

(7) 設置規則上の学校支援活動の位置づけ（SQ10-6）

設置規則上の学校支援活動の位置づけについては「学校運営協議会の役割の一つとして『学校支援』などの文言が明記されている」が約6割（63.6%)、「特に明記されていない」が約3割（32.3%）となった。

SQ10-6の結果からも分かるように、6以上の学校運営協議会が学校支援などの活動に関わることが定められていることになる。

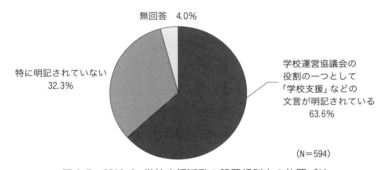

図2-7　SQ10-6. 学校支援活動の設置規則上の位置づけ

(8) 学校運営協議会と学校支援活動の成果と課題（SQ10-7）

学校運営協議会による学校支援活動の成果と課題を、図2-8に示したA～K及びL～Pまでの各項目で表わし、それぞれ「1.まったく当てはまらない」から「4.とても当てはまる」の4件法で回答を求めた。以下に示した図2-8は「とても当てはまる」「少し当てはまる」の合計値を示したものである。

まず、成果についてその回答が高い順に示していくと、「A.学校運営協議会

第Ⅰ部　コミュニティ・スクールの全国的な実態

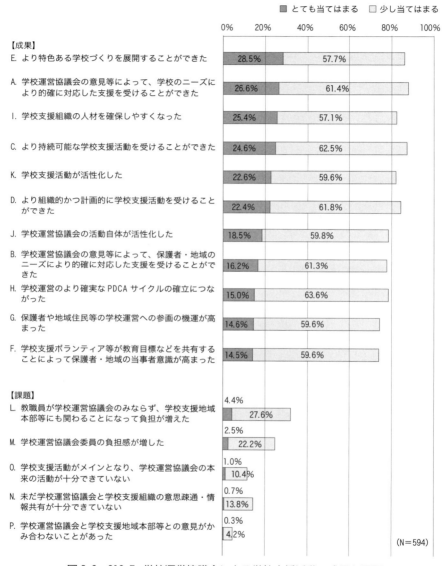

図 2-8　Q10-7. 学校運営協議会による学校支援活動の成果と課題

の意見等によって、学校のニーズにより的確に対応した支援を受けることができた」(88.0%)、「C. より持続可能な学校支援活動を受けることができた」(87.1%)、「E. より特色ある学校づくりを展開することができた」(86.2%)、「D. より組織的かつ計画的に学校支援活動を受けることができた」(84.2%)、「I. 学校支援組織の人材を確保しやすくなった」(82.5%)、「K. 学校支援活動が活性化した」(82.2%) となり、いずれも8割を超えている。「H. 学校運営のより確実なPDCAサイクルの確立」(78.6%)、「J. 学校運営協議会の活動自体が活性化した」(78.3%)、「B. 学校運営協議会の意見等によって、保護者・地域のニーズにより的確に対応した支援を受けることができた」(77.5%)、「G. 保護者や地域住民等の学校運営への参画の機運が高まった」(74.2%)、「F. 学校支援ボランティア等が教育目標などを共有することによって保護者・地域の当事者意識が高まった」(74.1%) は7割を超える結果となっている。7割以上の学校でその成果が得られたと認識されている。

課題としては、「L. 教職員が学校運営協議会のみならず、学校支援地域本部等にも関わることになって負担が増えた」(32.0%)、「M. 学校運営協議会委員の負担感が増した」(24.7%)、「N. 未だ学校運営協議会と学校支援組織の意思疎通・情報共有が十分できていない」(14.5%)、「O. 学校運営協議会の本来の活動が十分にできていない」(11.4%)、「P. 学校運営協議会と学校支援地域本部等との意見がかみ合わない」(4.5%) の順になっている。課題についてはそれほど強く認識されていないことがわかる。

以上から、学校運営協議会は学校支援活動を充実させる機能があると言える。多くの学校運営協議会が組織的に支援活動を行うことによって、単発ではなく持続的な支援活動へとつながっている様子がうかがえる。また、そのような状況下において保護者・地域の学校運営の参画、そして当事者意識が高まってきていると言える。

一方、教職員や委員の負担の増といった課題もあるが、総じて言えば、課題認識はさほど強くないようである。

(大園　早紀)

第3章　学校運営協議会の組織と活動
―組織・会議運営・議事の実態―

はじめに

　本章では、学校運営協議会の組織と活動の実態を解明する。「組織」に関しては、「委員数」「委員に占める教職員数」「学校運営協議会の代表」「校内担当者」を、「会議」に関しては「開催頻度」「下部組織」「会議の公開の有無」「審議内容の公開方法」「議事録」を、「派生活動の実態」に関しては会議で取り上げられた事項（審議事項）の内容から考察する。

1．学校運営協議会の組織

(1) 委員の数 (Q11)

　今回の調査では、指定校における学校運営協議会委員数の平均は表3-1に示したように13.4人であり、前回調査と比較しても同じような傾向が見られる。前回の2013年調査では、「全体」では「11～15人」(49.2%)が最も多く、次いで「10人以下」(31.0%)、「16～20人」(10.1%)であり、ほぼ同じような傾向が続いていると思われる。

表3-1　学校運営協議会の委員数

	度数（校）	平均値（人）	標準偏差
Q11．学校運営協議会の委員数	1,549	13.4	8.13

(2) 委員に占める教職員数 (Q12)

　学校運営協議会委員に教職員が「含まれている」学校の割合は84.1%（1,306

校)で、「含まれていない」学校は 15.9％であった(表3-2)。含まれている学校運営協議会の教職員数の平均は 3.12 人であり、担当者(事務局)ではなく委員として3人前後を占めているのが一般的な傾向である。前回調査(2013年度)でも自校教職員が「1割～2割程度含まれている」学校が最も多く(39.9％)、次いで「1割未満含まれている」(23.4％)、「3割～4割程度含まれている」(15.0％)、「含まれていない」(13.6％)、という割合であったが、ほぼ同じ傾向にあると思われる。

表 3-2 学校運営協議会における教職員数の平均数

	度数(校)	平均値(人)	標準偏差
Q12. 学校運営協議会の委員に含まれている教職員数(管理職を含む)(担当者[事務局]ではなく委員として)	1,306	3.12	4.10

(3) 学校運営協議会の代表 (Q13)

今回の調査では、学校運営協議会の代表は「地域代表」が全体の7割(72.9％)を超え、前回調査の 69.5％よりも増加していることが判明した(図3-1)。逆に、「学識経験者」は前回の 18.7％から 16.2％に、「保護者代表」も 8.0％から 6.2％に減少している。「地域代表」が前回よりも 3.4％増加した分が「学識

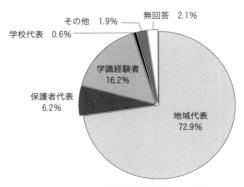

図 3-1 Q13. 学校運営協議会の代表

経験者」と「保護者代表」の減少を招いたことになる。前回調査では「指定年度から窺い知ることができるのは、年度が進むにつれて、『保護者代表』や『学識経験者』が協議会の代表になる割合が増加している」と指摘されたが、今回の調査では「地域代表」が増加しているという新たな傾向が見られる。また、「学校代表」(0.6％) や「その他」(1.9％) のケースは極めて例外的であり、前回調査と同じ傾向であった。

(4) 校内担当者 (Q14)

校内担当者の校務分掌上の位置付けは、「教頭・副校長」が56.1％（そのうち

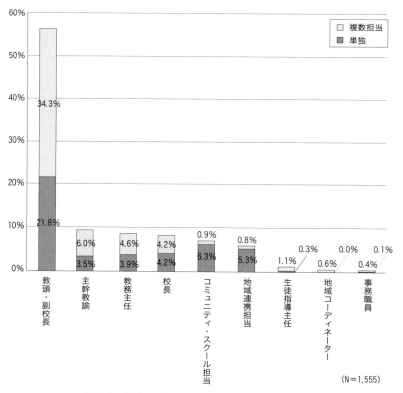

図3-2　Q14. コミュニティ・スクールの校内担当者

単独担当は21.8％)、「主幹教諭」(9.5％)、「教務主任」(8.5％)、「校長(園長を含む)」(8.4％)、「コミュニティ・スクール担当」(7.2％)、「地域連携担当」(6.1％)となり、「事務職員」は0.5％に過ぎない(図3-2)。前回調査では「教頭・副校長」(54.4％)、「副校長」(12.2％)、「教務主任」(4.7％)、「主幹」(4.7％)の順であったが、前回調査よりも「主幹教諭」「教務主任」などが増加していることが特徴的である。逆に「校長」が減少傾向にあった。また前回調査よりも、「地域連携担当」「CS担当」など特別分掌を設けて対応する学校の事例が目立つようになり、これらでは単独担当の比率が相対的に高かった。

2. 学校運営協議会の会議

(1) 会議開催頻度 (Q15)

　学校運営協議会の会議頻度は、年間の「定例会回数」が4.93回、「臨時会等回数」が0.39回、「専門部会等回数」が2.18回であった(表3-3)。前回調査では、「年3～4回程度」の学校が49.8％と最も多かったが、今回の調査で確実に「定例会回数」が増加傾向にあることが判明した。また、加えて「臨時会等」と「専門部会等」が合わせて開催されていることも新たに判明した。

表 3-3　学校運営協議会の会議開催数 (平成 26 年度実績)

	平均値 (回)	度数 (校)	標準偏差
Q15. (昨年度) 定例会回数	4.93	1,547	2.562
Q15. (昨年度) 臨時会等回数	0.39	1,065	1.075
Q15. (昨年度) 専門部会等回数	2.18	1,097	5.045

(2) 下部組織の設置

　学校運営協議会が下部組織を設置している場合には、その名称も合わせて質問したが、様々な委員会が設けられている実情が判明した。図3-3に示した「設置率」は約40％で、「1部会設置」(3.4％)、「2部会設置」(3.2％)、「3部会

設置」(19.9％)、「4部会設置」(10.2％) などとなり、「5部会以上設置」は2.8％となる。設置校の中では「3部会設置」が最多であった。その中でも、「学校評価部」「学校支援部」「安全・安心部会」「広報部会」「地域連携部会」「調査報告部会」「学習支援部会」などの設置が多い。

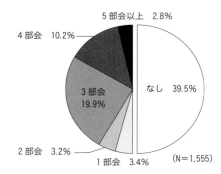

図3-3　学校運営協議会の下部組織の設置状況

(3) 会議公開の有無 (Q16)

学校運営協議会の会議の公開の有無（図3-4）は、「特に決めていない」(60.3％) 学校が過半数以上あり、「すべて公開されている」(15.8％)、「公開を原則

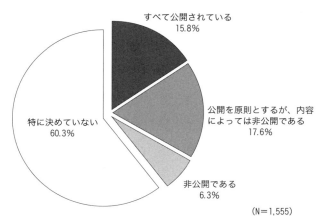

図3-4　Q16. 学校運営協議会会議の公開の有無

第3章　学校運営協議会の組織と活動

とするが、内容によっては非公開である」(17.6%)、「非公開である」(6.3%)を大きく引き離している。前回調査と大きな変化はないが、前回調査の「公開されている」(12.1%)、「原則公開とするが、事項によっては非公開」(12.0%)が増加傾向にあり、逆に「非公開」(10.4%)は減少傾向にある。確実に「公開」が増え、「非公開」が減少している傾向が見られる。

(4) 審議内容の公開方法 (Q17)

　学校運営協議会の審議内容を一般住民や保護者に対して、どのような方法で知らせているかを調査した。その結果（図3-5）は、「ホームページ」(38.0%)、「学校便り・校長便り」(67.7%)、「学校運営協議会便り」(32.7%)、「学校運営協議会による報告会」(4.6%)、「PTA集会」(19.2%)、「地域懇談会」(7.5%)、

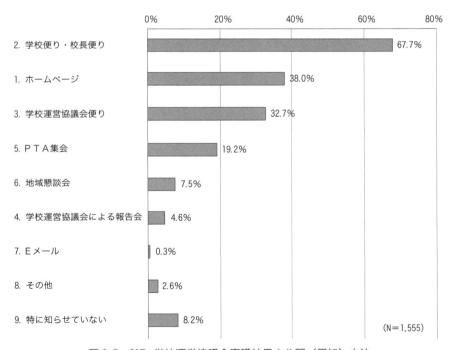

図3-5　Q17. 学校運営協議会審議結果の公開（周知）方法

「Ｅメール」（0.3％）、「その他」（2.6％）、「特に知らせていない」（8.2％）であった。

以上の結果から、「学校便り・校長便り」が7割弱、「ホームページ」が4割弱、「学校運営協議会便り」が3割程度であった。こうした結果から、学校運営協議会の審議内容の結果は複数の手段を用いて一般住民や保護者に対して公表されていることが分かった。「特に知らせていない」は1割未満であり、多くの学校運営協議会がその審議内容を外部に向けて公開する努力をしていることが伺える。

(5) 議事録の作成状況（Q18）

学校運営協議会の議事録作成に関しては（図3-6）、「議事録を作成し、公開している（部分的公開を含む）」（15.4％）、「議事概要に代えて、公開している」（16.1％）となり、議事録公開は3割以上となった。一方、「議事録を作成しているが、公開していない」（45.5％）は半分弱であり、そもそも「議事録や議事概要は作成していない」（23.0％）は2割程度であった。「議事録の公開」に関しては前回調査と同じような結果であるが、議事録を作成している割合（「議事録公開」＋「議事録非公開」）は全体で77.0％となり、前回の71.6％よりは5％程度アップしている。また「議事録未作成」は、前回27.4％であったが、今回23.0％となり、確実に議事録作成が増大していることも判明した。

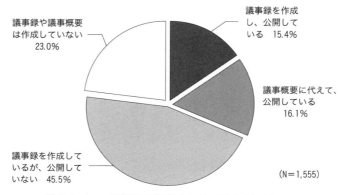

図 3-6　Q18. 学校運営協議会の議事録作成状況

3　議事の実態

　学校運営協議会の会議で取り上げられた事項（審議事項）から派生活動の実態を考察する。学校運営協議会の会議で取り上げられた事項に関しては、「よく取り上げられる」と回答した割合（図3-7）を高い順に示すと、「学校関係者評価」（69.6％）と「学校行事」（61.1％）であり、前回調査とは逆の傾向が伺えた。すなわち、前回2011年調査では「学校行事」が69.6％、「学校評価」が61.0％であり、学校行事への関心が高まったことになる。次いで、今回では「地域人材の活用」（40.2％）となり、これら3つの事項が学校運営協議会会議の中心議題になっていることが理解される。そして、「授業改善」（36.5％）、「教育課程」（35.0％）、「いじめ・暴力・不登校などの生徒指導」（32.3％）が3割を超えている。

　また図示していないものの、「まったく取り上げられない」と回答した割合を高い順に示すと、「学校への寄附」（65.8％）、「教職員評価」（63.7％）、「教職員任用」（60.8％）の3項目が6割を超えている。次いで「教職員定数」（55.2％）、「校内人事」（52.5％）、「教職員の資質改善」（30.3％）と続いている（図3-7の下の項目）。「よく取り上げられる」における上位項目は、「学校行事」「学校評価」「地域人材の活用」など地域が学校に参画できる事項に関する議題が多い傾向は前回と同様であるが、「授業改善」「教育課程」「いじめ・暴力・不登校などの生徒指導」などの教育の内容や生徒指導の問題も議論となっていることが伺える。

　一方、「まったく取り上げられない」における上位項目は、「学校への寄附」といった金銭面と「教職員評価」「教職員任用」「教職員定数」「校内人事」などの教員にかかわる問題であることが判明する。すなわち、前回調査と同じく、教員に直接かかわる議題は回避される傾向にあることが伺える。

第Ⅰ部　コミュニティ・スクールの全国的な実態

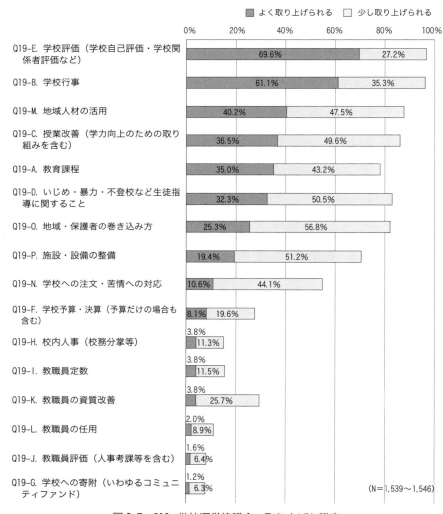

図 3-7　Q19. 学校運営協議会で取り上げた議事

（北野　秋男）

第4章　学校運営協議会の権限行使の実態

1.「承認」行使の実態（Q20）

　学校運営協議会の権限の一つである校長の作成した基本的な方針の「承認」については（図4-1）、「修正意見等がなく承認された」が93.5％と最も多い。ついで、「意見付きで承認され、その後修正した方針を確定した」5.6％、「修正意見が付いたが、その後に承認された」が0.9％となり、「異論が出て、最後まで承認されなかった」は皆無であった。

　9割以上の学校で「承認」されているのは、制度の形骸化とみなすよりも、日頃の協議を通じて学校運営協議会委員との共通理解が図られている証しだと解した方が適切だと考えられる。多くの学校では「承認」に際して、膨大な資料を作成・提示し、校長がその理解を得られるよう努めているからである。

　また、「承認」という「拒否点」（veto points）、すなわち否定される可能性がある手続きは、結果として否定されなくとも、否定の可能性を秘めていることから、政策者（校長）等の独断を防止する役割を果たし、アクターである委員との共通理解を促すことになる。

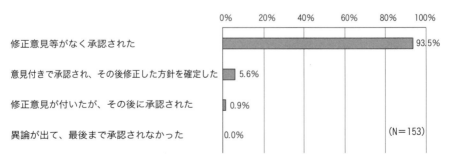

図4-1　Q20. 学校運営協議会の「承認」行為の有無

※「拒否点」：政策や法案等が可決されるまでに通過しなければならない障害となる手続きのことだと定義できる（参考：松田憲忠「市民参加の可能性とガバナンス」、山本啓編『ローカル・ガバメントとローカル・ガバナンス』法政大学出版局、2008年）。その場合、政策案等を賛同するアクターは「拒否権プレーヤー」と呼ばれることがある（G. シェベリス、眞柄秀子・井戸正伸監訳『拒否権プレーヤー』早稲田大学出版部、2009年）。学校運営協議会の場合、委員は拒否点プレーヤーに該当する。

一方、なんらかの「意見」が付いた場合のその内容を見ると（図4-2）、「新たなアイデアが提示された」が77.0％と最も多いように、批判的意見ではなく建設的な意見が付いた例が8割近くを占めている。ついで、「文章表現等の修正がなされた」が50.6％と多く、この場合も「承認」が学校（校長）にとって正の作用をもたらしたと言える（「事実の間違いが指摘された」の6.2％も正の作用になる）。ただし、「情報不足が指摘された」（10.8％）及び「基本方針自体の問題点が指摘された」（9.9％）は数値こそ低いが、校長と委員との共通理解の不足による意見だと解すことができる。

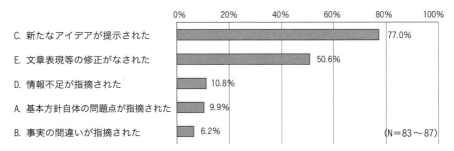

図4-2　SQ20-1. 修正意見等の内容─複数回答─

2. 教育委員会に対する意見申出（Q21,Q22）

(1) 意見申出の有無

学校運営に関し、教育委員会に対して意見申出がなされた割合は、「過去」7.3％、「平成26年度」6.5％である（「あった」の回答）（図4-3）。校長に対する意見は日頃の会議で出されるが、教育委員会に対して意見申出を行った学校は極めて少ない実態にある。この実態はほとんどの課題が校内レベルで協議され、解決されていることを表すものと推察できる。

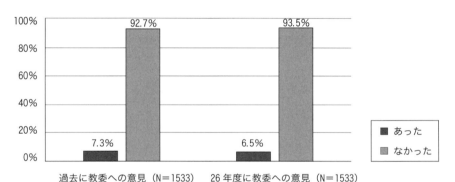

図4-3　Q21．Q22．教育委員会に対する意見申出の有無

(2) 学校運営協議会による意見の内容（Q23）

学校運営協議会の意見は教育委員会のみならず校長に対しても申出がなされる。これら意見内容と申し出対象との関係を表したのが図4-4である。図によると、意見申出が多い順に、「地域人材の活用」「生徒指導」「施設・設備」「学習指導」などがあり、いずれも何らかに対して60％以上の学校が回答している。教育指導のみならず、地域連携や学校のハードウェアなど多岐にわたって意見が出される傾向にある。これら事項のほか、「新たな教育活動」「土曜学習・放課後の学習活動の充実」なども、教育委員会ではなく、校長に対する意見とし

て出される傾向にあるが、「施設・設備」に関しては教育委員会にその意見が向けられる割合が相対的に高い。

一方、意見が少なかった事項には、「校務分掌」「教職員の人事」「教職員定数」など人事に関することが並ぶ。「任用意見」のみならず、教職員の人事に関しては取り上げられない傾向にある。ただし、「教職員人事」及び「教職員定数」は意見こそ少ないが、校内レベルの事項でないことから、教育委員会に対して意見申出がなされる割合が相対的に高い。

以上のように、学校運営協議会は教育委員会に対して意見申出が可能とされながらも、実際には校長に対する意見申出を中心に行っている実態にある。

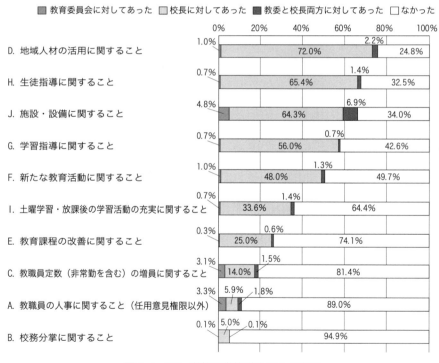

図4-4　Q23. 学校運営協議会による意見

第 4 章　学校運営協議会の権限行使の実態

4. 教職員の「任用」に関する意見申出（Q24）

(1)「任用意見」申出率とその件数

　Q24 は、学校運営協議会による教職員の任用に関する意見申出の件数を問うている（平成 26 年度実績、図 4-5）。その結果、2014 年度の一年間に任用意見申出のあった学校は 102 校で、コミュニティ・スクール全体の 6.6％になる。その意見申出件数の平均は 1.15 件になり、コミュニティ・スクール全体平均では 0.08 件である（表 4-1）。

表 4-1　任用意見申出の件数（2014 年度間）

任用意見申出率（申出のあった学校の割合）	任用意見申出があった学校での平均件数	コミュニティ・スクール全校での平均件数
6.6％	1.15 件	0.08 件
102 校 /1,555 校×100	117 件／ 102 校	117 件／ 1,555 校

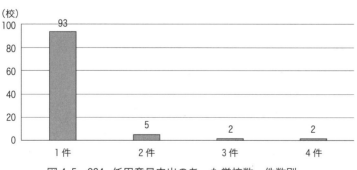

図 4-5　Q24. 任用意見申出のあった学校数―件数別―

　意見申出のあった 102 校のうち 1 件のみが 93 校で、そのほか 2 件が 5 校、3 件と 4 件がそれぞれ 2 校ずつであった（図 4-5）。任用意見申出のあった学校数はさほど多くない実態にあるが、このことは学校運営協議会の活動が形骸化している訳ではなく、そもそも教育委員会規則（学校運営協議会設置規則）に教職

員の任用意見申出権限に関する規程を除外している例が少なくないことが影響していると考えられる。

ちなみに、2011年調査によると、「過去」に任用意見申出があった学校は全体の15.9％であった。2011年時点はコミュニティ・スクール創設から7年目になることから、7年間で15.6％という点を考えれば、今回の1年間で6.6％という数値は決して低いとは言えないだろう。興味深いことに、学校運営協議会設置規則に「任用意見申出」権限が法律通りに既定されている教育委員会の所管校に限ると、その意見申出があった割合は19.6％と著しく高くなる。設置規則がその意見申出に影響していると考えられるのである。

なお、参考までに校種別の任用意見の有無をクロス集計した結果は下表の通りである。

【参考】F1. 校種 と Q24 任用意見の有無 のクロス表

校種	Q24 任用意見の有無		
	あった	なかった	合計
小学校	58（5.8％）	948（94.2％）	1006（100％）
中学校	37（7.9％）	431（92.1％）	468（100％）
幼稚園	3（5.1％）	56（94.9％）	59（100％）
高等学校	4（50.0％）	4（50.0％）	8（100％）
特別支援学校	0（0.0％）	7（100％）	7（100％）

(2)「任用意見」の内容

それでは「任用意見」の内容を調査項目毎に見ていくと（表4-2）、まず申出のあった割合の高い事項は「教職員に関する一般的要望」（47.1％）で、意見の約半数を占めている。具体的には、男女比や年齢の偏りを是正するために男女のいずれか、あるいはベテランか若手かのいずれかなどを希望する例や特定の部活指導に長けた教員を希望する例が多い。

次いで多かったのは「教職員加配を要望」する意見である（38.6%）。この場合、正規教員以外にも非常勤講師や実技教員、学習支援員、コミュニティ・スクール担当者（コーディネーターなど）の配置を求める意見が多い。

そのほか、「管理職の留任を要望」や「自校の特定の教職員の留任を要望」など現在の勤務者の異動時期を見込んだ上で留任を求める意見も比較的多い。

これらについて、意見を申し出た学校1校当たりの平均件数はおおむね1件強である。人事異動には時期があることから、その時期に合わせて1件（回）ということになるのだろう。ただし、同時に2件申し出る場合もあるため、1件を超える数値も表れている。

なお、下記に記した「特定の教職員の転入を要望」とは、たとえば選考を経て任用が決まった実習生や学生ボランティア等を自校に勤務させるよう希望することを意味する。

表4-2 任用意見の内容別の申出率と1校当たりの平均件数

※%は該当校の割合、「件」は意見があった学校の平均数を表す。

A. 他校（同一市区町村内）の特定の教職員を自校に配置するよう要望	6.9%	1.00件
B. 他校（他の市区町村）の特定の教職員を自校に配置するよう要望	7.8%	1.13件
C. 自校の特定の教職員の留任を要望	17.6%	1.22件
D. 特定の教職員の転入を要望	3.9%	1.50件
E. 教職員に関する一般的要望（特定部活動の指導者や若い教職員の配置など）	47.1%	1.08件
F. 管理職の留任を要望	18.6%	1.00件
G. 教職員加配を要望	38.6%	1.03件

具体的な事例としては、以下のような意見が見られた。
・少人数加配の継続配置。
・初任者ではなく経験者、部活動の専門の教員を配置してほしい。
・現在加配されている教員数（児童生徒支援、生徒指導、少人数指導、いじめ対策）

の確保を継続要望。又、不登校児童生徒支援員、生徒指導員、特別支援教員支援員も今年度と同様に確保の要望。
・教頭が担任を兼務していることについて、専任教頭の要望。
・教員の異動の際に、本校へ異動したいという希望者の情報を入手し、前任校の校長の詳細な情報を基に転入の要望をした。
・英語教育（小学校）の充実のため、英語の指導ができる教員の配置（教育課程特例校のため）。
・コミュニティ・スクール公募に応募してきた教職員の任用について。
・学校支援活動に参加している大学生が教員採用選考に合格したため新規採用職員としての配置の意見。
・生徒指導困難校としての人的資源の拡充、情熱にあふれ高い力量を持った教職員の配置、非常勤の配置等、適切な人的支援。
・課外活動（金管バンド部）の指導が出来る＆音楽専科を担当できる教員を配置してほしい。
・特別支援教育の充実のための加配教員を要望。
・栄養士の任用。
・特色ある教育活動に深くかかわっている教員を留めたいという要望。
・経験が豊富で、指導法に関して多様なひき出しを有している教職員の配置を要望。
・地域行事にも進んで協力できるような教職員の配置。
・部活動の指導力を有している教職員の配置。
・校長の継続的任用。
・教育的ニーズの高い子どもたちが運営学級にたくさん在籍しているので特別支援教育の充実のための加配をお願いした。
・コミュニティ・スクール事務加配を単年配置ではなく、地域連携推進のために、ぜひとも複数年配置とするか、あるいは、地域連携推進教員の配置を希望する。

第4章　学校運営協議会の権限行使の実態

(3)「任用意見」反映の有無

　右図（図4-6）は、実際に「任用意見」を申し出た結果、反映（実現）されたか否かの割合を表している。「ほとんど反映された」27.4％、「反映された方が多かった」40.5％となり、両者を合わせると7割近く（67.9％）の学校で任用意見が実現したことになる。その意味では学校運営協議会が目的通りに機能していると言える。

　だが、「ほとんど反映されなかった」17.9％、「反映されなかった方が多かった」14.3％という数字が得られ、実現に至らなかった学校は3割強（32.2％）存在している。

　そこで、意見内容と反映の有無との関係を分析すると（表4-3）、サンプル数が少ないため統計的に確かな

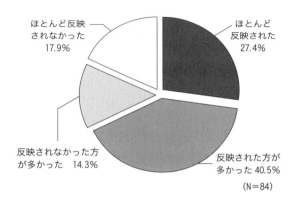

図4-6　Q24-3.「任用意見」反映の有無

ことは言えないが、意見申出数が多く実現率が比較的高い意見内容には、「教職員加配」68.8％（32校中22校）、「教職員に関する一般的要望」68.3％（41校中28校）、「管理職の留任」62.5％（16校中10校）などがある（％は各要望が具体的に反映されたことを意味する訳ではない）。そのほかについては実数が少ないため、一定の傾向を見出すことはできなかったが、「全体」では7割弱（67.9％）の実現率を示した。

　以上のように、「任用意見」申出を行った学校は少ないが、実現率はおおむね7割、換言すれば3校に2校以上の割合になり、比較的高い実態にある。この実態に注目すれば、忌避されがちな「任用意見」申出権限は、実際に行為された場合には高い実現率を見せ、いわば任用に関する希望を叶えてくれる効果を有するものと言えよう。現勤務者の「留任」と着任希望に関する「一般的要

表 4-3 任用意見の内容別の実現率と実現事項数

意見申し出の内容	SQ24-3. 教職員の任用に関する意見が反映されなかったことがありましたか。	
	実現度 $\left(\dfrac{反映された}{要望した} \times 100\right)$	実現事項数
SQ24-1-A. 他校同一市区町村内の特定の教職員を自校に配置するよう要望	80.0%	4
SQ24-1-B. 他校他の市区町村の特定の教職員を自校に配置するよう要望	100.0%	5
SQ24-1-C. 自校の特定の教職員の留任を要望	60.0%	9
SQ24-1-D. 特定の教職員の転入を要望	50.0%	1
SQ24-1-E. 教職員に関する一般的要望特定部活動の指導者や若い教職員の配置など	68.3%	28
SQ24-1-F. 管理職の留任を要望	62.5%	10
SQ24-1-G. 教職員加配を要望	68.8%	22
SQ24-1-H. その他―学校運営協議会事務局の配置	100.0%	2
SQ24-1-H 管理職(校長と教頭)が一度にかわり、コミュニティ・スクール担当教員も異動で他校にかわったこと	0.0%	0
SQ24-1-H. 公募での面接をCS会長と校長、教育委員会で実施	100.0%	1
SQ24-1-H. 就職支援相談員の配置要望	100.0%	1
全体	67.9%	57

望」は意見申出が相対的に多く、実現率も6割以上である。また、「教職員加配を要望」は意外にも高い実現率を示し、意見申出を行った学校の約69％で実現している。したがって、これら実現率を見る限り、「任用意見申出」に関しては、「言わなければ損」とも言えることになる。任用意見についても、コミュニティ・スクールは確かな成果を上げていると言うことができる。

なお、前記の実現率は意見内容毎に実現の有無を問うた結果ではなく、意見

内容と反映の有無に関する独立した設問をクロス集計した結果に過ぎないので、あくまでも参考値であることを断っておく。

5. 学校運営協議会による意見実現事項（Q25）

任用意見のほか、学校運営に関する教育委員会や校長に対する意見申出はどの程度実現されたのであろうか。図4-7は学校運営協議会の意見実現事項9項目について、「何度も実現した」「少し実現した」「実現しなかった」「提案がなかった」から択一回答を求めた結果を示している。

「何度も実現した」という実現率の最も高い事項には「地域人材が活用」（22.0％）があり、以下、数値が引き離されているが、「施設・設備の整備」（7.3％）、「新たな教育活動の時間」（6.3％）が続く。この回答に「少し実現した」を加えると、数値が高い順に、「地域人材が活用」（68.8％）、「生徒指導の創意

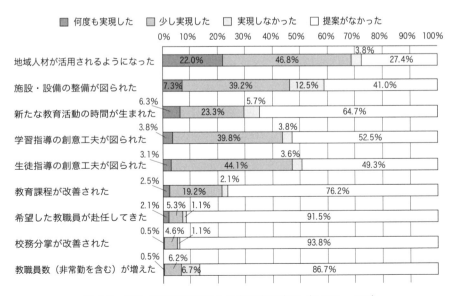

図4-7　Q25. 学校運営協議会の意見実現事項（N=807～810）

工夫」(47.2％)、「施設・設備の整備」(46.5％) などとなる。これら数値からは一見、実現率が低いように見えるが、その数値の低さはそもそも「提案がなかった」の数値が高いことが関係している。

　そこで、「提案がなかった」を欠損値扱いとして、実現の有無を見ると、実現したという回答は（「少し」を含む）、「地域人材が活用」94.7％、「施設・設備」78.9％、「新たな教育活動の時間」83.9％、「学習指導の創意工夫」91.9％、「生徒指導の創意工夫」93.0％、「教育課程が改善」91.1％、「希望した教職員が赴任」86.9％、「校務分掌が改善」82.0％、「教職員数が増えた」49.1％となり、かなり高い実現率になる。ほとんどの事項が9割前後の実現率を見せているが、唯一5割を下回っているのが「教職員数が増えた」である。言うまでもなく、人員増はなかなか難しい実態にあるものの、提案がなされた場合には約5割の学校で実現していることは注目されてよい。それだけ、コミュニティ・スクールは威力を発揮できる制度だと評することができる。

（佐藤　晴雄）

第5章　学校運営協議会による派生活動の実態と校長の成果認識・運営評価

1. 学校運営協議会による派生活動（Q26）

　学校運営協議会は地教行法に基づく3つの権限（「承認」「教委・校長への学校運営意見」「教職員の任用意見」）のほかに、教育委員会の学校運営協議会設置規則等の規程による活動及び学校による任意の活動に取り組んでいる。これらを「派生活動」と位置付け、その実施状況を示すと図5-1のようになる。「学校自己評価について協議」（85.4％）、「委員が学校関係者評価の評価者」（82.2％）の2つの活動は8割以上の学校運営協議会で実施されている。また、「学校関係者評価を学校運営協議会の実働組織で実施」は58.9％と数値はやや下がるが、約6割で実施されていることを考慮すれば、学校運営協議会が学校評価に関わ

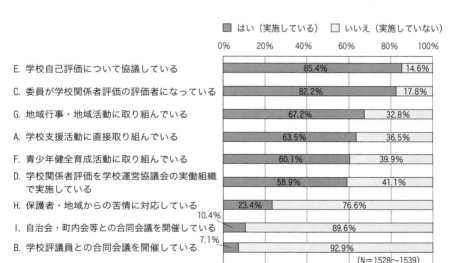

図5-1　Q26. 学校運営協議会による派生活動の実施状況

ることが浸透するものと推察できる。

　「学校支援活動に直接取り組んでいる」は意外にも低く、63.5％に止まった。学校支援活動は、学校運営協議会とは別組織で取り組まれているのか、組織としては取り組まれていない学校が比較的多いことになる。

　取り組みは少ないとは言え、なかには「保護者・地域からの苦情に対応している」は23.4％となり、4校に1校程度で取り組まれている。実施校数は多いとは言えないが、今後のコミュニティ・スクールの一つの課題になり得ることを予測させる結果だと言えよう。

　なお、派生活動と成果認識等との関係については、本書第Ⅱ部第1章で取り上げているが、両変数間には相関か見出され、派生活動が活発できるほど成果認識が高い傾向が見出された。

2. 学校安全と非行防止活動・生徒指導上の課題（Q27）

(1) 安全・非行防止活動実施の有無

　派生活動の中でも、児童生徒の安全に関わる活動や非行防止活動はどうであろうか（図5-2）。安全や非行防止などの課題を「学校運営協議会の議題として、必要に応じて取り上げている」は70.3％であり、またそれら議題を「毎年取り上げている」は43.6％であった。両者を合計すると、100％を超えるが、察するに、毎年度取り上げているところが、課題によっては必要に応じて取り上げているために100％を超える結果になったのであろう。

　そのほか、「委員に、学校安全や非行防止、生徒指導などの専門家を入れている」は12.1％に止まるが、人材不足が強く影響しているからであろう。「校外パトロールを実施した」は10.4％と低いが、見方を変えれば、1割の学校運営協議会でパトロールまでも展開している事実は注目されてよい。

　そのほかの活動については1割未満と少ないが、これら諸活動は今後の学校運営協議会の課題になる可能性が指摘できる。

　なお、この設問に関する詳細に分析は、第Ⅱ部で取り上げている。

第 5 章　学校運営協議会による派生活動の実態と校長の成果認識・運営評価

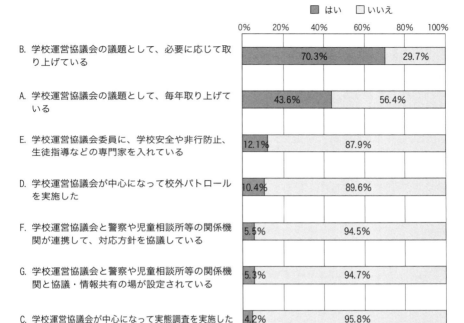

図 5-2　Q27. 学校運営協議会の学校安全や非行防止等の取組状況

3.　コミュニティ・スクールに対する校長の運営評価（Q28）

Q28 では、「あなたの学校は、コミュニティ・スクールとしてどのような状況にありますか」という質問文の下で、AからKまではプラスの側面を表す11項目を提示し（図5-3中の上部のB〜J項目）、LからUまでの10項目を示して（図中の下部のP〜N項目）、それぞれについて「とても当てはまる 4—3—2—1 まったく当てはまらない」からの択一回答によって、コミュニティ・スクールとしての運営評価を求めた。

まず、AからKまでのプラスの側面について見ると、「B. 学校運営協議会委

員に適材が得られている」が最も多く（「とても当てはまる」＋「少し当てはまる」の合計93.8％。以下、同じ）、次いで「A. 校長・園長のリーダーシップが発揮できている」（92.5％）、「C. 委員から活発に意見が出されている」（85.7％）、「D. 委員はコミュニティ・スクールを十分に理解している」（85.0％）などの数値が高い。これら数値を見る限り、学校運営協議会の委員は実質的に活動し、その運営は順調だと言えるであろう。

そして、「E. 学校運営協議会の意見が実現されている」「F. 委員以外の保護者・地域の協力が得られている」も80％以上の数値を示すなど、その成果につながる状況を見せている。そうしたことからか、「H. 私（校長）はコミュニティ・スクールの成果を実感している」の回答が81％に達しているものと考えられる。

ただし、「G. 一般教職員も学校運営協議会に関わっている」（57.2％）の数値が低く、特に「J. 活動費や委員謝礼の予算は十分ある」（23.3％）の回答の低さが注目される。これらは今後の課題になるものと思われる。

一方、マイナスの側面に関わるLからUの項目を見ると、「P. 管理職や担当教職員の勤務負担が増えた」（50.8％）、「L. 学校運営協議会の会議設定に苦労する」（28.0％）、など会議運営に関する事項を課題視する者が相対的に多いようである。

しかしながら、「S. 学校の自律性が損なわれた」（2.2％）や「M. 委員同士の意見が対立する」（4.3％）というコミュニティ・スクール導入の懸念材料になると考えられる事項については、わずか数パーセントに止まる。さらに、教職員の負担について管理職や担当教員は負担増になることもあるが、「Q. 一般教職員の勤務負担が増えた」はわずか2.7％に過ぎず、担当以外の教職員に対して負担増になることは例外的だと言える。

「T. 制度として形骸化している」は12.2％に止まるが、一方のプラス側面項目の一つである「I. 私は学校評議員制度や類似制度との違いを実感している」が約7割（69.8％）と高いことと合わせて考えると、コミュニティ・スクール制度は、形骸化傾向にあると言われる学校評議員よりも順調に運営されている

第 5 章　学校運営協議会による派生活動の実態と校長の成果認識・運営評価

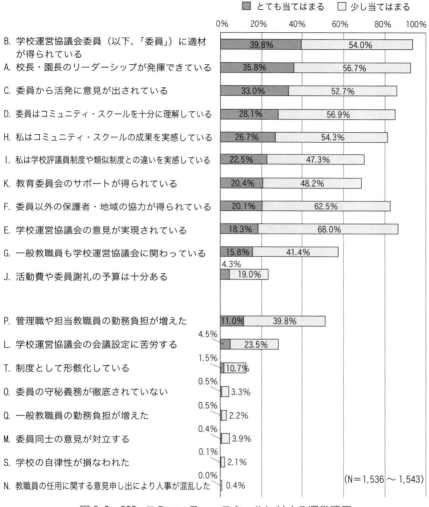

図 5-3　Q28. コミュニティ・スクールに対する運営評価

実態にあると言えよう。

　なお、「N. 教職員の任用に関する意見申し出により人事が混乱した」は最低値の 0.4％ だが、これは任用意見の申出自体があまりなされていないことが強

く影響しているものと考えられる。

　ちなみに、マイナスの側面の項目は全体的に「当てはまる」の数値が低く、「P. 管理職や担当教職員の勤務負担が増えた」で約5割程度となるが、これ以外は3割未満に過ぎない。

4．校長によるコミュニティ・スクールの成果認識（Q29）

　図5-4はQ29の成果認識項目毎に「とても当てはまる」＋「当てはまる」の合計値を記したものだが、その結果を簡潔に説明すると、成果認識スコアの高い項目には、「学校と地域が情報を共有するようになった」(92.7％)、「地域が学校に協力的になった」(86.4％)、「地域と連携した取組が組織的に行えるようになった」(80.5％)、など「対外経営」に関するものが目立つ。これらの傾向は先行調査でも同様に見られた（佐藤晴雄編『コミュニティ・スクールの研究』風間書房、2010）。

　また、「学校関係者評価が効果的に行えるようになった」は約8割であり、この数値は、学校運営協議会に学校評価を関係づけたことが一定の成果につながった可能性を示唆している。

　「適切な教職員人事がなされた」(15.6％)、「教職員が子どもと向き合う時間が増えた」(17.8％) という「校内経営」に関する項目は数値こそ低いが、特に「適切な教員人事」については指定年度の古いコミュニティ・スクールでは相対的に高い数値を示している。たとえば、「適切な教職員人事」の数値を見ると、平成17年度指定校45.0％、18年度指定校27.3％であった。全体的に成果認識スコアは指定年度が古いコミュニティ・スクールほど高くなる傾向があり、このことは他の調査でも確認できる（2011年調査）。これら成果については、言うまでもなく、学校の多大な努力を要するものであり、なかなか実現しにくい訳であるから、たとえ数値が小さくても、コミュニティ・スクールがそれらの成果をもたらす可能性を示していると言えよう。

第5章　学校運営協議会による派生活動の実態と校長の成果認識・運営評価

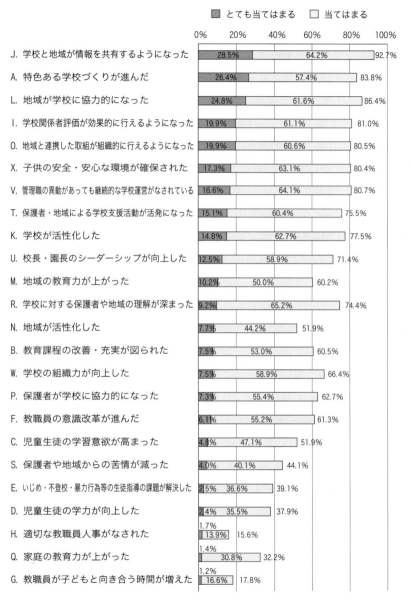

図5-4　Q29. コミュニティ・スクールの成果認識

第Ⅰ部　コミュニティ・スクールの全国的な実態

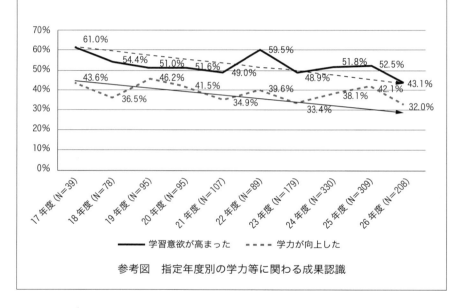

【参考】学力・学習意欲の成果認識

　成果認識としては下位項目であった「学習意欲が高まった」及び「学力が向上した」の2項目に注目すると、CS指定年度がある程度関係していることが分かる（「少し当てはまる」も含む数値）。図中の平成22年度（学習意欲）と25年度を除くと、概ね指定年度が古いほど肯定値は高くなる傾向が読み取れる。成果認識が低い事項もCS経験を積むほどに認識されるようになると言えるのである（図中の右下がりの直線はイメージ）。

参考図　指定年度別の学力等に関わる成果認識

5. 校長によるコミュニティ・スクールに対する満足感（Q30）

　前述した成果認識が、コミュニティ・スクール制度に対する満足感に影響を及ぼすことは十分考えられる。Q30は、その満足感を問うものである。その結果（図5-5）、満足感の高い項目として、「学校運営協議会委員の協力姿勢」

第5章　学校運営協議会による派生活動の実態と校長の成果認識・運営評価

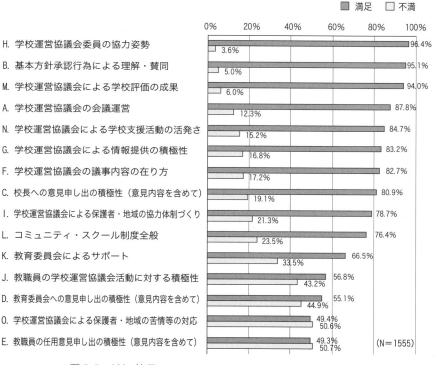

図5-5　Q30. 校長のコミュニティ・スクールに対する満足感

(96.4%)、「基本方針承認行為による理解・賛同」(95.1%)、「学校運営協議会による学校評価の成果」(94.0%) などがある。このほか「学校運営協議会の会議運営」(87.8%) も高い数値を示しているように、学校運営協議会の会議運営についてはほとんどの校長が満足感を抱いているのである。

ただし、「教職員の任用意見申し出の積極性」については、数値が最低となるが、これはそもそも意見申出がないことが原因しているものと思われる。

（佐藤　晴雄）

第6章　コミュニティ・スクールの権限に対する校長の認識

　ここでは、2004年に「地方教育行政の組織及び運営に関する法律」第47条の5（2017年同法一部改正で「第47条の6」が現行）に基づくコミュニティ・スクール制度（学校運営協議会制度）が創設されて以降、学校運営協議会を設置して指定を受けて学校経営に当たる校長の制度認識について、調査データに基づいて考察するものである。考察に当たっては、コミュニティ・スクールが有する3つの権限（役割）、すなわち①校長が作成した学校運営の基本方針を承認すること、②校長や教育委員会に学校運営に関して意見を述べることができること、それと③教職員の任用に関して任命権者に意見を述べることができることに対する校長の認識を順にみていくことにする。次に、校長が重要と考える権限が如何なるものであるかの考察を通じて、今後のコミュニティ・スクールの拡充にとって重要な方策についても論及することとする。

1. 学校運営協議会の権限についての意義

(1) 基本方針の承認（Q36-A）

　コミュニティ・スクールの指定校における学校運営協議会の権限としての「基本方針の承認」に関しては、「学校・家庭・地域でめざす子ども像・学校像を共有するため」との回答が34.8％、次いで「保護者・地域住民の学校運営に関する当事者意識を高めるため」との回答が16.2％、そして「保護者・地域住民の学校理解を得るため」との回答が10％となっており（図6-1）、このことから、校長として、家庭や地域と一体となって子どもの教育に当たる上で、子ども像や学校像を共有し、同じ認識をもって学校運営に当たりたいとする期待感を、「基本方針の承認」を得ることの意義として考えるものが比較的多く伺えた。

　また未指定校の校長の回答は、1位は同じであるが、2位に「保護者・地域

住民の学校理解を得るため」、そして3位には「保護者・地域住民の意向を学校運営に反映するため」となっていて、学校運営協議会の在り方として「保護者・地域住民の意向を学校運営に反映する」ことについて意義を見出している傾向が伺える。

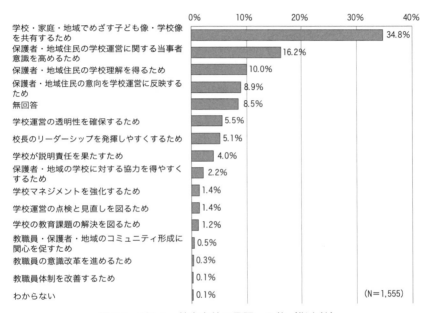

図6-1　Q36-A　基本方針の承認　1位（指定校）

「基本方針の承認」については、地域との協働による学校運営を進める上で、学校運営協議会の委員への学校理解と年間の学校運営にかかる教育課程や学校運営組織、保護者及び地域住民の協力と参画などに関する基本方針を、校長（学校）が年度初めに説明し、承認を得ることについては、2000年4月に導入された「学校評議員制度」（学校教育法施行規則）による校長が学校外の意見を聞いて地域に開かれた学校づくりを進めてきた経験を踏襲し、指定校において円滑な取組が認められる。このことは、未指定校にあっても、学校にとって保護者や地域住民への学校理解に向けて同様な意識をもっていることが調査から

理解でき、今後、学校運営協議会を導入していく学校にあっても、「基本方針の承認」に関しては、学校と地域の情報共有・協力・連携・相互理解の基本的な取り組みとして、課題意識も低いものと考えられる。

　これから学校運営協議会が小学校や中学校など各校種で拡充されていくことになれば、学校教育で取り組まれている教育活動や、幼児・児童・生徒の意識や指導上の課題などに対する理解が深まるとともに、地域にとっても学校の必要性や協働の取り組みを通じた活用性など、相互に理解や協力関係がより一層深まることになり、効果が期待できるといえる。

　また、学校運営協議会で「基本方針の承認」が得られない場合の対応の調査や事例研究に関しては、今後のコミュニティ・スクールの普及・拡充にとって重要な取組と考える。

(2) 校長への意見申し出（Q36-B）

　指定校における学校運営協議会の権限としての「校長への意見申し出」に関しては、「学校運営の点検と見直しを図るため」との回答が13.9％、次いで「学校の教育課題の解決を図るため」の回答が8.9％、そして「保護者・地域の学校に対する協力を得やすくするため」との回答が7.3％となっており（図6-2）、学校運営協議会の権限として、学校経営に当たる校長にとっては、保護者や地域等からの意見をもって学校運営の改善に向けた点検や見直し、学校が抱える課題の解決等に資する意見申し出に期待が寄せられている傾向が伺える。

　未指定校の校長の回答は、1位は同じであるが、2位と3位の項目順が入れ替わっているものの、ほぼ同じような傾向にある。

　「校長への意見申し出」については、学校と保護者・地域住民などの学校運営協議会の委員との間で、学校運営について活発な協議が行われ、相互に学校や教育活動等をより良くしていこうとする主体的・能動的な取組環境が醸成されてきた証左として看過できない視点である。学校や地域にかかわる人々の意識改革や課題解決にとって、前向きなコミュニケーションが学校運営協議会の場で行われることこそ、真にコミュニティ・スクールの役割といえる。

第6章 コミュニティ・スクールの権限に対する校長の認識

　今回の調査では、指定校も未指定校もいずれも「無回答」がトップの数値となったが、学校運営協議会制度が本質的な機能を発揮して効果が現れていく一つの指標として、「校長への意見申し出」が活発となり、地域との協働による取組を通じて、課題解決につながる動きが見取れることが指摘できる。このことは「基本方針の承認」とともに、学校運営協議会の機能性や認知度を検証する上で、その高まり具合を伺うことが、今後の展開にとって制度評価上の重要な尺度になるものと推察できる。

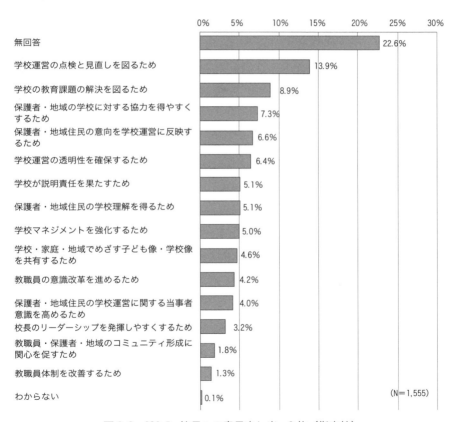

図6-2　Q36-B. 校長への意見申し出　3位（指定校）

(3) 教育委員会への意見申し出（Q36-C）

指定校における学校運営協議会の権限としての「教育委員会への意見申し出」に関しては、「学校の教育課題の解決を図るため」との回答が18.8％、次いで「保護者・地域住民の意向を学校運営に反映するため」の回答が15.4％、そして「保護者・地域住民の学校運営に関する当事者意識を高めるため」との回答が10.9％となっており（図6-3）、この回答結果からは、設置者である教育委員会に対して、学校運営協議会からの意見をもって、学校が抱える教育課題の解決や保護者・地域住民の意向を学校運営に反映することに向けた校長としての期待が伺える。

未指定校の校長の回答も、指定校の校長と同様な回答の傾向である。

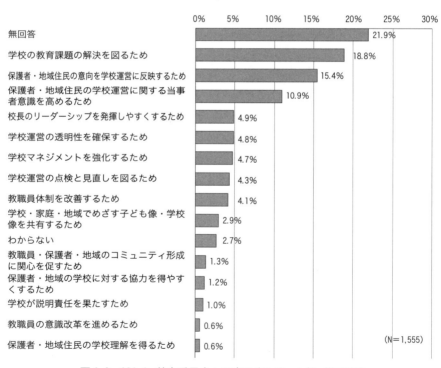

図6-3　Q36-C. 教育委員会への意見申し出　1位（指定校）

「教育委員会への意見申し出」については、学校設置者である教育委員会に対して、学校運営協議会が意見を取りまとめるという点で、「校長への意見申し出」の調査結果とは異なり、「学校の教育課題の解決」や「保護者・地域住民の意向を学校運営に反映」する目的で、学校を支援・協力する意識や具体的な意見が伺え、この点も学校運営協議会制度が果たす目的から考えて看過できないものといえる。

(4) 教職員の任用意見の申し出 (Q36)

指定校における学校運営協議会の権限としての「教職員の任用意見の申し

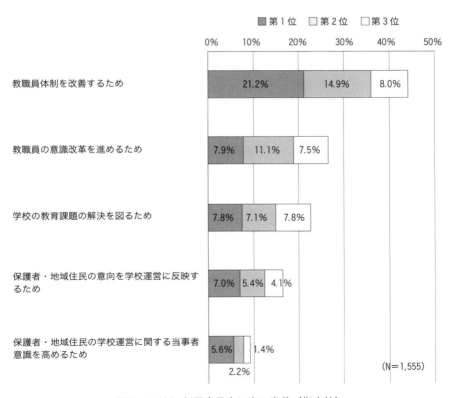

図 6-4　Q36. 任用意見申し出の意義（指定校）

出」に関しては（図6-4）、「教職員体制を改善するため」との回答が21.2％、次いで「教職員の意識改革を進めるため」の回答が7.9％、そして「学校の教育課題の解決を図るため」との回答が7.8％、また「無回答」は29.6％となっており、学校運営協議会の権限として「教職員の任用意見」に関しては、指定校の校長にとって「教職員体制」の改善や「教職員の意識改革」につながるものとして期待する意見や、「学校の教育課題の解決」にとって教職員の役割や在り方に注目した意見が伺える。

未指定校の校長の回答も、指定校の校長と同様な回答の傾向である。

2. 学校運営協議会の重要な権限
―校長として重要と考える学校運営協議会の権限（Q37）―

指定校における学校運営協議会の重要な権限に関しては、「校長が作成した基本的な方針（教育課程等）を承認すること」との回答が71.9％、次いで「学校運営に関して校長や教育委員会に意見を述べること」との回答が20.5％、そ

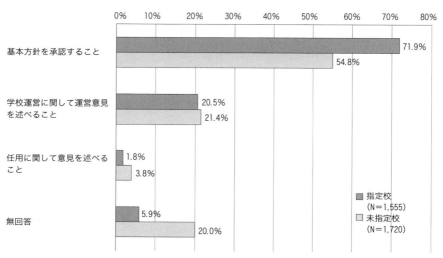

図6-5　Q37. 学校運営協議会の重要な権限　―第１位の回答―

して「教職員の採用等の任用に関して意見を述べること」との回答が1.8％となっている（図6-5）。

　未指定校の校長の回答は、「校長が作成した基本的な方針（教育課程等）を承認すること」との回答が54.8％、次いで「学校運営に関して校長や教育委員会に意見を述べること」との回答が21.4％、そして「教職員の採用等の任用に関して意見を述べること」との回答で3.8％となっていて、指定校の校長と同様な傾向が伺えた。

　「教職員の採用等の任用に関して意見を述べること」に関しては、何れも5％未満となっており、学校経営に当たる校長にとって、教職員の任用に関する学校運営協議会からの意見についての認識や期待が低いことが伺える。

3．今後のコミュニティ・スクールの拡充への意識
　―コミュニティ・スクールの拡充に対する認識（Q39）―

　指定校における今後のコミュニティ・スクールの拡充に対する意識に関しては、「全国的に多くの学校で導入されることが望ましい」との回答が42.7％、次いで「教育委員会の判断にゆだねて導入すればよい」との回答が24.4％、そして「希望する学校で導入すればよい」との回答が22.1％となっている（図6-6）。

　未指定校の校長の回答は、「教育委員会の判断にゆだねて導入すればよい」との回答が38.3％、次いで「希望する学校で導入すればよい」との回答が38.2％、そして「わからない」との回答が12.4％となっていて、指定校の校長が1位として選択した「全国的に多くの学校で導入されることが望ましい」との回答が9.4％となっている。

　指定校の校長は、学校運営協議会の経験から拡充に対する積極性や高い意識が現れているものの、指定校になっていない校長の回答からは「教育委員会の判断」や「希望する学校で導入」といった意識が伺える。

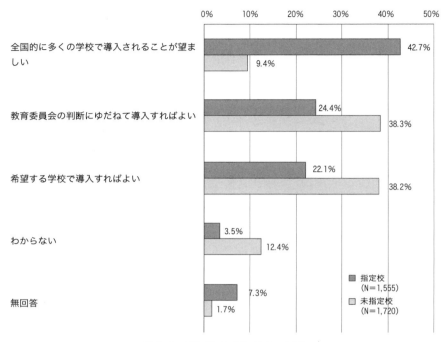

図 6-6　Q39. CS 拡充に対する認識

4. コミュニティ・スクールの拡充の方策
　—コミュニティ・スクールの拡充にとっての重要な方策（Q40）—

　コミュニティ・スクールの拡充にとっての重要な方策に関して、指定校の校長の回答は、「教育委員会が予算措置を図る」との回答が43.7％、次いで「教育委員会が方針を明確にする」との回答が36.8％、そして「教育委員会が教職員を加配する」との回答が36.2％となっている（図6-7）。
　未指定校の校長の回答は、「教育委員会が方針を明確にする」との回答が50.9％、次いで「教育委員会が教職員を加配する」との回答が34.6％、そして「教育委員会が予算措置を図る」との回答が32％となっている。

指定校の校長の意識としては、学校運営協議会の取組に関する予算措置を1位にあげるなど、運営上の課題の解決に高い関心を示している傾向が伺えるのに対して、未指定校の校長については、指定校に向けての教育委員会としての取組方針を1位にあげているなど、前者と比較して明確な意識の差が現れているといえる。

　これまで、校長のリーダーシップのもとで学校の発意で自主的・主体的にコミュニティ・スクールへの指定に向けて取り組んできたところと、学校設置者である教育委員会の方針に基づいて所管学校をコミュニティ・スクールとして指定に導いてきたところと大別すると二つの流れがあった。今後、コミュニティ・スクールの拡充にとっては、学校設置者である教育委員会が方針を示すことへの期待が、今回の調査で約4割近い回答があったように、学校運営協議会制度の導入に関しては教育委員会がその趣旨や役割、期待される効果などを明確にして判断していくことが求められる。

　なお、図中の◆に記された事項は、学校運営協議会の権限に関するものであるが、これらを拡充方策であると選択回答した者は少なく、「基本方針の承認について柔軟な運用を可能にする」は指定校10.8%・未指定校20.4%と低い数値を示しており、中でもコミュニティ・スクールをめぐる懸念事項とする「教職員の任用に関する意見申し出について柔軟な運用を可能にする」は指定校9.1%・未指定校17.8%と低い数値にとどまっている。このことは「教育委員会に対する意見申出」も同様である。これら学校運営協議会の権限は、コミュニティ・スクールの拡充に対する不安材料といわれるが、実際にこれを根拠にして不安視するものは未指定校では1割前後に過ぎないことが判明した。このことを簡潔に整理すると、学校運営協議会の権限の見直しは実際には拡充策として認識されていないことから、それら権限の在り方はコミュニティ・スクールに対する不安材料になっていないと解するべきである。拡充策の多くは、教育委員会の明確な方針とともに、人員や予算など運用にかかわる条件の改善がコミュニティ・スクールの拡充につながると認識していることが、調査を通じて明確になったところである。

第Ⅰ部　コミュニティ・スクールの全国的な実態

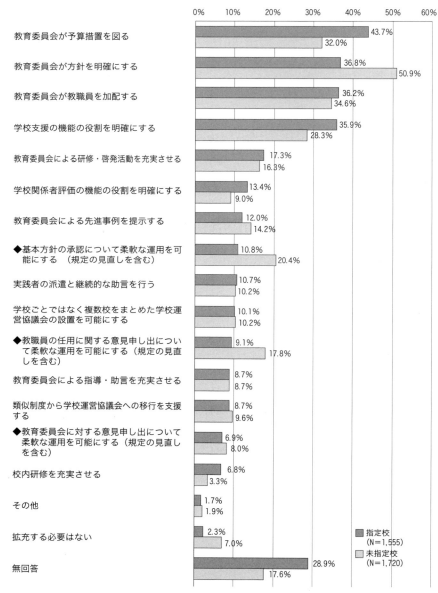

図6-7　Q40. CSの拡充にとって重要な方策　－第1位から第3位の合計値－

しかしながら、この制度を運用して、地域との協働による学校運営は子どもたちの教育を直接担っている学校の教職員が、制度の本質を理解し、学校運営協議会の取組を通じて、子どもたちにとってより良い教育を提供できるようになること、そして学校運営が活性化されることが適切にかつ見通しをもって認識されることがないと、制度の効果的な運用は望めない。教育委員会と学校との間に立って、教育行政的な助言や支援が行われることが重要であり、指導主事や社会教育主事、学校支援地域本部関係者や地域学校協働活動推進委員などの取り組み、あるいは各学校が学校運営協議会を円滑に取り組むためのコーディネーター役の人材の養成と配置を計画的に行い、それらが中心となった取り組みなど、サポート環境を整備していくことが求められる。具体的には、教育委員会では設置所管の関係組織や教育センター（あるいは教育研究所）などに、学校運営協議会を支援するサポートチームを構築し、いつでも学校に赴いてバックアップできる体制は、コミュニティ・スクールの指定後しばらく学校が軌道に乗るまで必要不可欠であると考える。

　また、指定校になった学校としては、校長をはじめ教職員が学校運営協議会制度を理解するとともに、既に多くの指定校の取組事例があるので、それらを参考にしながら、たとえば、年度当初の「基本方針の承認」に向けた協議の進め方や、承認を得られなかった場合の対応の仕方などを理解し、子どもたちの教育の充実をめざして制度の運用を適切に行っていくことも肝要であるといえる。

（梶　輝行）

第 7 章　コミュニティ・スクール未指定校校長の認識

　本章では、コミュニティ・スクール未指定校校長の認識を明らかにする。コミュニティ・スクール未指定校の学校運営の現況や今後指定が行われる可能性、学校と地域との関係、未指定校において現在行われている学校関係者評価の状況等をここでは取り上げる。

1　コミュニティ・スクール未指定校の現況

(1) 学校運営の現況に対する認識 (Q31)

　コミュニティ・スクール未指定校の学校運営の現況に対する認識を、全24項目について尋ねた（図7-1）。いずれも「とても当てはまる」、「少し当てはまる」、「あまり当てはまらない」、「まったく当てはまらない」の四肢で尋ねたものである。

　多くの項目で、「とても当てはまる」、「少し当てはまる」の肯定的な回答が高い割合を示している。中でも、「V. 管理職の異動があっても継続的な学校運営がなされている」は95.5％、「A. 特色ある学校づくりが進んでいる」は95.4％、「B. 教育課程の改善・充実が図られている」は94.4％が肯定的な回答を示すなど、肯定的な回答が90％を優に超える項目も多数みられる。コミュニティ・スクールの指定を受けていない学校においても、一貫した特色ある学校づくりや教育課程の改善・充実は充分に行われているという認識が広く有されていることを窺える結果となっている。

　続いて、地域との関係についての項目を見てみると、こちらも「L. 地域が学校に協力的である」95.5％、「P. 保護者が学校に協力的になっている」92.0％と、肯定的な回答が90％を超える項目もいくつか見受けられる。しかしその一方で、「O. 地域と連携した取組が組織的に行えるようになっている」は肯定

的な回答が74.5％、「T. 保護者・地域による学校支援活動が活発になっている」は74.0％に留まっており、肯定的な回答が4分の3弱に留まっていることが見て取れる結果となっている。これらの設問における肯定的な回答の割合が比較的低い数値に留まっているのはコミュニティ・スクールの指定を受けていないことが要因なのか、それとも地域と連携した組織的な取組や保護者・地域による活発な学校支援活動が十分に行われていないことがコミュニティ・スクールの指定を阻害する隠れた要因になっているのか、その因果関係をこれらの問いのみから明らかにすることはできないが、地域や保護者の協力的な様子は充分にみられるものの、それが組織的な活動には必ずしも結びついていないという点は、コミュニティ・スクール未指定校の現況に表れている一つの課題といえよう。

　その他、肯定的な回答の割合が低い項目をみてみると、「M. 地域の教育力が向上している」64.4％、「N. 地域が活性化している」62.2％、「G. 教職員が子どもと向き合う時間が増えている」54.6％、「Q. 家庭の教育力が向上している」46.6％といったものが挙げられる。特に、設問Qでは肯定的な回答が半分に満たない結果となっている。これがコミュニティ・スクール未指定校に特有の課題であるのかはこの設問のみからは判断できないが、「家庭の教育力向上」はコミュニティ・スクール未指定校において比較的大きな課題として認識されていることが分かる。その他の項目についても、地域の教育力向上や地域の活性化がコミュニティ・スクール未指定校では比較的感じられていない状況にあることが分かる。これらの点についても、コミュニティ・スクールに指定されていないことが地域の教育力向上や活性化があまり図られない要因であるのか、教育力向上や活性化がさほど見られない地域にあるから学校のコミュニティ・スクール指定が行われていないのか、その因果関係はここでは明らかにできないが、ここで取り上げた課題がコミュニティ・スクール未指定校で比較的目立っていることは確認しておいてよいであろう。

　なお、本節でみてきたQ31の質問24項目に対する肯定的な回答の割合を一覧で示したものが次頁に掲載している図7-1である（「とても当てはまる」の回答

第Ⅰ部 コミュニティ・スクールの全国的な実態

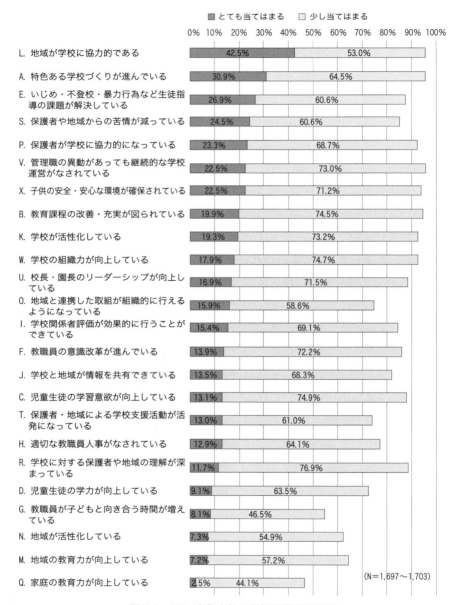

図 7-1　Q31. 未指定校の学校運営現状認識

第 7 章　コミュニティ・スクール未指定校校長の認識

割合が高いものから順に並べている）。

(2) コミュニティ・スクールをめぐる状況（Q32）

　この設問では、未指定校でのコミュニティ・スクールをめぐる状況について「はい」、「いいえ」の二択で尋ねている。その結果は以下の図7-2に示すとおりである。

　多くの項目において、「はい」という回答は40〜60％程度となっており、

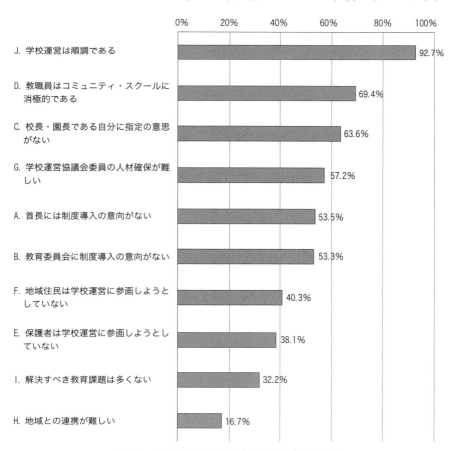

図7-2　Q32. CSをめぐる学校の状況（複数回答）

未指定校全体の一致した傾向を読み取ることは難しい結果となっている。ただし、たとえば制度導入に積極的でない主体としては　教職員＞校長・園長＞首長・教育委員会　の順で「はい」と回答した割合が高くなっており、行政よりも学校の、そして学校の内部においては管理職よりも一般教職員の消極的な姿勢が実感されていることが読み取れる結果となっている。

一方、「F．地域住民は学校運営に参画しようとしていない」、「E．保護者は学校運営に参画しようとしていない」という設問では 4 割程度が「はい」と回答しているものの、「H．地域との連携が難しい」という設問では「はい」という回答は 16.7％に留まっている。地域との連携そのものが課題となっているわけではないことをこの結果からは読み取ることができる。

2　コミュニティ・スクール指定に対する態度

(1) 指定を受けるための条件（Q33）

ここでは、全 15 項目のうちからコミュニティ・スクールの指定を受けるために重要と思われる項目の上位 3 項目を尋ねた（図7-3）。

第 1 位の項目として最も多く挙げられていたものは「教育委員会からの働きかけ」である。但し、第 2 位、第 3 位としてこれを挙げている回答はさほど多くなく、第 2 位および第 3 位を含めた合計値でみると、「教職員の加配措置」や「コミュニティ・スクール担当コーディネーターの配置」、「予算の確保」といった、いわば「ヒト」や「カネ」にあたる要素の充実を重要視する傾向が強いことが読み取れる。また、第 3 位で挙げられている項目では「実践者の派遣と継続的な助言」も比較的多くの回答があり、既に行われている実践のノウハウを伝授するなどアドバイザー的な立場で関わる人物の存在もひとつのポイントとなっていることが窺える。

一方、「学校関係者評価の機能の役割の明確化」や「学校支援地域本部との一体的推進」、「類似制度からの移行」といった項目に対する回答はさほど多くなく、現にある類似の制度や取組をコミュニティ・スクールへと発展させよう

第7章 コミュニティ・スクール未指定校校長の認識

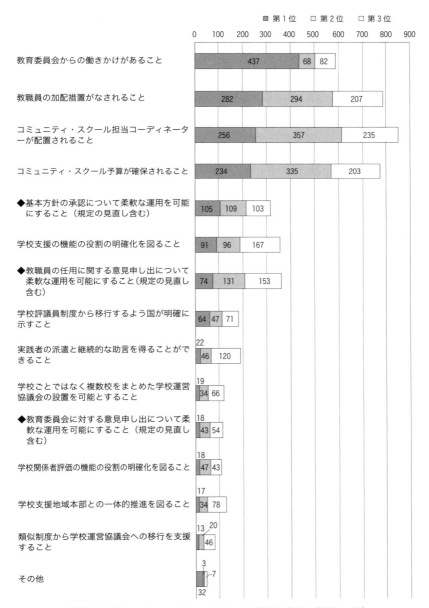

図7-3 Q33. コミュニティ・スクール指定の条件（単位：校）

という意向は強くないことが窺える。また、「複数校をまとめた学校運営協議会の設置」も少数に留まっているが、これはそうした形態の学校運営協議会設置が学校統合の引き金になることを警戒しているとも考えられる。

なお、この設問に対する具体的な回答結果をまとめたものが前頁の図7-3である。

(2) 指定を受ける意思（Q34）

この設問では、未指定校のコミュニティ・スクール指定を受ける意思を尋ねた。結果は以下の図7-4に示すとおりである。

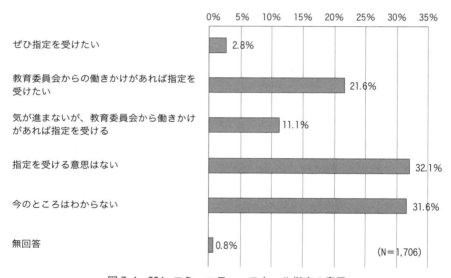

図7-4　Q34. コミュニティ・スクール指定の意思

図7-4のとおり、「受ける意思はない」、「今はわからない」と回答した割合がそれぞれ30％強を占めており、「ぜひ指定を受けたい」という回答は僅か2.8％に留まっている。但し、積極的か消極的な受諾かの相違はあるものの、「教育委員会からの働きかけがあれば指定を受けたい」とする回答もまた30％強に達

する。コミュニティ・スクールの指定は学校単独での問題というよりは教育委員会との関係の中で扱われる性質の問題であることがここからは示唆される。

3 コミュニティ・スクール未指定校の現在の学校関係者評価 (Q35)

この設問では、コミュニティ・スクール未指定校で現在行われている学校関係者評価の実施方法や実施形態を尋ねた。その結果は以下の図7-5に示すとおりである。

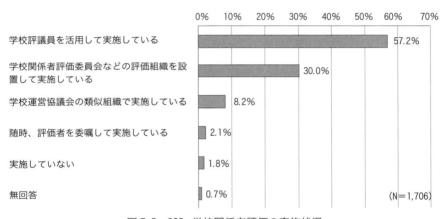

図7-5　Q35. 学校関係者評価の実施状況

図7-5に示すとおり、半数以上の学校では学校評議員を活用して学校関係者評価が実施されている。また、評価組織を設置している学校も3割に上る。一方で「学校運営協議会の類似組織で実施している」という回答は8.2％に留まっており、コミュニティ・スクール未指定校における学校関係者評価の実施方法・形態としては、学校評議員を活用した実施や評価のための組織を設置しての実施が大多数であることが分かる。

4 本章のまとめ

　本章では、コミュニティ・スクール未指定校の校長に対する質問紙調査の結果から、その認識をみてきた。未指定校においては地域や保護者の協力的な姿勢は充分にみられるものの、その組織化は十分にはなされていない場合が少なくないこと、コミュニティ・スクールの指定は学校単独の問題ではなく教育委員会との関係の中で考えられるものであること、未指定校においても学校評議員等を活用した学校関係者評価が多数の学校で行われていることなどがここでは確認された。

（村上　純一）

第8章　地方教育政策としてのコミュニティ・スクール

1. 回答自治体におけるコミュニティ・スクール導入状況

　第8章〜第10章では、教育委員会を対象に行った調査結果をもとに論じていく。本章では、地方教育委員会の教育政策の一つとしてのコミュニティ・スクールの在り方についてまとめていく。

表8-1　回答自治体におけるコミュニティ・スクール導入状況

	自治体種別	ある	法に基づくコミュニティ・スクールはないが、「コミュニティ・スクール」と称する類似制度・事業はある	所管校にコミュニティ・スクールはない
コミュニティ・スクール導入状況	都道府県	5 11.6%	1 2.3%	37 86.0%
	市町村	181 12.4%	42 2.9%	1235 84.7%
	政令市	3 16.7%	0 0.0%	15 83.3%
	特別区	7 36.8%	0 0.0%	12 63.2%
	中核市	6 14.6%	6 14.6%	29 70.7%
	特別市	8 22.2%	3 8.3%	25 69.4%
	その他の市	88 14.4%	20 3.3%	505 82.4%
	町	60 10.1%	11 1.9%	523 88.0%
	村	9 6.6%	2 1.5%	126 92.0%

これに先立ち、集計を行った教育委員会のコミュニティ・スクール導入状況[1]を整理しておく（表8-1）。教育委員会調査で回答が得られた1,501自治体[2]のうち、コミュニティ・スクールが①「ある」としたのは、都道府県では5団体、市町村では181団体だった。これに対し、②「法に基づくコミュニティ・スクールはないが、『コミュニティ・スクール』と称する類似制度・事業はある」としたのは、都道府県では1団体、市町村では42団体だった。③「所管校にコミュニティ・スクールはない」は、都道府県では37団体、市町村では1235団体だった。以下、この分類に言及する際は、①を「あり」、②を「類似制度あり」③を「なし」と呼ぶことにする。

なお、本章では市町村教育委員会のみの結果を示している（政令指定都市は含む）[3]。また、無回答も内数に含む形でパーセンテージを計算した。ただし、グラフ中では煩雑を避けるため無回答のパーセンテージは表示していない。

2. 教育政策の導入状況（教委 Q1）

まず、各種の教育政策の導入状況を、コミュニティ・スクールの有無別に分析する。具体的には、図8-1に記した13項目を提示し、それぞれ「実施されている」・「検討中である」・「実施されていない」・「過去に実施されていた」の4肢から択一回答を求めた（煩雑を避けるため、コミュニティ・スクール導入状況については、「類似制度あり」は省いた）。

これによると、回答が集中したのは、「A. 学校評議員制度（類似制度を含む）」・「K. 学校関係者評価」・「C. 放課後子ども教室」・「H. 独自予算での教職員（非常勤を含む）の任用」で、「現在、実施している」が6割前後となっている。他方、「現在、実施している」との回答が殆どなされなかったのは、「D. 学校選択制」・「E. 2学期制（義務教育学校）」・「I. 教育課程特例校制度」・「M. 学習塾・業者との連携」であった。

また、全体的な傾向として、コミュニティ・スクール「あり」＞「なし」の順で「現在、実施している」の割合が高い傾向にあることが見て取れる。教育

第 8 章　地方教育政策としてのコミュニティ・スクール

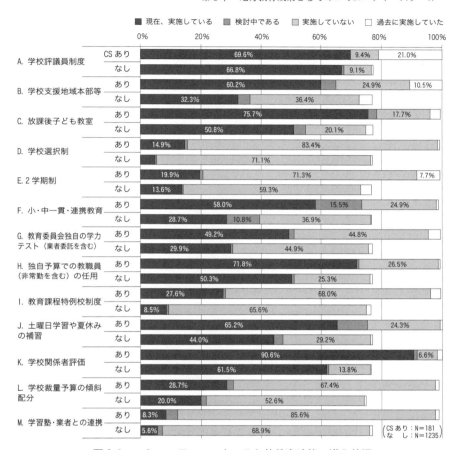

図 8-1　コミュニティ・スクールと他教育政策の導入状況

改革に積極的な自治体における新たな教育政策のオプションとしてコミュニティ・スクールがあるということが示唆される（第Ⅱ部第 7 章参照）。

　他方、「A. 学校評議員制度」を見てみると、コミュニティ・スクールが「あり」の自治体の方が「類似制度あり」の自治体より「現在、実施している」の割合が低くなり、代わって、「過去に実施していた」が 21.0％ と高くなっている。これは、学校評議員制度からコミュニティ・スクールに移行し、前者を発展的に解消した自治体が一定数あるからだろう。ただ、一部の学校に学校運営

協議会を設置してはいるものの、未指定校も併存する自治体においては学校評議員制度が活用され続けている場合もある。「過去に実施していた」の割合が2割程度にとどまっているのは、このためであると考えられる。

3. 学校評議員や学校支援地域本部等の様子について（教委Q2）

ここでは、コミュニティ・スクールと関連の強い政策である「学校評議員」や「学校支援地域本部等」の様子について確認しよう。

まず、学校評議員制度に関連した分析が図8-2である[4]。これを見ると、コ

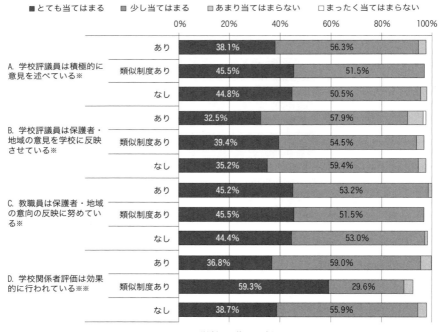

図8-2 学校評議員の様子

※「学校評議員」を「現在、実施している」とした自治体のみ（あり：N = 126、類似制度あり：N = 33、なし：N = 825）
※※「学校関係者評価」と「学校評議員」を「現在、実施している」とした自治体のみ（あり：N = 117、類似制度あり：N = 27、なし：N = 680）

ミュニティ・スクール「あり」とした自治体の方が、「類似制度あり」や「なし」の自治体より、肯定的回答（「とても当てはまる」「少し当てはまる」）の割合が少ないことが分かる。「あり」の自治体の場合、学校評議員とコミュニティ・スクール制度が併用されていることから、両者の比較の中で、学校評議員への評価がやや低くなったものと推察される。これに対し、「類似制度あり」の場合、学校評議員の運用改善などを以って類似制度としていることもあることから、評価が高くなったものと推察される。

次に、学校支援地域本部等に関連した分析である[5]。

図8-3を見るとコミュニティ・スクール「あり」の方が「なし」より肯定的

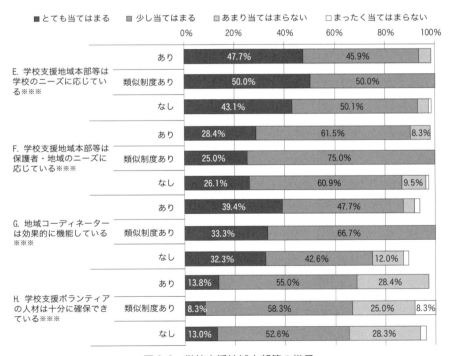

図8-3　学校支援地域本部等の様子

※※※「学校支援地域本部等」を「現在、実施している」とした市町村のみ（あり：N = 109、類似制度あり：N = 12、なし：N = 399）

回答が多い傾向にある。他方「類似制度あり」のケース数が少ないこともあり、結果は一貫していない。「E.学校支援地域本部等は学校のニーズに応じている」と「G.地域コーディネーターは効果的に機能している」ではコミュニティ・スクール「あり」の自治体が「類似制度あり」の自治体より肯定的回答の割合が少なく、「F.学校支援地域本部等は保護者・地域のニーズに応じている」と「H.学校支援ボランティアの人材は十分に確保できている」では逆の傾向にある。

なお、「H.学校支援ボランティアの人材は十分に確保できている」で、「とても当てはまる」が、コミュニティ・スクールの有無によらず1割前後で、「少し当てはまる」まで含めても6割前後だったことは、他の設問と比べて特筆される。学校支援ボランティアの活性化の一方で、担い手確保が課題になっていることが見て取れる。

4. コミュニティ・スクールに対する関係者の意見（教委Q3）

次に、自治体の中の各関係者が、コミュニティ・スクールに対して抱く意見の分布を確認したい。本調査では、図8-4に示した8種類の関係団体類から、コミュニティ・スクールに関する意見や話題がどの程度出されているか問うた。選択肢は「積極的である」・「まあまあ積極的である」・「あまり積極的でない」・「積極的でない」である（択一回答）。なお、意見がない場合やわからない場合は空欄（無回答）にするよう求めている。

図8-4によれば、すべての主体についてコミュニティ・スクール「あり」の自治体において、肯定的回答（「積極的である」「まあまあ積極的である」）の割合が多い。とりわけ「C.教育長」・「D.教育委員会会議」・「E.教育委員会事務局職員」においては、「あり」の自治体において肯定的回答が9割前後となっており、2番目に肯定的回答が多い「類似制度あり」と比べても全て30ポイント以上の差がある。「A.首長」も、肯定的回答の割合について、「あり」と「類似制度あり」の間に30ポイント弱の差異がある（29.3%）。この背景には、コ

第 8 章　地方教育政策としてのコミュニティ・スクール

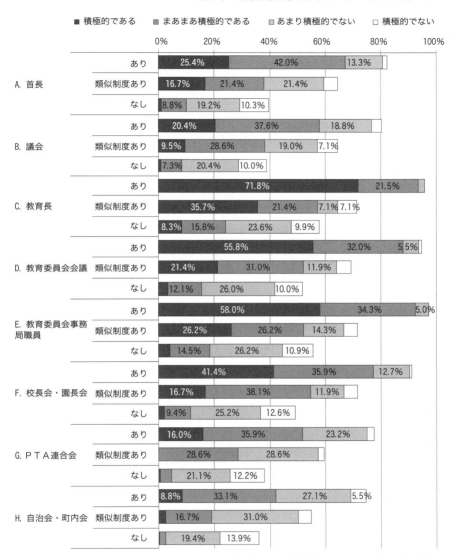

(あり：N=181、類似制度あり：N=42、なし：N=1235)

図 8-4　各主体からコミュニティ・スクールに関する意見や話題がどの程度出ているか

ミュニティ・スクールの導入が原因で各主体の積極性が高まったことと、各主体の積極性の結果としてコミュニティ・スクールが導入されたことの両面があるだろう。当然の結果ではあるが、コミュニティ・スクール「あり」の自治体では、教育委員会や首長など、行政内部の主体が積極的である傾向にある。

5. コミュニティ・スクールと他政策との関連付け（教委Q9）

本節では、コミュニティ・スクールと他政策との関連付けについて、(1)〜(4)に掲げた項目について回答傾向を紹介する。

(1) 学校支援地域本部等とコミュニティ・スクールとの関連付け

まず教育委員会の方針として、学校支援地域本部等とコミュニティ・スクールとを関係づけているかどうかを尋ねた。図8-5 [6)] によると、「一体的な運営を推進している」との回答が62.4%と、半数を超えている。

なお、「その他」としては次のようなものがあった。
  ・市全体としての学校支援地域本部が支援している考え方
  ・各事業の目的に共通する部分について関係づけ

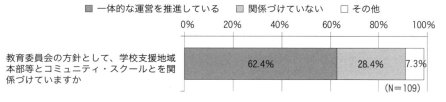

図8-5 教育委員会の方針による学校支援地域本部等とコミュニティ・スクールとの関連付け

(2) 小中一貫教育とコミュニティ・スクールとの関連付け（教委Q10）

次に、教育委員会の方針として、小中一貫教育とコミュニティ・スクールとを関係づけているかどうかを尋ねた [7)]。図8-6によると、「中学校区単位に学校運営協議会の上部委員会を設置している」が7.6%、「小中全校で合同会議を実

第 8 章 地方教育政策としてのコミュニティ・スクール

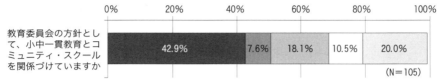

図 8-6　教育委員会の方針による小中一貫教育とコミュニティ・スクールとの関連付け

施することにしている（単位校毎に会議を行わない）」が 18.1%、「それぞれの学校の学校運営協議会の委員（一部又は全部）を兼務している」が 10.5% であり、これらを小計すると 36.2% が何らかの形で小中一貫教育とコミュニティ・スクールとの関連付けを行っていることになる（なお、「その他」の具体的記述はなかった）。

(3) 地域活性化のためのコミュニティ・スクールの活用（教委 Q11）

地域活性化のためにコミュニティ・スクールを活用しているかを尋ねた結果は図 8-7 に示した。「活用している」が 64.1% で、過半数となった。

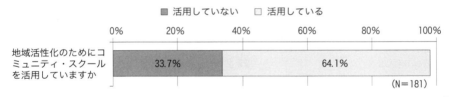

図 8-7　地域活性化のためのコミュニティ・スクールの活用

(4) 統廃合後のコミュニティづくりのためのコミュニティ・スクールの活用（教委 Q12）

学校統廃合後のコミュニティづくりのためにコミュニティ・スクールを活用しているかを尋ねた結果は図 8-8 に示した。「活用している」が 15.5% にとどまり、「活用していない」が 45.9% と半数近くになった。なお「統廃合はない」は 37.0% であった。

第Ⅰ部 コミュニティ・スクールの全国的な実態

図8-8 統廃合後のコミュニティづくりのためのコミュニティ・スクールの活用

6. 教育委員会として、コミュニティ・スクールを導入した理由（教委Q5）

　教育委員会として、コミュニティ・スクールを導入した理由について尋ねたものである。図8-9-1~2に示した以下の17項目を挙示し、当てはまるもの全てに○を付けるよう求めた。なお、1～7の7項目は直接のきっかけに関するもので、8～17の10項目はコミュニティ・スクールを導入する目的に類するものであるため、これらを分けて記述する。

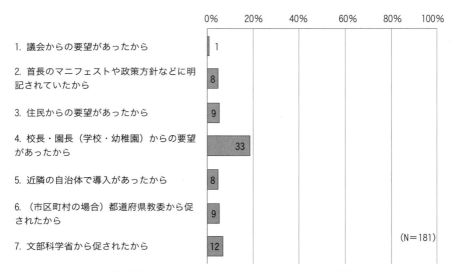

図8-9-1 教育委員会として、コミュニティ・スクールを導入した理由

第8章　地方教育政策としてのコミュニティ・スクール

　まず1〜7の直接のきっかけについて、図8-9-1を見てみると「4.校長・園長（学校・幼稚園）からの要望があったから」が最も多かったが、2割を切っている。今回の調査では、1〜7で挙示した項目は選択されない傾向にあった。

　次に、8〜17のコミュニティ・スクールを導入する目的に類する項目については、市町村では「15.学校を中心としたコミュニティづくりに有効だと考えたから」が最も多く、80.7%の市町村が回答している。「11.学校支援活動の

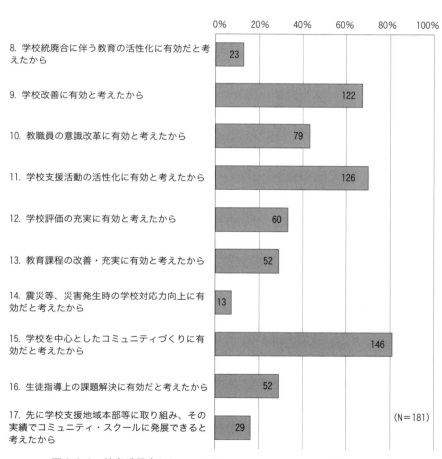

図8-9-2　教育委員会として、コミュニティ・スクールを導入した理由

活性化に有効と考えたから」の 69.6%、「9. 学校改善に有効と考えたから」の 67.4% がこれに次いだ。これらを組み合わせて理解すると、学校支援活動を強化し、学校教育の質を改善するとともに、学校支援活動での交流を地域づくりに生かしていこうとする地方教育委員会の方向性が見えてくる。

7. コミュニティ・スクールに対する教育委員会からのサポート（教委 Q13）

コミュニティ・スクールに対して、教育委員会がどのようなサポートを行っているかを示したのが図 8-10 である。行っている場合は「はい」、そうでない

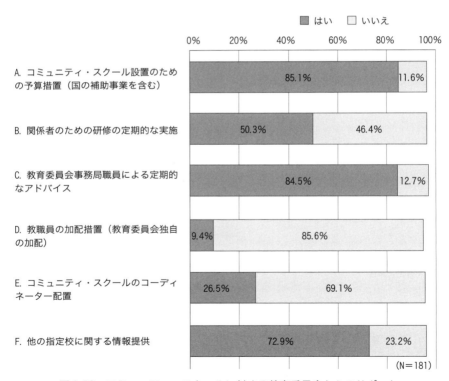

図 8-10　コミュニティ・スクールに対する教育委員会からのサポート

場合は「いいえ」を選択するものである。

市町村で最も多くなされているのは「A. コミュニティ・スクール設置のための予算措置（国の補助事業を含む）」で、85.1％が行っている。ほぼ同水準なのは「C. 教育委員会事務局職員による定期的なアドバイス」で、84.5％が行っている。また、「F. 他の指定校に関する情報提供」も72.9％が行っている。多くのコミュニティ・スクールが教育委員会の主導性によって導入されているが、教育委員会としは予算措置を行うとともに、他事例についての情報提供を行うことで、導入の円滑化を図っているものと考えられる。

8. コミュニティ・スクール導入前の準備（教委 Q16）

コミュニティ・スクール導入時に教育委員会として行った準備をまとめたの

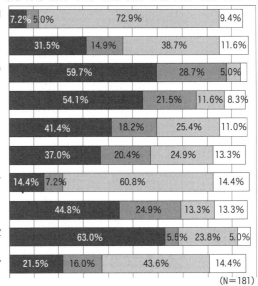

図 8-11　コミュニティ・スクール導入前の準備

が図 8-11 である。「積極的に行った」を 4、「まったく行わなかった」を 1 とする四件択一方式で問うた。

　肯定的回答の合計値が大きい項目は「C. 設置規則制定の際、他の自治体を参考にした」、「D. 先進自治体・他校を視察した」、「I. 文部科学省の実践研究事業等の指定を受けた」「H. 校長会・園長会に諮った」であり、肯定的回答が 7 割前後である。

　逆に、積極的な取り組みを行っているという回答がほとんど見受けられなかったのが「A. 市民に対して関係するアンケート調査を実施した」（合計で 12.2 %）、「G. 自治体レベルでの立ち上げのフォーラム等を開催した」（合計で 21.6 %）であった。

注
1) 自治体種別、人口、所管学校数については、報告書第 9 章を参照されたい。
2) 回答は 1,503 自治体からあったが、自治体種別が無回答だったものが 1 つ、自治体種別が「一部事務組合」だったものが 1 つあり、それらは分析から除外した。
3) この他の注記としては以下。第 1 に、無回答を含めて 100% になる形でまとめているが、煩雑を避けるため無回答のパーセンテージは表示していないため、グラフ中の数値の和は 100% に満たない場合がある。第 2 に、5% に満たない場合は、グラフ中のパーセンテージの表示を省略した。
4) なお、A 〜 C は、「学校評議員」を「現在、実施している」とした自治体のみ、D は、「学校関係者評価」と「学校評議員」の両方を「現在、実施している」とした自治体のみにケースを限定した。
5) これは、「学校支援地域本部等」を「現在、実施している」とした市町村のみにケースを限定した。
6) コミュニティ・スクール「あり」の自治体の中で、さらに「学校支援地域本部等」を「現在、実施している」自治体に絞って分析した。ケースを限定した結果、市町村は 109 自治体となった。
7) コミュニティ・スクール「あり」の自治体の中で、さらに「小中一貫教育」を「現在、実施している」自治体に絞って分析した。ケースを限定した結果、市町村は 105 自治体が該当した。

（仲田　康一）

第9章 学校運営協議会の権限行使と教育委員会の成果認識

1. 教育委員会への学校運営に関する意見の申し出（教委Q14）

Q14は、所管学校の学校運営協議会から教育委員会に対して、学校運営に関

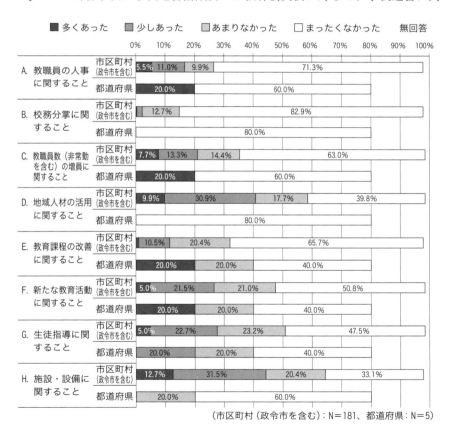

図9-1 教育委員会への学校運営に関する意見の申し出

する意見の申し出がなされたかどうかを尋ねたものである。対象とする期間は「これまで（昨年度も含めて）」とした（図9-1）。サンプルサイズは、市区町村181、都道府県5である。

市区町村では、肯定的回答（「多くあった」+「少しあった」）が最も多いのは「H.施設・設備に関すること」だった（44.2%）。次いで「D.地域人材の活用に関すること」（40.8%）だった。2〜3割が肯定的回答をしたのは「G.生徒指導に関すること」（27.7%）、「F.新たな教育活動に関すること」（26.5%）、「C.教職員数（非常勤を含む）の増員に関すること」（21.0%）であった。逆に市町村で肯定的回答が少なかったのは、「B.校務分掌に関すること」（2.3%）、「E.教育課程の改善に関すること」（11.6%）、「A.教職員の人事に関すること」（16.5%）だった。

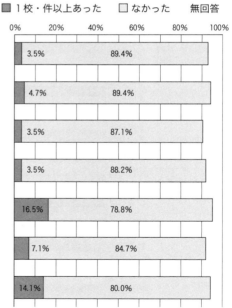

図9-2　昨年度における任用（人事）に関する意見申し出

2. 学校運営協議会による教職員の任用(人事)に関する意見の申し出実態 (教委 Q15)

(1) 昨年度における任用(人事)に関する意見申し出 (教委 Q15)

　Q15 は、学校運営協議会による教職員の任用(人事)に関する意見の申し出の実態を尋ねたものである(N = 85)。なお、ここではコミュニティ・スクール「あり」の市区町村で、かつ教職員の任用に関する意見申し出に係る規定がある 85 自治体に限定した。

　まず、対象とする期間を「昨年度」に限り、校数・件数を尋ねた結果を図 9-2 に示した。最も多かったのは、「E. 教職員に関する一般的要望(特定部活動の指導者や若い教職員の配置など)」で、16.5% の自治体で申し出があった。

(2) 昨年度における任用(人事)に関する意見申し出の反映 (教委 SQ15-2)

　続いて、任用(人事)に関する意見が反映されたかどうか尋ねた(SQ15-2)。本問は、Q15 の A〜G のいずれかで 1 校・1 件以上という回答をしていた自治体、言い換えれば、昨年度中に任用に関する意見申し出を 1 回以上行ったことがある 20 自治体に限定して分析した(表 9-1)。「ほとんど反映された」「反映された方が多かった」という肯定的回答は、それぞれ 10.0%、40.0%(小計 50.0%)と半数であった。他方、「反映されなかった方が多かった」「反映されなかった」という否定的回答は、それぞれ 10.0%、15.0%(小計 25.0%)と肯定

表 9-1　昨年度における任用(人事)に関する意見申し出の反映

項目	度数／%	ほとんど反映された	反映された方が多かった	反映されなかった方が多かった	反映されなかった	無回答	計
任用(人事)に関する意見が反映されなかったこと	度数 %	2 10.0%	8 40.0%	2 10.0%	3 15.0%	5 25.0%	20 100.0%

的回答の方が多い結果となった。「無回答」は5自治体（25.0％）であり、意見申し出を行ったが、その結果が反映されたのかどうかはっきりしないため、回答不能だったものと推測される。

3. コミュニティ・スクール導入による成果（教委Q17）

Q17では、コミュニティ・スクールを指定している教育委員会の教育長に対して、その導入後にどのような成果が得られたかをたずねた。成果として想定できるものを以下のような選択肢として提示した。それぞれの項目について当てはまる程度を回答する形式とした（とても当てはまる＝4、まったく当てはまらない＝1）。回答結果を図9-3-1~3に図示した。サンプルサイズは、市区町村181、都道府県5である。

市区町村では、極めて高い程度（「とても当てはまる」「少し当てはまる」の合計が80.0％より大きい）で肯定的回答のあった選択肢は「A.」「J.」「K.」「L.」「O.」「R.」「T.」「X.」であり、全24項目のうち8項目であった。

「A. 特色ある学校づくりが進んだ」は「とても当てはまる」が45.3％、「少し当てはまる」が41.4％であり、合計で86.7％が特色ある学校づくりの面で成果があったと認識していることが分かった。「J. 学校と地域が情報を共有するようになった」は「とても当てはまる」が55.2％、「少し当てはまる」が37.0％であり、合計で92.2％が学校と地域の情報共有が進んだと認識していることが分かった。「K. 学校が活性化した」は「とても当てはまる」が33.7％、「少し当てはまる」が51.4％であり、合計で85.1％が学校の活性化を認識していることが分かった。「L. 地域が学校に協力的になった」は「とても当てはまる」が56.4％、「少し当てはまる」が33.7％であり、合計で90.1％が地域の学校に対する協力的な姿勢を認識するようになったことが分かった。同様に、「O. 地域と連携した取組が組織的に行えるようになった」（「とても当てはまる」39.2％＋「少し当てはまる」46.4％＝85.6％、以下の記述でもこの順に割合を示す）、「R. 学校に対する保護者や地域の理解が深まった」（26.0％＋58.0％＝84.0％）、「T. 保護

第 9 章　学校運営協議会の権限行使と教育委員会の成果認識

者・地域による学校支援活動が活発になった」(35.9％ + 48.6％ = 84.5％)、「X. 子供の安全・安心な環境が確保された」(27.1％ + 54.7％ = 81.8％) の項目で極めて高い程度の肯定的回答があった。これらの回答傾向からは学校と地域の関係に関する項目が目立つことがわかる。その点では「X.」の回答も地域住民の通学路の見守り活動のようなものが活発になったのではないかと推察できる。また、「とても当てはまる」が「少し当てはまる」を上回るのがいずれも地域との関係についての選択肢(「J.」「L.」)であることもこの制度が学校と地域の関係にもたらす効用について示唆的である。

　高い程度(「とても当てはまる」「少し当てはまる」の合計が60.0％より大きく80.0％以下)で肯定的回答のあった選択肢は「B.」「C.」「F.」「I.」「M.」「N.」「P.」「S.」「U.」「V.」「W.」であり、全24項目のうち11項目であった。

　これらの11項目のうち、学校・教職員(管理職含む)に関するものが5項目、児童生徒に関するものが1項目、地域・保護者に関するものが4項目、学校関係者評価に関するものが1項目であった。

　学校・教職員に関するものをあげてみると、「B. 教育課程の改善・充実が図られた」(10.5％ + 58.6％ = 69.1％)、「F. 教職員の意識改革が進んだ」(18.8％ + 55.2％ = 74.0％)、「U. 校長・園長のリーダーシップが向上した」(18.2％ + 56.4％ = 74.6％)、「V. 管理職の異動があっても継続的な学校運営がなされた」(21.0％ + 55.8％ = 76.8％)、「W. 学校の組織力が向上した」(16.0％ + 56.9％ = 72.9％)である。

　児童生徒に関するものは「C. 児童生徒の学習意欲が高まった」(14.4％ + 54.1％ = 68.5％)である。

　地域・保護者に関するものは「M. 地域の教育力が上がった」(17.1％ + 53.6％ = 70.7％)、「N. 地域が活性化した」(14.4％ + 49.2％ = 63.6％)、「P. 保護者が学校に協力的になった」(22.1％ + 55.8％ = 77.9％)、「S. 保護者や地域からの苦情が減った」(8.3％ + 53.6％ = 61.9％)である。

　学校関係者評価に関するものは「I. 学校関係者評価が効果的に行えるようになった」(24.3％ + 52.5％ = 76.8％)である。

第Ⅰ部　コミュニティ・スクールの全国的な実態

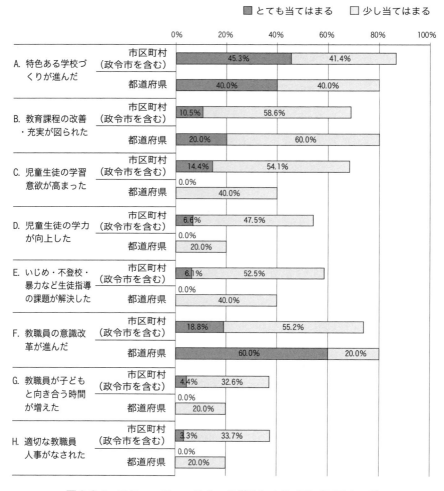

図 9-3-1　コミュニティ・スクール導入による成果（項目 A 〜 H）

第9章　学校運営協議会の権限行使と教育委員会の成果認識

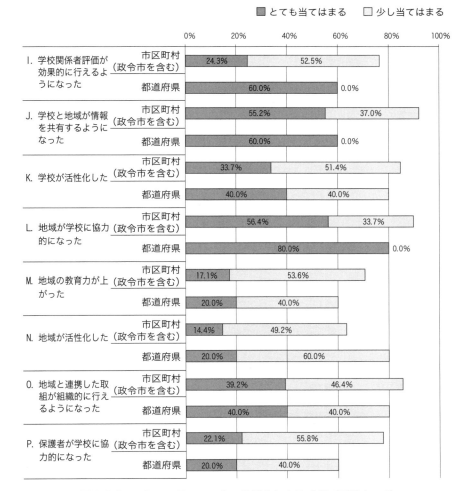

図9-3-2　コミュニティ・スクール導入による成果（項目I～P）

第Ⅰ部　コミュニティ・スクールの全国的な実態

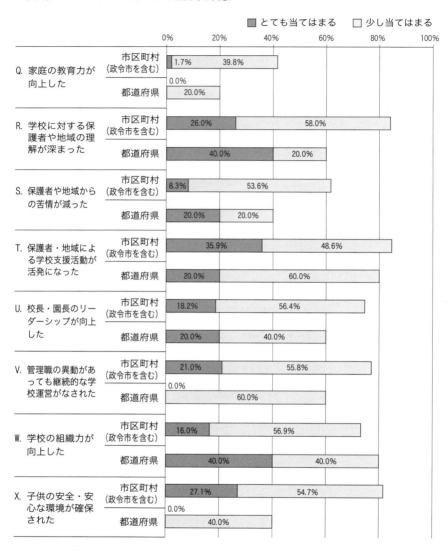

図9-3-3　コミュニティ・スクール導入による成果（項目Q～X）

先述した極めて高い肯定的回答との比較でみると、この高い程度の肯定的回答の特徴は、学校内部の変化に関するものが目立つことである。児童生徒を学校の内部要素だとするとなおさらである。他方、学校関係者評価に関する項目「I.」について、地域や保護者との関係についての認識を示すものだと考えれば、この側面についても変化を強く認識しているといえるだろう。また、「とても当てはまる」という回答が「少し当てはまる」を上回る項目はなく、「とても当てはまる」の率も非常に少ない。例外的に「I.」「V.」が2割を上回っている程度である。

4. コミュニティ・スクールの運営に対する満足感（教委Q18）

Q18では、コミュニティ・スクールを指定している教育委員会の教育長に対して、その運営の実態に関する満足感をたずねた。運営に関わる種々の局面を以下のような選択肢として提示した。それぞれの項目について当てはまる程度を回答する形式とした（とても満足している=4、とても不満である=1）。サンプルサイズは、市区町村181、都道府県5である。総じていずれの局面についても満足感は高い（図9-4-1~2）。

市区町村では、極めて高い程度（「とても満足している」「まあ満足している」の合計が80.0％より大きい）で肯定的回答のあった選択肢は「A.」「B.」「F.」「G.」「H.」「I.」「K.」「L.」であり、全15項目のうち8項目であった。

「A. 学校運営協議会の会議運営」は「とても満足している」が22.1％、「まあ満足している」が68.5％であり、合計で90.6％が学校運営協議会の会議運営に満足していることがわかった。同様に、学校運営協議会について満足度の高い項目として、「B. 基本方針に対する承認行為の手続き」（18.2％ + 67.4％ = 85.6％）、「F. 学校運営協議会の議事内容の在り方」（17.7％ + 64.1％ = 81.8％）、「G. 学校運営協議会による情報提供の積極性」（24.3％ + 58.6％ =82.9％）、「H. 学校運営協議会委員の協力姿勢」（50.8％ + 42.0％ = 92.8％）、「I. 学校運営協議会による保護者・地域の協力体制づくり」（29.8％ + 57.5％ = 87.3％）があった。特に、「H.」

第Ⅰ部 コミュニティ・スクールの全国的な実態

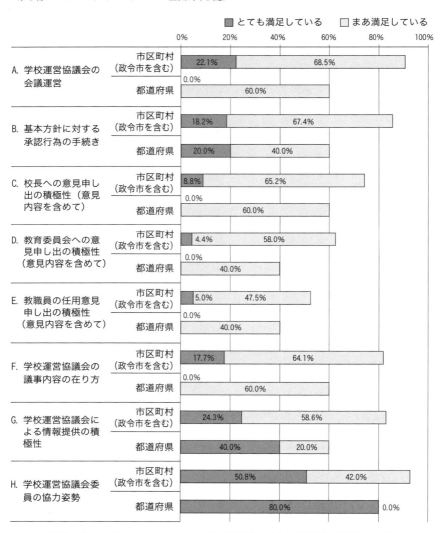

図 9-4-1 コミュニティ・スクールの運営に対する満足感（項目 A～H）

第 9 章 学校運営協議会の権限行使と教育委員会の成果認識

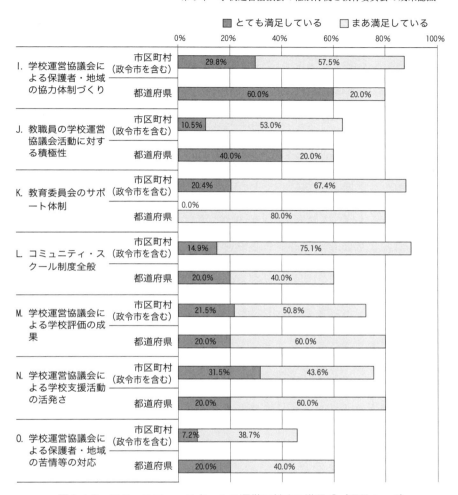

図 9-4-2 コミュニティ・スクールの運営に対する満足感（項目 I〜O）
（注）M.N.O.：学校運営協議会で「取り組んでいる」学校について回答

「I.」では「とても満足している」の値が大きい。学校運営協議会に関して、設置者の立場としては、学校と地域の関係に関する項目の満足度が大きい傾向がここでも指摘できる。これらに加えて、「K. 教育委員会のサポート体制」（20.4％ + 67.4％ = 87.8％）、「L. コミュニティ・スクール制度全般」（14.9％ + 75.1％ = 90.0％）について、極めて高い程度の満足感をもっていることがわかった。

　高い程度（「とても満足している」「まあ満足している」の合計が60.0％より大きく80.0％以下）で肯定的回答のあった選択肢は「C.」「D.」「J.」「M.」「N.」であり、全15項目のうち5項目であった。

　「C. 校長への意見申し出の積極性（意見内容を含めて）」（8.8％ + 65.2％ = 74.0％）、「D. 教育委員会への意見申し出の積極性（意見内容を含めて）」（4.4％ + 58.0％ = 62.4％）、「J. 教職員の学校運営協議会活動に対する積極性」（10.5％ + 53.0％ = 63.5％）、「M. 学校運営協議会による学校評価の成果」（21.5％ + 50.8％ = 72.3％）、「N. 学校運営協議会による学校支援活動の活発さ」（31.5％ + 43.6％ = 75.1％）である。

（青木　栄一）

第10章　未導入教育委員会にとってのコミュニティ・スクール導入の条件

　本章の目的は、コミュニティ・スクールを導入していない教育委員会が、同制度を導入するための条件を分析結果から考察することにある。
　ここでは、コミュニティ・スクール未導入の教育委員会を対象に実施した調査のうち、①コミュニティ・スクールを導入していない理由（教委Q20）と、②コミュニティ・スクール指定に重要な条件（教委Q22）の2項目に着目する。
　なお、コミュニティ・スクール未導入の教育委員会は、コミュニティ・スクールの類似制度を導入している教育委員会（政令市を含む市区町村のみ[1]）、コミュニティ・スクールを導入していない教育委員会（政令市を含む市区町村、都道府県）の2つに分けて分析結果を記す。

1. コミュニティ・スクールを導入していない理由（教委Q20）

　教委Q20ではコミュニティ・スクールを導入していない教育委員会の教育長に、なぜコミュニティ・スクールを導入しないのか、その理由を17項目から上位3つを順位づけて回答するように求めた。
　回答状況は表10-1のようにまとめられる。図10-1は理由の第1位について整理したものである。以下、コミュニティ・スクールを導入しない最大（第1位）の理由について記述する。
　まず、類似制度のある市区町村（類似制度あり、回答数N=41）では、「学校評議員制度や類似制度があるから」の割合が最多であった（48.8%）。これに続いて「地域連携がうまく行われているから」（24.4%）、「任用に関する意見申出がなされるから」（7.3%）の回答が多かった。

第Ⅰ部 コミュニティ・スクールの全国的な実態

表10-1 コミュニティ・スクール未導入の理由

		地域連携が行われているから	学校評議員制度や類似の制度があるから	学校支援地域本部等が設置されているから	すでに類似制度が反映されているから	任用に関する保護者や地域の意見申出がされているから	特定の委員の意見が学校運営に混乱するから	形骸化するから	学校・教職員の理解が得られないから	運営費や謝金等の予算が生じるから	学校運営協議会委員の人材がいないから	保護者や地域の協力が得られないから	学校運営に任せた方がよいから	管理職や教職員の負担が大きくなるから	コミュニティ・スクールの成果が明確でないから	任命権者（市区町村の教育委員会）の理解が得られないから	任命（市区町村の場合）都道府県教育委員会の理解が得られないから	無回答
第1位	市区町村（政令市含む）類似制度あり (N=41)	24.4%	0.0%	0.0%	7.3%	0.0%	0.0%	2.4%	0.0%	0.0%	4.9%	2.4%	2.4%	2.4%	2.4%	2.4%
	CSなし (N=1234)	39.1%	5.2%	5.3%	1.1%	0.9%	1.5%	0.6%	3.2%	0.3%	2.1%	1.5%	4.9%	1.6%	0.2%	1.6%
	都道府県 CSなし (N=37)	8.1%	8.1%	8.1%	2.7%	0.0%	0.0%	0.0%	0.0%	0.0%	0.0%	0.0%	10.8%	2.7%	−	8.1%
第2位	市区町村（政令市含む）類似制度あり (N=41)	19.5%	14.6%	12.2%	7.3%	0.0%	2.4%	4.9%	0.0%	0.0%	0.0%	0.0%	4.9%	4.9%	0.0%	17.1%
	CSなし (N=1234)	12.7%	8.1%	18.3%	3.1%	2.1%	1.2%	2.5%	0.8%	4.1%	0.5%	2.6%	4.9%	6.6%	1.8%	0.1%	5.6%
	都道府県 CSなし (N=37)	16.2%	0.0%	21.6%	5.4%	0.0%	0.0%	5.4%	0.0%	0.0%	0.0%	0.0%	0.0%	13.5%	0.0%	−	16.2%
第3位	市区町村（政令市含む）類似制度あり (N=41)	4.9%	4.9%	24.4%	2.4%	4.9%	0.0%	0.0%	4.9%	0.0%	0.0%	4.9%	2.4%	0.0%	2.4%	0.0%	36.6%
	CSなし (N=1234)	5.9%	5.6%	16.5%	2.4%	3.1%	2.8%	3.3%	0.8%	4.1%	0.6%	0.6%	3.7%	7.0%	13.9%	4.2%	0.1%	17.4%
	都道府県 CSなし (N=37)	10.8%	2.7%	10.8%	0.0%	2.7%	0.0%	2.7%	0.0%	2.7%	0.0%	0.0%	0.0%	2.7%	5.4%	5.4%	−	43.2%

第10章　未導入教育委員会にとってのコミュニティ・スクール導入の条件

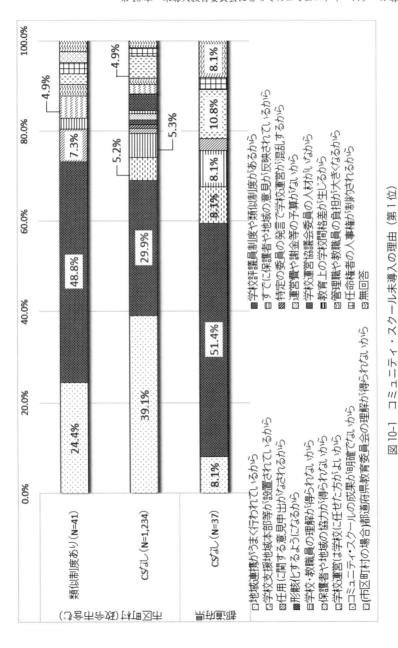

図10-1　コミュニティ・スクール未導入の理由（第1位）

(注) 図中のCSはコミュニティ・スクールを指す。紙幅の関係で、数値は該当項目の割合が多いものに付した（以下、同様）。

次に、コミュニティ・スクールの類似制度も導入していない市区町村教育委員会（CS なし、N=1,234）では、「地域連携がうまく行われているから」(39.1%)、「学校評議員制度や類似制度があるから」(29.9%)、「すでに保護者や地域の意見が反映されているから」(5.3%) の順に回答が多かった。

最後にコミュニティ・スクール未導入の都道府県（CS なし、N=37）では、「学校評議員制度や類似制度があるから」が最多であった (51.4%)。これに続いて「コミュニティ・スクールの成果が明確でないから」(10.8%)、そして「地域連携がうまく行われているから」「学校支援地域本部等が設置されているから」「すでに保護者や地域の意見が反映されているから」（いずれも 8.1%）の順に回答が多かった。「無回答」も 8.1% であった。

2. コミュニティ・スクール指定に重要な条件（教委 Q22）

教委 Q22 では、コミュニティ・スクールを導入していない市区町村と都道府県の教育長に対して、コミュニティ・スクールを導入するにあたり重要であると思うものを 15 項目から、上位 3 つを順位づけて回答するように求めた。

回答状況は表 10-2 のとおりであった。図 10-2 はコミュニティ・スクールを導入する際に重要な条件として、第 1 位に選択されたものをまとめたものである。以下では、コミュニティ・スクール指定の条件の第 1 位として選択されたものについて記述する。なお、コミュニティ・スクールを導入する都道府県は 5 つ、類似制度を導入する都道府県は 1 つにとどまるため、これらの分析結果の記述は省略する。

まず、コミュニティ・スクールを導入する市区町村（CS あり、N=181）では、「無回答」が 66.3% と最も多かった。コミュティ・スクールを既に導入し、おおむね同制度が円滑に実施できており、コミュニティ・スクールを導入する上で必要な条件が想起されなかったことを反映しているのかもしれない。

「無回答」に続いて、順に「コミュニティ・スクール予算が確保されること」(12.7%)、「教職員の加配措置がなされること」(6.6%)、「コミュニティ・

第 10 章　未導入教育委員会にとってのコミュニティ・スクール導入の条件

表 10-2　コミュニティ・スクール指定の条件

		コミュニティ・スクールの加配	教職員の任用に関する意見申出について柔軟な運用が可能になること（規定の見直しを含む）	基本方針の承認について柔軟な運用が可能になること（規定の見直しを含む）	教育委員会に対する意見申出について柔軟な運用が可能になること（規定の見直しを含む）	学校関係者評価の役割の明確化を図ること	学校支援の役割の明確化を図ること	学校評議員の機能移行を図ること	学校支援地域本部等との一体的推進を明確に示すこと	類似制度から学校運営協議会への移行を可能とすること	学校ごとではなく複数校をまとめた学校運営協議会の設置を可能とすること	実践者の派遣と継続的な助言を得ること	その他	無回答
第1位	市区町村（政令市含む） CSあり (N=181)	1.7%	12.7%	6.6%	3.9%	0.6%	1.1%	0.6%	2.8%	0.6%	1.1%	1.1%	0.0%	1.1%	66.3%
	類似制度あり (N=42)	7.1%	23.8%	7.1%	7.1%	11.9%	14.3%	0.0%	2.4%	0.0%	4.8%	2.4%	0.0%	9.5%	7.1%
	CSなし (N=1,235)	6.6%	22.1%	15.1%	12.6%	6.4%	7.3%	1.9%	8.3%	3.5%	3.2%	1.9%	0.6%	2.8%	0.7%
	都道府県 CSあり (N=5)	0.0%	20.0%	0.0%	0.0%	0.0%	0.0%	20.0%	20.0%	0.0%	0.0%	0.0%	0.0%	0.0%	60.0%
	類似制度あり (N=1)	0.0%	100.0%	0.0%	0.0%	0.0%	0.0%	0.0%	0.0%	0.0%	0.0%	0.0%	0.0%	0.0%	0.0%
	CSなし (N=37)	0.0%	24.3%	8.1%	2.7%	2.7%	16.2%	2.7%	2.7%	5.4%	8.1%	0.0%	0.0%	8.1%	8.1%
第2位	市区町村（政令市含む） CSあり (N=181)	0.6%	6.6%	7.2%	5.5%	1.1%	1.1%	0.0%	2.2%	4.4%	0.6%	1.1%	0.0%	0.0%	66.9%
	類似制度あり (N=42)	0.0%	9.5%	7.1%	23.8%	2.4%	16.7%	0.0%	4.8%	0.0%	7.1%	0.0%	4.8%	0.0%	11.9%
	CSなし (N=1,235)	1.5%	13.8%	18.0%	14.4%	6.2%	8.8%	3.5%	7.4%	5.1%	3.4%	2.0%	0.7%	0.5%	4.3%
	都道府県 CSあり (N=5)	0.0%	0.0%	20.0%	0.0%	0.0%	0.0%	20.0%	0.0%	0.0%	0.0%	0.0%	0.0%	0.0%	60.0%
	類似制度あり (N=1)	0.0%	0.0%	0.0%	100.0%	0.0%	0.0%	0.0%	0.0%	0.0%	0.0%	0.0%	0.0%	0.0%	0.0%
	CSなし (N=37)	0.0%	24.3%	8.1%	16.2%	2.7%	8.1%	2.7%	8.1%	2.7%	10.8%	0.0%	2.7%	2.7%	10.8%
第3位	市区町村（政令市含む） CSあり (N=181)	1.1%	2.2%	2.2%	7.2%	1.7%	3.3%	2.8%	2.8%	2.2%	1.1%	1.1%	2.2%	0.6%	68.0%
	類似制度あり (N=42)	0.0%	4.8%	7.1%	11.9%	0.0%	14.3%	2.4%	2.4%	7.1%	2.4%	9.5%	2.4%	0.0%	14.3%
	CSなし (N=1,235)	2.5%	10.0%	7.9%	13.8%	2.6%	10.4%	2.6%	7.4%	5.1%	4.9%	5.3%	3.9%	0.6%	10.5%
	都道府県 CSあり (N=5)	0.0%	0.0%	0.0%	0.0%	0.0%	0.0%	20.0%	0.0%	0.0%	20.0%	0.0%	0.0%	0.0%	60.0%
	類似制度あり (N=1)	0.0%	0.0%	0.0%	0.0%	0.0%	100.0%	0.0%	0.0%	0.0%	0.0%	0.0%	0.0%	0.0%	0.0%
	CSなし (N=37)	0.0%	8.1%	10.8%	5.4%	2.7%	8.1%	0.0%	18.9%	5.4%	2.7%	0.0%	2.7%	2.7%	18.9%

第Ⅰ部　コミュニティ・スクールの全国的な実態

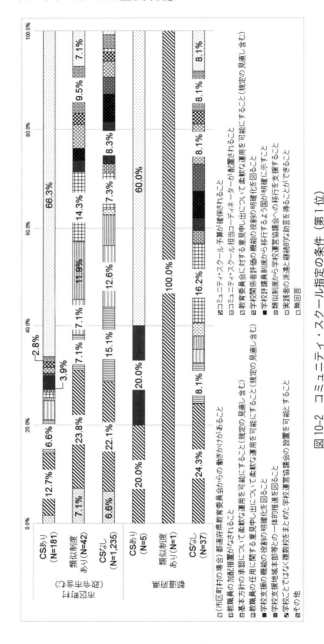

図10-2　コミュニティ・スクール指定の条件（第１位）

スクール担当コーディネーターが配置されること」（3.9％）の回答が多かった。

次に、コミュニティ・スクールの類似制度を導入する市区町村（類似制度あり、N=42）では、「コミュニティ・スクール予算が確保されること」が23.8％で最も多かった。これに続いて「教職員の任用に関する意見申し出について柔軟な運用を可能にすること（規定の見直し含む）」（14.3％）、「基本方針の承認について柔軟な運用を可能にすること（規定の見直し含む）」（11.9％）の順に回答が多かった。

コミュニティ・スクールを導入していない市区町村（CSなし、N=1,235）では、「コミュニティ・スクール予算が確保されること」（22.1％）、「教職員の加配措置がなされること」（15.1％）、「コミュニティ・スクール担当コーディネーターが配置されること」（12.6％）の順に回答が多かった。

最後に、コミュニティ・スクールを導入していない都道府県教育委員会（CSなし、N=37）では、「コミュニティ・スクール予算が確保されること」（24.3％）が最も多かった。これに続いて、「教職員の任用に関する意見申し出について柔軟な運用を可能にすること（規定の見直し含む）」（16.2％）、「教職員の加配措置がなされること」「類似制度から学校運営協議会への移行を支援すること」「その他」「無回答」（いずれも8.1％）の順に回答が多かった。

3. 本章のまとめ
―未導入教育委員会がコミュニティ・スクールを導入する条件

本章の目的は、コミュニティ・スクール未導入の教育委員会に対する調査結果から、未導入教育委員会が今後コミュニティ・スクールを導入するための条件は何かを考察することにあった。

以上の分析から、コミュニティ・スクール導入していない教育委員会が今後同制度を導入するために必要な条件として、次の3点が指摘できる。

第1に、コミュニティ・スクールを導入していない教育委員会の間で、コミュニティ・スクールの制度趣旨を周知させることである。コミュニティ・スク

ールを導入していない教育委員会は、学校評議員制度や類似制度を導入している、あるいは学校・家庭・地域との連携が円滑に行われているという理由で、コミュニティ・スクールを導入していない傾向がうかがえた（第1節）。

　今回の調査では、先行調査と同様の結果が得られたといえる。コミュニティ・スクールを導入していない教育委員会を対象に行われた先行調査でも、コミュニティ・スクール指定にあたって、類似制度の重複や学校運営協議会制度の成果が不明瞭であるといったことが課題であることが示されてきた（仲田, 2012）。

　これまでも、学校評議員制度や学校支援地域本部など、コミュニティ・スクール以外にも学校・家庭・地域の連携促進を目的とする諸施策が導入・実施されてきた。今後コミュニティ・スクールを導入してない教育委員会が同制度を導入するためには、従来の学校・家庭・地域の連携にむけた諸施策との関連の中で、コミュニティ・スクールがどのような制度であり、コミュニティ・スクールを導入することによってどのような成果があるのか、あらためて教育委員会の間で共有される必要がある。

　第2に、学校や地域の実態に応じて、学校運営協議会がもつ権限を柔軟に設定できるようにすることである。

　地方教育行政の組織及び運営に関する法律（以下、地教行法）47条の5では、学校運営協議会の権限について、次のように定める。すなわち、①コミュニティ・スクール指定校の学校運営に関する基本方針の承認規程（3項）、②学校運営に関する意見規程（4項）、③教職員採用に関する意見規程（5項）といういわゆる法定3権限規程である（佐藤, 2017）。

　本分析結果から、コミュニティ・スクールを導入していない教育委員会には、学校運営協議会が法定3権限をもつことに対する一定の懸念があると読み取れる。コミュニティ・スクールの類似制度がある教育委員会の間では、今後コミュニティ・スクール指定にむけた重要な条件として、教職員採用に関する意見申し出や学校の基本方針への承認に関する柔軟な運用を求める意見が多かった。類似制度を含めてコミュニティ・スクールを導入していない都道府県教育委員

会でも、コミュニティ・スクール指定にむけた重要な条件として、教職員採用に関する意見申し出について、柔軟な運用を求める意見が多かった（第2節）。

コミュニティ・スクール指定校のある教育委員会でも、そのすべてが学校運営協議会に法定3権限を付与しない運用の実態がある（佐藤，2017：160-161）。今後、コミュニティ・スクール未導入の都道府県や市区町村で、同制度を普及させるためには、地教行法に定められた学校運営協議会の法定3権限について、地域や学校の実情に応じて柔軟な運用を許容することが求められる。

第3に、コミュニティ・スクールを運営するために必要な予算や人的資源の確保である。本調査でも、コミュニティ・スクールを導入していない教育委員会の間で、同制度を導入するための条件として、関連予算が確保されること、教職員の加配やコーディネーターの配置が多くあげられた（第2節）。

先行調査でも、コミュニティ・スクール導入にあたって、教職員の勤務負担増大や学校運営協議会の運営費の確保を課題にあげる教育委員会が多いことが示されてきた（青木・仲田，2012：167-171；佐藤，2017：163）。今回の調査で以上のような結果が得られた背景も、先行調査と同様のものと考えられる。つまり、コミュニティ・スクール指定に伴い教職員の勤務負担が増大する、あるいは学校運営協議会の運営費確保が難しいという懸念から、都道府県・市区町村教育委員会はコミュニティ・スクール指定を回避する傾向がうかがえる。

今後、コミュニティ・スクールを導入していない教育委員会の間で、同制度を普及させるためには、コミュニティ・スクール運営に必要な予算を確保すると同時に、教職員の勤務負担が増大することのないように、運営の中核を担う教職員を加配することや、コーディネーターを配置することが課題となる。

注
（1）当該質問に対する有効回答として、コミュニティ・スクールの類似制度を導入している都道府県はなかった。

付記
教委Q22の集計にあたっては、廣谷貴明氏（東北大学大学院教育学研究科博士後

第Ⅰ部　コミュニティ・スクールの全国的な実態

　期課程）の協力を得た。記して感謝申し上げる。
　また、本稿は筆者の所属機関の公式見解ではない。

引用文献
青木栄一・仲田康一（2012）「コミュニティ・スクール導入にあたって留意した点」コミュニティ・スクール研究会編『コミュニティ・スクールの推進に関する教育委員会及び学校における取組の成果検証に係る調査研究報告書』日本大学文理学部，165 - 171.
仲田康一（2012）「コミュニティ・スクール未導入教委における留意点」コミュニティ・スクール研究会編『コミュニティ・スクールの推進に関する教育委員会及び学校における取組の成果検証に係る調査研究報告書』日本大学文理学部，171 - 174.
佐藤晴雄（2017）『コミュニティ・スクールの成果と展望』ミネルヴァ書房.

　　　　　　　　　　　　　　　　　　　　　　　　　　　　（神林　寿幸）

第11章 これまでの調査から見たコミュニティ・スクールの実態の変化
―学校調査の経年比較―

はじめに

　本章で主として扱うコミュニティ・スクール全国調査のデータは、以下の校種の校長から得た回答（指定校のうちの調査票回収校）である（表11-1）。校種比は2007年調査の場合、小学校70.3％、中学校24.3％、高等学校1.6％、特別支援学校2.2％、幼稚園1.1％であった。2011年調査では小学校67.6％、中学校26.7％、高等学校0.4％、特別支援学校09％、幼稚園4.4％であり、2015年調査では小学校が若干減少し、中学校でやや増えているが、校種の比率に著しい違いはない。

　なお、下表に記していないが、2013年調査のデータも一部取り上げているが、これは指定年度と調査項目を限定したものであり、対象校は931校である。

表11-1

	小学校	中学校	高等学校	特別支援学校	幼稚園	合計
2007年調査	130校 (70.3%)	45校 (24.3%)	3校 (1.6%)	4校 (2.2%)	2園 (1.1%)	185校 (校名不明1校を含む) (100%)
2011年調査	456校 (67.6%)	180校 (26.7%)	3校 (0.4%)	6校 (0.9%)	30園 (4.4%)	675校 (100%)
2015年調査	1009校 (64.9%)	472校 (30.4%)	59校 (3.8%)	8校 (0.5%)	7園 (0.5%)	1555校 (100%)

　以下、以上の対象校のデータのうちから主要なものに絞って、その推移を明らかにしていきたい。

第Ⅰ部　コミュニティ・スクールの全国的な実態

1. 学校運営協議会委員数の推移

　学校運営協議会の委員数はどう変化しているだろうか。委員数カテゴリー別に見ると、「10人以下」は 2007年 17.3％、2011年 31.0％、2015年 33.3％と徐々に数値が高くなっている（図11-1）。これに対して、「11 ～ 15人」は同じ年別順に、63.2％・49.2％・51.8％となり、2011年以後減少傾向にある。最も多い「21人以上」は同じく 11.9％・8.6％・5.7％と減少してきている。これらの数値から、10人以下の協議会が増え、反対に 11人以上のところが減りつつあるように学校運営協議会の小規模化が進んでいることが分かる。同じ自治体内でコミュニティ・スクールが増えれば、それだけ適材確保が困難になることから、委員数が減少してきたと考えられる。

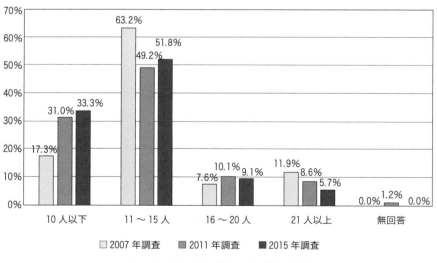

図 11-1　学校運営協議会委員数の推移

2. コミュニティ・スクールの理解度と指定の経緯

コミュニティ・スクールに対する関係者の理解度（「理解している」の回答）はどうだろうか。調査ではあくまでも校長の認識を問うているので、教職員や保護者、地域住民の理解度は校長の観察に基づくものである。

そうした制約はあるが、調査結果によれば（図11-2）、教職員では、2007年調査76.7％、2011年調査83.7％、2015年調査53.1％となり、理解度は2011年にはいったん高くなったが、2015年には急激に低下した。コミュニティ・スクール数の増加によって、むしろ理解度が低下しているのである。この傾向は保護者や地域住民の場合にも見出された。

関係者（回答者の校長を含む）はコミュニティ・スクールの急増状況になかなかついて行けなかったからだと推察できる。そこで、指定の経緯を見ると、「学校自身の意向」による指定校は、2011年調査では29.5％であったが、2015年の今回調査では8.5％に減少し、反対に「教育委員会の意向ないしは働きかけ」は2011年調査の58.4％から2015年調査には84.9％（23.9％＋61.0％〔教委と学校の希望の一致も含む〕）に著しく高くなっている。学校にとってはコミュニティ・スクールを確実に理解した上で指定されケースよりも、教育委員会とい

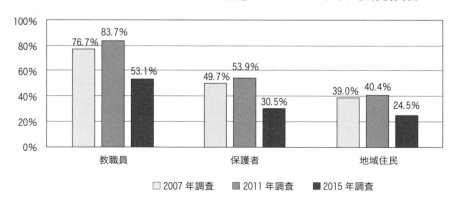

図11-2　コミュニティ・スクール理解—肯定的回答の％

う外部の働きかけが強く作用した結果として指定されたケースが増えたことから理解が追いつかなかったのであろう。

ちなみに、その他の指定の経緯を見ると、「首長の意向」（マニフェスト）は年次順に、7.6％・3.3％・1.8％と減少してきている（表11-2。列で％集計）。首長よりも教育委員会の考え方がコミュニティ・スクール指定を促すようになってきたようである。

表11-2　コミュニティ・スクール指定の経緯

	2007年調査 （N=185）	2011年調査 （N=675）	2015年調査 （N=1555）
学校自身の意向	37.3%	29.5%	8.5%
保護者・地域の意向	3.8%	2.7%	-
教育委員会の意向	46.5%	58.4%	61.0%
学校の希望と教委の働きかけが一致	-	-	23.9%
首長の意向※	7.6%	3.3%	1.8%
その他	0.5%	1.5%	1.3%
からない	-	3.0%	2.0%
無回答	4.3%	1.8%	1.3%
合計	100.0%	100.0%	100.0%

※2015年調査は「首長のマニフェスト」である。

3. 学校運営協議会の権限に対する重要性認識

学校運営協議会の権限（法に基づく役割）には、①校長が作成した基本方針の承認、②校長・教委に対する学校運営意見申出、③教職員の任用意見申出という3つが与えられている。調査では、これら3権限のうち最も重要なもの（第1位の回答）を選択肢してもらった。その結果（図11-3）「基本方針の承認」は2007年調査60.0％、2011年調査62.9％、2015年調査71.9％となり、近年は増加傾向にある。これに対して、「運営意見の申出」は同じく33.5％、30.0％、20.5％と徐々に低下してくる。「教職員の任用意見申出」も6.5％から6.2％、1.8％へと低くなる。

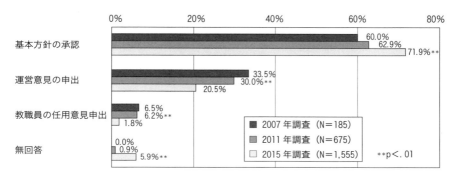

図 11-3　権限の重要性認識の比較

　これら数値は、「運営意見の申出」や教職員の「任用意見申出」を避けるために、結果として「基本方針の承認」が選択されたとも考えられるが、「承認」は学校マターに属し、また外部からの意見聴取の機会として重要性が認識されているからだとも考えられる。ただし、「教職員の任用意見申出」の選択率が 2015 年調査では著しく低いという特徴が見られる。

　「運営意見の申出」は校長のみならず、教育委員会にも向けられる可能性があることから、意見聴取の機会であっても、やや避けられるのであろう。「任用意見申出」はコミュニティ・スクール制度創設当初から忌避される傾向にあったが、さらにその傾向が強まったものと思われる。実際、学校運営協議会設置規則の中には、「任用意見申出」権限規程を外している例が 2013 年の 24.2% から 2015 年には 32.1% に増えていることがその理由として考えられる。つまり、そもそも規則に「任用意見申出」権限がないために、この権限が度外におかれている可能性がある。

4. 学校運営協議会の権限行使の実態

　学校運営協議会の権限の行使率を見ると（図 11-4）、「基本方針の承認」に関して、修正意見が出された割合は（調査では修正意見の「有」の回答）、2007 年調

第Ⅰ部　コミュニティ・スクールの全国的な実態

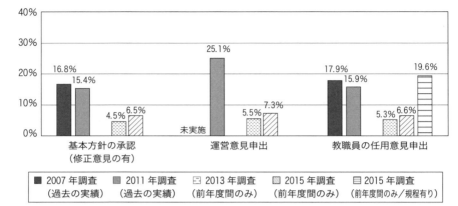

図11-4　学校運営協議会の権限行使率―「あった」割合―

査16.8％・2011年調査15.4％となり、両調査間で大差がなかった。「運営意見申出」は2007年調査では実施しなかったので、「任用意見申出」を見ると、2007年調査17.9％・2015年調査15.9％となり、後者の数値が2ポイント低下しているが、これは学校運営協議会設置規則に「教職員の任用意見申出」権限を欠く例が増えたことが影響しているのであろう。

なお、2013年調査と2015年調査は前年度のみの実績による回答であるため、他の年との比較不可能であるが、2015年調査の数値がやや高いものの、いずれの権限行使率も6～7％程度である。

ただし、注目すべきは、「教職員の任用意見申出」の2015年調査（図中の右）のうち、設置規則にその規程が法律通りに盛り込まれている教育委員会の学校に限ると、19.4％と比較的高い割合で権限行使がなされたことが明らかになった。つまり、少なくとも「任用意見」に関しては設置規則の在り方がその意見申出の有無に影響していると言えるのである（佐藤　2017）。

5. 校長の成果認識の変化

(1) 成果認識項目別の比較

　コミュニティ・スクールをめぐっては、その成果が問われることが多い。ただし、成果認識については他章で取り上げているので、ここでは調査年（2007年、2011年、2015年）による差異だけに注目してみよう（次頁の図 11-5）。

　図 11-5 は成果認識に関する肯定的な回答（「当てはまる」=「とても当てはまる」+「少し当てはまる」の合計値）の％を表しているが、多くの項目で数値の高い順が 2007年、2011年、2015年となる。コミュニティ・スクールの数が増加するにつれて、成果認識が低下傾向にあると言ってよい。この点については後述するが、指定の経緯が関係しているものと考えられる。

　そこで、3調査間のいずれかで5ポイント以上の数値差がある項目を拾うと、「教職員の意識改革が進んだ」（2007年 83.9％→ 2011年 77.4％→ 2015年 61.3％）がある。「意識改革」は近年になるほど数値が低下し、成果として認識されるケースが減少しているが、このことは前述したように、教職員のコミュニティ・スクールに対する理解が進まなくなったことと関係していよう。このほか、2007年のデータを欠くが、「学校に対する保護者や地域の理解が深まった」（2011年 82.6％→ 2015年 74.4％）も5ポイント以上の数値差が見られる。これらはいずれも関係者の意識に関することで、教職員に限らず保護者・地域住民もコミュニティ・スクールの進展について行けない者が増えてきたからであろう。全体的に見ても、わずかな差だが、2015年調査の数値が低下している項目が目立っている。

(2) 成果認識スコアの変化

　そうした調査年による成果認識の変化を総括的に見出すために、成果認識を数量化（成果認識スコア）して比較してみた。

　本書の第Ⅰ部第6章で取りあげた成果認識に関する項目のうち、2011年調

第Ⅰ部　コミュニティ・スクールの全国的な実態

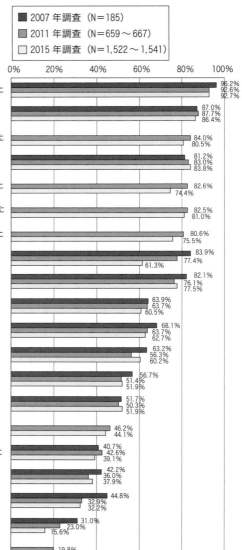

図 11-5　コミュニティ・スクールの成果認識―調査年別―

査と共通の 20 項目に絞って、各問に対する「とても当てはまる 4—3—2—1 まったく当てはまらない」の択一回答の数字をそのまま数量化して、その 20 項目合計（80 点満点）の平均値を算出したところ、図 11-6 に記した数値が得られた。図を見

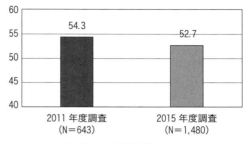

図 11-6　成果認識スコア

ると、まず 2011 年調査は 54.3 であったが、2015 年調査では 52.7 に低下している。t 検定の結果では、t 値 =3.81、**p<.01 となり、2011 年調査の数値が 2015 年調査のそれを有意に上回ったものの、数値差は 1.6 に過ぎないので、成果認識が大きく落ち込んだとは言えないだろう。ちなみに、2015 年調査データのうち、2004 年度から 2011 年度指定校に絞ってその数値を算出しても、52.9 とほぼ同じであった。

そこで、指定年度と調査年別の成果認識スコアを見ると、図 11-7 に記したようになる。指定年度に注目すると、2008 年度指定以前で、2001 年調査よりも 2015 年調査の数値が軒並み低下していることがわかる。つまり、2005 年度

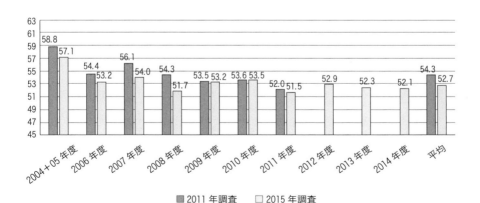

図 11-7　コミュニティ・スクールの成果認識スコア—指定年度及び調査年別—

から 2008 年度に指定を受けた時点では比較的高い成果認識が見られたが、その後、人事異動によって校長等が代わり、新たな制度に対する経験がないために制度を十分活用できない校長等が存在するからだと考えられる。なお、2015年調査によると、2009 年度以降は平均値の 52.7 前後をほぼ維持している。

(3) CS 指定の経緯と成果認識

　CS 指定の経緯のうち「学校が希望して」「教育委員会から働きかけ」「学校の希望と教委の働きかけが一致」の 3 事項に絞って、それぞれの成果認識スコア群の割合を析出したみたところ、図 11-8 のような結果が得られた。

　凡例にある「成果認識［低群］（スコア 60 以下）」は、「学校が希望して」29.9％、「教育委員会からの働きかけ」36.6％、「学校の希望と教委の働きかけが一致」26.3％となった。「教育委員会からの働きかけ」が有意に高い値を示した（*p<.05）。反対に、「成果認識［高群］」の数値は、「学校が希望して」33.6％、「教育委員会からの働きかけ」29.2％、「学校の希望と教委の働きかけが一致」38.7％となり、「学校の希望と教委の働きかけが一致」が有意に高くなった（**p<.05）。

　これら数値から、「教育委員会から働きかけ」の場合は成果認識が低く、「学校の希望と教委の働きかけが一致」が最も成果認識が高く、「学校が希望して」がこれに次ぐ。学校の自発性と教委の動きが一致した時に高い成果が得られると考えられるが、学校による何らかの自発的意思によって指定された方が教育委員会からのトップダウンによる場合よりも高い成果につながる可能性が

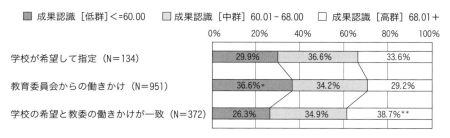

図 11-8　CS 指定の経緯と成果認識

第11章　これまでの調査から見たコミュニティ・スクールの実態の変化

あると言えよう。先行研究でもトップダウンよりもボトムアップによって指定された学校で高い成果が見られたところである（佐藤［編］2010）。

(4) コミュニティ・スクールに対する満足度

これまでの調査ではコミュニティ・スクール（CS）に対する校長の満足度を問うてきた。そこで、2007年調査から2015年調査までの4回の調査結果を比較すると（図11-9）、「満足」は2007年調査13.0％・2011年調査8.2％・2013年調査9.8％・2015年調査10.3％となる。2007年調査と2011年調査の間には5ポイント弱の数値差はあるが、4回の調査では10％前後にとどまる。これに「ある程度満足」の数値を加えると、2007年調査83.1％・2011年調査79.1％・2013年調査84.6％・2015年調査76.4％となる。2015年調査では数値が低下しているが、調査項目に置き方が従来調査とはやや異なることも影響している可能性がある。ともあれ、80％前後の校長はコミュニティ・スクールに対して満足感を抱いていることになる。

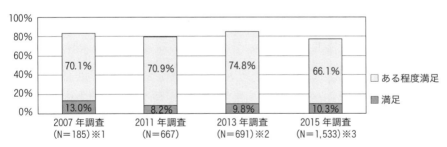

※1　文教協会補助金による調査研究（佐藤［晴］　2010）
※2　平成22～25年度指定校のみ対象（コミュニティ・スクール研究会　2013）
※3　調査項目の置き方が他調査とは少し異なる

図11-9　コミュニティ・スクールに対する満足感

(5) 指定年度別の不満感と形骸化感—2015年調査—

最後に、2015年調査から指定年度別に、「不満感」と「形骸化認識」を見ていくことにしよう。まず、図11-10の左の縦棒に注目すると、「不満感」（「少し

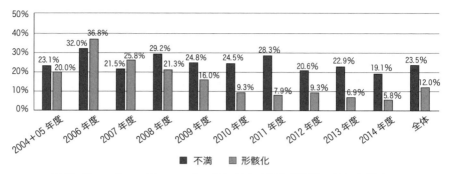

図11-10　コミュニティ・スクールに対する否定的認識—2015年調査—

不満」＋「不満」の合計）は、「全体」では23.5％で、指定年度別では「2006年度」が32.0％と最高で、「2014年度」が19.1％と最低になる。ただし、指定年度による一定の傾向を見出すことはできなかった。

これに対して、「制度として形骸化している」に対する「当てはまる」の回答は図中右の縦棒であるが、「全体」では12.0％と低く、指定年度別では「2006年度」の36.8％を頂点に、以後、徐々に低下し、「2014年度」が5.8％と最低値を示す結果となった。その数値が10％以下になった「2010年度」以降は、前述した「成果認識」スコアが著しく高い訳でなく、最新の2015年調査の「満足感」も特段高いとは言えないが、近年の指定校の校長は形骸化を認識する者が少ない傾向にある。つまり、近年の指定校は特段高い成果認識や満足感が得られたと捉えていないものの、制度の運用はそれなりにうまく行われていると認識されていると言えよう。

5．結論

以上のことは、おおよそ次のように整理できる。

第一に、学校運営協議会の委員数は近年減少傾向にあり、組織の小規模化が進んできている。これは自治体内でコミュニティ・スクールが増加した結果、人材確保が困難になり、結果として委員数が少なくなったのであろう。

第二に、コミュニティ・スクールに対する関係者の理解度は2011年調査に比べて2015年調査では低下している。特に、教職員の理解度の低下が著しいが、教育委員会に働きかけによる指定が増えた結果、関係者の理解が追いつかないからだと考えられる。

　第三に、学校運営協議会の3権限のうち、「基本方針の承認」を重視する校長が増えた一方で、「運営意見申出」や「任用意見申出」を重視するものが減少してきた。このことは設置規則の既定の在り方も影響しているだろうが、コミュニティ・スクール制度の理解が十分に浸透していない状況下では学校マターである「承認」が選択されやすいからなのであろう。ちなみに、「任用意見申出」を行使した学校は設置規則に当該権限規程がある場合には約2割になる。

　第四に、校長のコミュニティ・スクールによる成果認識は近年低下傾向にある。その原因は明確に見出されなかったが、おそらくその普及に伴い、この制度を効果的に活用できるリーダーシップの発揮が困難な校長が増えたからだと推察できる。また、指定の経緯について学校の意向が何らかに形で関わった場合には成果認識が強い傾向が見出された。

　第五に、コミュニティ・スクールに対する満足度は近年、大きく変化しておらず、8割前後に達する。満足度は成果認識ほどには変動していないわけである。また、2015年調査によると、不満の割合は各指定年度による傾向を表さなかったが、これと形骸化認識者は2006年指定が最も多く、この年度は形骸化認識が不満の数値を上回ったものの（2007年度も同様）、2008年度以降は形骸化認識の数値が不満を下回る結果となった。つまり、近年は不満ではあるが、形骸化しているとは認識していない校長が増えた訳である（例えば、2014年は不満19.1％、形骸化5.8％）。

引用文献

佐藤晴雄［編］（2010）『コミュニティ・スクールの研究』風間書房
佐藤晴雄（2017）『コミュニティ・スクールの成果と展望』ミネルヴァ書房

（佐藤　晴雄）

第Ⅱ部
コミュニティ・スクールをめぐる諸課題の分析

第1章　校長による成果認識が高いコミュニティ・スクールの特徴

　本章では、校長の成果認識が高いコミュニティ・スクール指定校の特徴を描くことを目的に、学校をめぐる実態、学校運営協議会の諸活動、課題認識という3つの側面に注目して、分析・考察を試みることにした。

1.　学校をめぐる実態

　まず、コミュニティ・スクールに対する成果認識を数量化することによって、どのような要因が校長の成果認識に影響を及ぼす可能性があるのかを検証することとした。その場合、成果認識を以下の方法によって数量化し、その合計値を「成果認識スコア」と名付けてみた（表1-2参照）。

Q29の質問のAからXまでの24項目の回答を以下により得点化した。
　「とても当てはまる4」→4点、「3」→3点、「2」→2点、「まったく当てはまらない1」→1点
　　（フルスコアは96点）

　そこで、学校をめぐる実態（Q1～Q4）を説明変数とする重回帰分析（強制投入法）を行ったところ[※]、「地域の様子」の寄与率が最も高く、次いで「学校・教職員の様子」となり、ステップワイズ法によると「保護者の様子」は除去された。「児童生徒の様子」は寄与率こそ低いが、一つのモデル形成をなしている（表1-1）。

　学校をめぐる実態は、コミュニティ・スクールとしての取組の前提であり、また結果でもあると解せるが、少なくとも現在の在り方とコミュニティ・スクールの成果認識との関係を探る一つの変数になり得るとすれば、その成果認識には「保護者」や「児童生徒」よりも「地域」や「学校・教職員」の実態の方

が強く関係していると言える。つまり、地域との関係性がプラスで、また学校・教職員の在り方もプラス※※）であると、成果認識スコアが高くなるわけである。以下、「学校・教職員の様子」について取り上げてみよう。

　※）学校をめぐる実態は、Q1～Q4までの各質問項目の回答番号をそのまま数量化した合計値とした。つまり、各Qのフルスコアは7×4=28となる。
　※※）学校・教職員の様子には、時間外勤務の多さをプラス値として処理した場合である。

表1-1　成果認識スコアを従属変数とする重回帰分析

	ベータ
地域の様子	0.286
学校・教職員の様子	0.277
児童生徒の様子	0.058
保護者の様子	0.046
R二乗	0.312
調整R二乗	0.316
N	1488

$**p<.01$

2.「学校・教職員の様子」から見た成果認識

(1)「学校・教職員の様子」の各項目別の成果認識スコア平均値

　まず、学校をめぐる実態のうち「学校・教職員の様子」について、「当てはまる」／「当てはまらない」の回答別に成果認識スコアの平均値を算出してみた。その結果（表1-2）、Q1-AからQ1-Gまでの各項目の「当てはまる」の平均値は65点前後となり、Q1-D以外では「当てはまらない」よりも6～10ポイント上回る結果となった。「Q1-D. 教職員の時間外勤務や休日出勤は多い方である」のみは「当てはまる」と「当てはまらない」の平均値は近似した（「当てはまる」64.2・「当てはまらない」63.3）。「時間外勤務等」については成果認識にほとんど影響していないことが推量される。

第1章　校長による成果認識が高いコミュニティ・スクールの特徴

表1-2　「学校・教職員の様子」の各項目別の成果認識スコア

		N	平均値	標準偏差	t
Q1-A. 教職員は何事にもお互いに協力しながら取り組んでいる	当てはまる	1547	64.1	10.63	2.04
	当てはまらない	7	55.9	12.42	
					*p<.05

		N	平均値	標準偏差	t
Q1-B. 教職員は地域の行事や会議に積極的に参加している	当てはまる	1264	65.3	10.31	10.24
	当てはまらない	289	58.4	10.33	
					**p<.01

		N	平均値	標準偏差	t
Q1-C. 教職員は学校支援ボランティア活動の活用に積極的である	当てはまる	1339	65.2	10.25	10.89
	当てはまらない	210	56.9	10.29	
					**p<.01

		N	平均値	標準偏差	t
Q1-D. 教職員の時間外勤務や休日出勤は多い方である	当てはまる	1277	64.2	10.52	1.36
	当てはまらない	276	63.3	11.24	
					ns.

		N	平均値	標準偏差	t
Q1-E. 教職員はコミュニティ・スクールについて理解している	当てはまる	1316	65.4	10.12	12.59
	当てはまらない	235	56.4	10.29	
					**p<.01

		N	平均値	標準偏差	t
Q1-F. 教職員は学校運営に積極的に関わろうとしている	当てはまる	1434	64.5	10.60	6.1
	当てはまらない	120	58.4	9.57	
					**p<.01

		N	平均値	標準偏差	t
Q1-G. 学校の運営に地域や家庭の声が反映されている	当てはまる	1482	64.5	10.43	8.28
	当てはまらない	70	54.0	10.56	

*p<.05、**p<.01

第Ⅱ部 コミュニティ・スクールをめぐる諸課題の分析

この「時間外勤務等」を除く項目について「当てはまる」のスコアが有意に高いことから、学校が地域に開かれ、教職員が地域との関わりを持っている学校の方が校長の成果認識が高い傾向にあることが見出された。そこで、数値差がなかった「時間外勤務」等と成果認識の関係を探ることにしよう。

(2) 勤務時間増と成果認識

表1-3は、成果認識項目の肯定的回答と「勤務負担増」の当否別の回答値（％）を表したものである。表頭の「勤務負担が増えた」の「当てはまる」と「当てはまらない」の数値を見ると、まず、「管理職・担当教職員」の場合には、意外にもすべての成果認識項目で「当てはまらない」が「当てはまる」を上回っていることがわかる（a<b）。数値差の大きい項目には、「Q29C 児童生徒の学習意欲が高まった」「Q29D 児童生徒の学力が向上した」（共に、a-b=-7.2％）という学習指導に関する成果があり、ほかに数値こそ低いが「Q29G 教職員が子どもと向き合う時間が増えた」（同 -8.0％）も見られる。勤務負担が増えていないからこそ、学習指導や子どもと向き合う時間が確保されたと解することもできる。

これら勤務負担増の当否の回答に対してχ^2検定を行ったところ、有意差が見出された成果認識項目（太字）は12項目（24項目中）となる。つまり、多くの成果が認識された学校では管理職等の勤務負担がむしろ増加していない傾向が読み取れるのである。

この傾向をどう解するかは判断の分かれるところであるが、まず考えられるのは勤務負担増がない方が成果認識がなされやすいことである。たとえば、学校業務のスリム化によって成果がより強く認識される場合である。また、コミュニティ・スクールが成果を得るためには管理職や担当教職員の勤務負担を必ずしも要しないと考えられる。

一方、「一般教職員」の場合は、「勤務負担増」の当否については「Q29N 地域が活性化した」の1項目以外は統計的な有意差が見出されず、数値差が小さいことがわかる。これらの結果からは、成果を得ることと一般教職員の勤務負

第1章　校長による成果認識が高いコミュニティ・スクールの特徴

表1-3　成果認識の肯定値と勤務負担増の当否

Q29 成果認識項目の肯定的な回答のみ	Q28P.管理職・担当教職員の勤務負担が増えた				Q28Q.一般教職員の勤務負担が増えた			
	当てはまるa	当てはまらないb	a-b	χ²検定結果	当てはまるa	当てはまらないb	a-b	χ²検定結果
Q29A 特色ある学校づくりが進んだ	82.1%	85.6%	-3.5%	ns.	86.6%	83.1%	3.5%	ns.
Q29B 教育課程の改善充実が図られた	58.5%	62.8%	-4.3%	ns.	60.1%	60.7%	-0.6%	ns.
Q29C 児童生徒の学習意欲が高まった	**48.3%**	**55.5%**	**-7.2%**	**	55.9%	50.9%	5.0%	ns.
Q29D 児童生徒の学力が向上した	**34.5%**	**41.7%**	**-7.2%**	**	40.3%	37.4%	2.9%	ns.
Q29E 生徒指導上の課題が解決した	**36.3%**	**42.4%**	**-6.1%**	*	37.8%	39.6%	-1.8%	ns.
Q29F 教職員の意識改革が進んだ	59.0%	63.6%	-4.6%	ns.	65.5%	60.0%	5.5%	ns.
Q29G 教職員が子どもと向き合う時間が増えた	**13.9%**	**21.9%**	**-8.0%**	**	14.4%	18.7%	-4.3%	ns.
Q29H 適切な教員人事がなされた	14.8%	16.6%	-1.8%	ns.	14.7%	16.0%	-1.3%	ns.
Q29I 学校関係者評価が効果的に行えるようになった	**77.5%**	**84.5%**	**-7.0%**	**	78.5%	81.6%	-3.1%	ns.
Q29J 学校と地域が情報を共有するようになった	92.6%	92.8%	-0.2%	ns.	94.8%	92.2%	2.6%	ns.
Q29K 学校が活性化した	76.1%	79.3%	-3.2%	ns.	78.8%	77.2%	1.6%	ns.
Q29L 地域が学校に協力的になった	84.9%	87.9%	-3.0%	ns.	89.6%	85.5%	4.1%	ns.
Q29M 地域の教育力が上がった	59.4%	61.0%	-1.6%	ns.	64.7%	59.0%	5.7%	ns.
Q29N 地域が活性化した	51.6%	52.4%	-0.8%	ns.	**59.9%**	**49.9%**	**10.0%**	**
Q29O 地域と連携した活動が組織的になった	80.2%	80.8%	-0.6%	ns.	82.0%	80.0%	2.0%	ns.
Q29P 保護者が学校に協力的になった	**59.2%**	**66.0%**	**-6.8%**	**	59.9%	63.2%	-3.3%	ns.
Q29Q 家庭の教育力が上がった	**29.8%**	**34.6%**	**-4.8%**	*	35.0%	31.3%	3.7%	ns.
Q29R 学校に対する保護者や地域の理解が深まった	73.8%	75.1%	-1.3%	ns.	76.2%	73.9%	2.3%	ns.
Q29S 保護者や地域からの苦情が減った	**41.1%**	**47.2%**	**-6.1%**	*	42.5%	44.5%	-2.0%	ns.
Q29T 保護者地域による学校支援活動が活発になった	74.2%	77.0%	-2.8%	ns.	79.2%	74.6%	4.6%	ns.
Q29U 校長・園長のリーダーシップが向上した	**68.1%**	**74.9%**	**-6.8%**	**	72.0%	71.2%	0.8%	ns.
Q29V 管理職の異動があっても継続的な学校運営がなされている	**78.4%**	**83.1%**	**-4.7%**	*	81.8%	80.4%	1.4%	ns.
Q29W 学校の組織力が向上した	**63.0%**	**69.8%**	**-6.8%**	**	69.4%	65.5%	3.9%	ns.
Q29X 子供の安全安心な環境が確保された	**78.4%**	**82.5%**	**-4.1%**	*	83.1%	79.7%	3.4%	ns.

*p<.05、**p<.01、ns.非有意

担増はほとんど関係ないことがわかった。

　以上の結果を「時間外勤務等」の多さに関する回答結果に照らすと、やや矛盾したように思われる。しかし、「時間外勤務等」についてはあくまでも現状に対する回答であり、「勤務時間増」はコミュニティ・スクールとしての勤務時間の変化（増減）を問うた点で質問の趣旨が異なる。したがって、成果認識の高い学校はもともと時間外勤務等がある程度多いことが推察できるのである。そうだとしても、時間外勤務等の場合でも、その当否による成果認識の肯定値には著しい違いが見出されず、「時間外勤務等は多い」に対する「当てはまらない」の回答が「当てはまる」を上回る項目も少なくなかったのである（例えば「Q29P. 保護者が学校に協力的になった」など）。

3. 学校運営協議会の諸活動と成果認識

　以下では、学校運営協議会の諸活動を、(1) 学校運営協議会の議事取り上げ実態、(2) 定例会開催数、(3) 権限行使率、(4) 学校支援等の派生活動の実態から、成果認識を探ることにする。

(1) 学校運営協議会の議事から見た成果認識

　学校運営協議会で取り上げた議事と成果認識項目との相関を求めたところ、相関係数は全体的に小さいが、有意性が認められた項目をいくつか拾うと、「議事 Q19-A: 教育課程」と「成果認識：教育課程の改善・充実が図られた」は相関が比較的強いことがわかった（相関係数 .324**）。「議事 Q19-C: 授業改善」の場合には同じく「成果認識：教育課程の改善・充実が図られた」（同：.254**）及び「児童生徒の学力が向上した」（同：.205**）の2項目との相関が相対的に強い。そのほか「議事 Q19-E: 学校評価」と「成果認識：学校関係者評価が効果的に行えるようになった」（同：.224**）もある程度の相関があり、議事内容と成果内容は密接に関係していることがわかる。議事の教職員関係（Q19-H～J、L）も同様に、「成果認識：適切な教員人事がなされた」に関係し、特に「議事：

第 1 章　校長による成果認識が高いコミュニティ・スクールの特徴

教職員の任用」は「適切な教員人事がなされた」との相関が相対的に強い結果となっている（同：.356**）。

また、「議事 Q19-M: 地域人材の活用」と「議事 Q19-O: 地域・保護者の巻き込み方」については、「成果認識 Q29-A: 特色ある学校づくりが進んだ」をはじめ、地域連携及び学校絵改善関連の成果認識項目との相関が見出され、その数は半数以上の項目になる（「地域人材の活用」は 13 項目、「地域・保護者の巻き込み方」は 15 項目）。これら 2 つの議事は取り上げた割合が高いことも影響しているが、地域連携等に関する成果に広く影響を及ぼしていると言える。なお、「議事 Q19-P: 施設・設備の整備」は「成果認識 Q29-X: 子供の安全・安心な環境が確保された」との相関が相対的に強くなっている（同：.257**）。

それらのうち、相関係数が最も高かった「議事：教職員の任用」と「成果認識：適切な教員人事」に注目して、クロス集計を行ったところ、図 1-1 のような結果になった。議事として「教職員の任用」が「よく取り上げられる」学校は 30 校と少ないが、そのうち 60％（23.3％ + 36.7％）では「適切な教員人事がなされた」（「とても当てはまる」+「少し当てはまる」）ことになる。「教職員の任用」が「少し取り上げられる」では同じく 40％強（4.4％ +37.2％）になる。こ

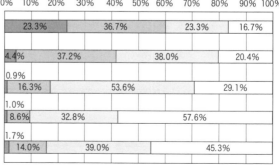

図 1-1　成果認識：適切な教員人事―議事：教職員の任用の取り上げの有無別―

れら対して、議事として「まったく取り上げられない」の同じ数値は9.6％（1.0％＋8.6％）に過ぎない。このように、教職員の任用が議事として取り上げられた場合には、適切な教員人事が実現する可能性が高くなることがわかる。

一方、議事のうち「Q19-B. 学校行事」「Q19-D. いじめ・暴力・不登校などの生徒指導に関すること」「Q19-G. 学校への寄付」「Q19-K. 教職員の資質改善」「Q19-N. 学校への注文・苦情への対応」の5議事項目については相関係数「.2」以上の成果認識項目がなかったことから、成果認識に大きく寄与しているとは言えない。このうち「Q19-D. いじめ・暴力・不登校などの生徒指導に関すること」と「成果認識Q29-E. いじめ・暴力・不登校などの生徒指導上の課題が解決した」との相関係数は「.176」と低いが、第4章で後述するように、生徒指導については議事（議題）として取り上げることよりも、取り組み等の在り方が成果認識に関係しているのである。

(2) 定例会開催数と成果認識

学校運営協議会の定例会開催数と成果認識との関係はどうだろうか。その分析に当たっては、成果認識を以下のようにカテゴリー化した。

成果認識［高群］＝68.5～96点
成果認識［中群］＝60.5～69点
成果認識［低群］＝24.0～60点

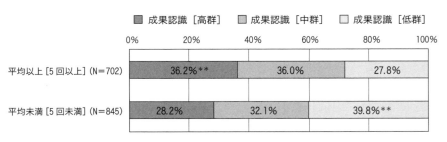

図1-2　定例会開催数と成果認識

そこで、定例会開催数「5回未満」と「5回以上」に分けて、成果認識のカテゴリー別にクロス集計を試みたところ（図1-2）、年間の会議開催が「5回以上」は「5回未満」よりも、成果認識「高群」の数値が高いことがわかる（**p<.01）（「5回以上」36.2%・「5回未満」28.2%）。反対に、成果認識「低群」の数値は「5回以下」（39.8%）が「5回以上」（27.8%）を上回っている（**p<.01）。したがって、定例会の回数が5回以上の方が校長の成果認識を高める傾向があると読み取れるのである。会議は負担にはなるだろうが、一定の回数が開催されている方が成果認識につながる可能性が指摘できる。

(3) 権限行使率と成果認識

学校運営協議会の権限行使の有無と成果認識との関係に注目すると、図1-3に示したように、「修正意見（承認に関する権限行使）」「運営意見」「任用意見」のいずれについても意見が「あった」方が成果認識「高群」の数値が高い。「承認」については「修正意見」の有無と回答を求めたが、これが「あった」×「成果認識［高群］」43.4%・「なかった」×「成果認識［高群］31.1%となり、有意差が認められた（**p<.01）。また、教育委員会に対する「運営意見」の場合、「あった」×「成果認識［高群］」43.0%・「なかった」×「成果認識

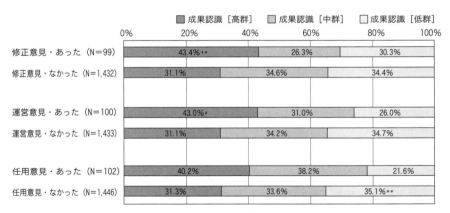

図1-3　権限行使の有無と成果認識

[高群]」31.1％となり、この場合も前者が後者を有意に上回った（*p<.05）。そして、「任用意見」については「あった」×「成果認識［高群］」40.2％・「なかった」×「成果認識［高群］」31.3％となり、「なかった」×「成果認識［低群］」は有意に数値が高いことが認められた（**p<.01）。

　つまり、権限行使がなされた方が成果につながる可能性を見せているのである。意見によって学校の自律性が損なわれることを懸念する声もあるが、少なくとも今回の調査からはむしろ逆の傾向が見出されたのである。このことは、意見による提案実現やアイデア収集などに基づく成果が認識されるということを示しているのであろう。

（4）派生活動と成果認識

　学校運営協議会の派生活動としては、学校支援活動など以下の質問の活動を意味するものとする。

Q26-A. 学校支援活動に直接取り組んでいる
Q26-B. 学校評議員との合同会議を開催している
Q26-C. 委員が学校関係者評価の評価者になっている
Q26-D. 学校関係者評価を学校運営協議会の実働組織で実施している
Q26-E. 学校自己評価について協議している
Q26-F. 青少年健全育成活動に取り組んでいる
Q26-G. 地域行事・地域活動に取り組んでいる
Q26-H. 保護者・地域からの苦情に対応している
Q26-I. 自治会・町内会等との合同会議を開催している

　これらの実施率（実施している活動の種類数を「実施率」とした）を以下のようにカテゴリー化して、成果認識カテゴリーとクロス集計を行った。

　　派生活動実施率［高群］＝活動実施種数　6〜8項目（N=513）
　　派生活動実施率［中群］＝活動実施種数　3〜5項目（N=784）
　　派生活動実施率［低群］＝活動実施種数　0〜2項目（N=226）

第1章　校長による成果認識が高いコミュニティ・スクールの特徴

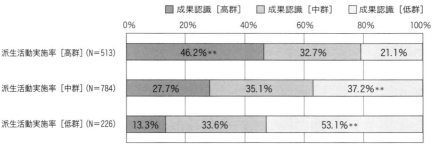

図1-4　派生活動実施率と成果認識

　派生活動実施率の3カテゴリー別に成果認識について見ると（図1-4）、派生活動を数多く実施している「派生活動実施率［高群］」は成果認識「高群」の数値（46.2％）が有意に高く（**p<.01）、反対に、「派生活動実施率［低群］」は「成果認識［低群］」の数値（53.1％）が有意に高い。「派生活動［中群］」でも「成果認識［低群］」は有意に高いことが認められた（37.2％、**p<.01）。
　つまり、派生活動の実施率が高いと、成果認識も高くなるという関係が見出されたのである。
　さらに、派生活動実施数（図中「件」で表示）を細かく取り上げて、成果認識カテゴリーをクロスさせた結果を現したのが図1-5である。派生活動実施数「0件」から「9件」に向かって、「成果認識［低群］」の数値はきれいに減少し、これとは反対に「成果認識［高群］」は数値の上昇を見せている。なお、「成果認識［中群］」は、件数による変動はあるものの、さほどその影響を受けておらず、中間的に位置にある。このことからも、派生活動実施率が明確に「成果認識」に影響を及ぼしていると言ってよい。学校運営協議会の会議以外の活動も、校長の成果認識に関係し、それが活発であるほどその成果認識が高い傾向にあることが明らかである。

第Ⅱ部　コミュニティ・スクールをめぐる諸課題の分析

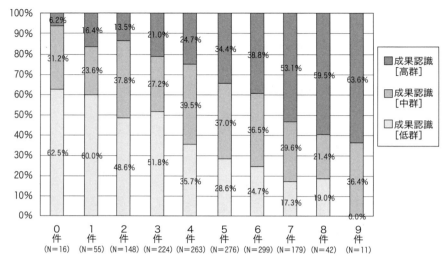

図1-5　派生活動実施数と成果認識カテゴリー

4. 結論

　以上の分析結果から、校長の成果認識が高い学校の特徴とは、おおよそ以下のように集約できる。

　第一に、校長の成果認識が高い学校では、教職員が地域に積極的に関わり、地域に開かれた運営に努めている傾向がある。ただ、教職員の時間外勤務等の多さは成果認識に明確に関係しているとは言えなかった。また、勤務負担増の有無については、管理職の場合にはむしろ成果認識が高い場合に否定的回答が多く、見方によれば勤務負担増のなさが成果認識を高めている可能性もある。一般教職員の場合には勤務負担増の有無と成果認識との関係は明確に見出されなかった。

　第二に、学校運営協議会の議事については、議事内容がそのまま関連する成果認識事項に関係しているが、特に「地域人材の活用」と「地域・保護者の巻き込み方」を議事に取り上げた学校は幅広い成果をもたらす傾向が見出された。

また、教職員に関する議事は適切な人事がなされたという成果につながる傾向が見られた。

　第三に、学校運営協議会の定例回数は、年間「5回未満」よりも「5回以上」の方が高い成果認識をもたらす傾向が見出された。成果認識を得るためにはある程度の会議開催数（平均以上の5回以上）を維持することが必要だと言えそうである。

　第四に、学校運営協議会の権限については、「承認」に際しての修正意見や教委への意見申出、さらに任用意見申出がなされた学校の方がそうでない学校に比べて高い成果認識にある。実際には権限をうまく活用することが成果につながると言う示唆が得られたところである。

　第五に、学校支援や学校評価などの派生活動実施数が多い学校ほど成果認識が高い傾向にある。学校運営協議会を協議機関にとどめず、広く地域連携等に関わる実働組織として運用している学校ほど成果を感じているわけである。

　以上をまとめると、成果認識の高い学校とは、教職員が地域に積極的に関わり、学校を地域に開き、また学校運営協議会の会議は年間5回以上開催して、地域人材の活用や地域等の巻き込み方など地域連携を議事に取り上げ、会議以外の派生活動を広く展開しつつ、学校運営協議会の権限を有効に行使している学校だと言える。

（佐藤　晴雄）

第2章　学校支援地域本部（地域学校協働本部）と
コミュニティ・スクール

1. 学校支援ボランティア活動との関係

　学校支援地域本部は、従来のPTAや保護者会とともに地域の教育力を活用して、学校の教育力をよりいっそう高めることを目ざして設置が進められている。保護者や地域住民の特色ある力を活用して、豊かで多様な教育の展開を伸ばそうというわけである。もちろん従来も地域の人々の力は、学校にとって最も重要な資産であったが、学校地域本部の設置は、それを組織的かつ有効に活用しやすいようにすることにつながる。

　ではその有無は、派生活動の一つである学校支援ボランティア活動の活発化に影響しているのかどうか、Q10とQ8の関係をクロス集計した。それぞれの問と、集計基本データは、以下のようになった。

　Q10　あなたの学校には、学校支援地域本部等（学校の教育活動を支援する仕組み）が設置されていますか。当てはまる項目の番号を〇で囲んでください。

1. 文部科学省補助事業としての学校支援地域本部が設置されている　13.8%
2. 文部科学省補助事業以外の学校支援組織・仕組みが設置されている　24.3%
3. 学校支援地域本部または文部科学省補助事業以外の組織が設置されていたが、現在は廃止された　3.9%
4. （平成年度に）設置の予定がある（平成27年度も含む。文部科学省補助事業であることを問わない。）　3.5%
5. もともと設置されておらず、今後も設置される予定もない　51.5%

第2章 学校支援地域本部（地域学校協働本部）とコミュニティ・スクール

無回答 3.1%

Q8 あなたの学校では、平成26年度間に、次のような学校支援活動が行われましたか。それぞれの問について、選択肢の番号を○で囲んでください。

A．教師のアシスタント活動（プリントのまる付けや教材作成など）
　　　　　　　　　　　　　　1．はい 20.9%　　2．いいえ 79.1%
B．ゲストティーチャーなど学習指導そのものに関わる支援活動
　　　　　　　　　　　　　　1．はい 84.3%　　2．いいえ 15.7%
C．施設・設備の整理に関する支援活動　1．はい 68.9%　　2．いいえ 31.1%

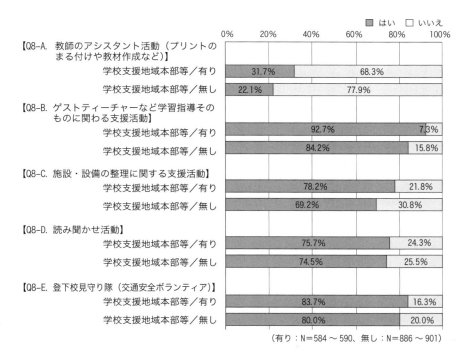

図2-1　Q10 × Q8 学校支援ボランティア活動実施の有無
－学校支援地域本部等の有無別－

D．読み聞かせ活動　　　　　　　　　1．はい 71.8%　2．いいえ 28.2%
E．登下校見守り隊（交通安全ボランティア）
　　　　　　　　　　　　　　　　　　1．はい 79.6%　2．いいえ 20.4%

　上記アンケートのクロス集計の結果は、下記のとおりである。
　以下、この集計結果について分析する。
　χ^2検定の結果、学校支援地域本部の「有り／無し」による差が認められるのは、Q8のA・B・Cにおいてである（**p<.01）。Q8のD・Eに関しては差が認められない。

Q8　　A　31.7 － 22.1 ＝ 9.6%**　　　D　75.7 － 74.5 ＝ 1.2%ns.
　　　B　92.7 － 84.2 ＝ 8.5%**　　　E　83.7 － 80.0 ＝ 3.7%ns.
　　　C　78.2 － 69.2 ＝ 9.0%**

　A・B・Cについては、8～10％近くの有意差が認められる。すなわち授業に伴う作業的な部分（A. 教師のアシスタント活動（プリントのまる付けや教材作成など）、C. 施設・設備の整理に関する支援活動）については、学校支援地域本部のある方が有意に高いといえるが、授業の内容的な教授活動（B. ゲストティーチャーなど学習指導そのものに関わる支援活動）については、すでに多くの学校で実施されているということである。
　また差異がみとめられない、D（読み聞かせ活動）・E（登下校見守り隊（交通安全ボランティア））については、これもすでに多くの学校で実施されていることが伺える。Eの登下校の見守り隊については、日本では伝統的の多くの学校で実施されているが、Dの読み聞かせについても、大学生や主婦層に近年大きく拡がっており、それが反映されているものと思われる。
　以上のことから、学校支援地域本部と学校支援ボランティア活動の相関関係は、従来から拡がっているB・D・Eについては差異が認められないが、A・Cといった教師の補助的な業務については差異が認められることが理解される。

第 2 章　学校支援地域本部（地域学校協働本部）とコミュニティ・スクール

これは、学校支援地域本部がこの名称どおり、学校の中核的業務である授業に関する補助的性格を有していることが反映されているものと思われる。こうしたことから、学校支援地域本部の設置意義が達成されているものと思われる。

2. コミュニティ・スクールの成果認識との関係

次に、「Q29. コミュニティ・スクールの成果認識」と、学校支援地域本部の設置の有無との関係をみてみよう。Q29 の質問項目は、A 〜 X までの 24 項目であったが、下記のように上位項目、すなわち「Q10. 学校支援地域本部等の有無別」のいずれかの合計値が 80％以上の項目のものが 8 項目、下位項目すなわち 80％以下のものが残りの 16 項目であった。

しかし 80％以下の項目であっても、学校支援地域本部の設置の意義が認められるものも多いので、以下の分析においては、「上位項目」と「下位項目」に分けて分析をする。まず、上位項目は以下のものであった。

《上位項目》
　A．特色ある学校づくりが進んだ
　J．学校と地域が情報を共有するようになった
　K．学校が活性化した
　L．地域が学校に協力的になった
　O．地域と連携した取組が組織的に行えるようになった
　T．保護者や地域による学校支援活動が活発になった
　V．管理職の異動があっても継続的な学校運営がなされている
　X．子供の安全・安心な環境が確保された
　※ 次ページの表においては、この順序ではなく、パーセンテージの高い順にならべている。

80％を超える上位項目の結果は、次のページのグラフのようになった。

第Ⅱ部　コミュニティ・スクールをめぐる諸課題の分析

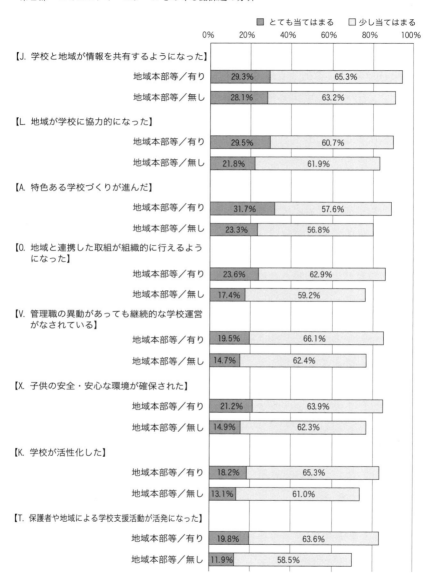

図 2-2　Q29. コミュニティ・スクールの成果認識（上位項目）
－ Q10. 学校支援地域本部等の有無別（いずれかの合計値 80％以上の項目）－

第2章　学校支援地域本部（地域学校協働本部）とコミュニティ・スクール

　上記のグラフをさらに差異だけを取り出して表記してみよう。それは、次のようになる。

	とても当てはまるだけの差	少し当てはまるも含めた差
J．学校と地域が情報を共有するようになった	1.2%	3.3%
L．地域が学校に協力的になった	7.7%	6.5%
A．特色ある学校づくりが進んだ	8.4%	9.2%
O．地域と連携した取組が組織的に行えるようになった	6.2%	9.9%
V．管理職の異動があっても継続的な学校運営がなされている	4.8%	8.5%
X．子供の安全・安心な環境が確保された	6.3%	7.9%
K．学校が活性化した	5.1%	9.4%
T．保護者や地域による学校支援活動が活発になった	7.9%	13.0%

　このように差異だけを取り出してみると、本部等「有り／無し」間で最も大きな差になっているのが、「T．保護者や地域による学校支援活動が活発になった」の「とても当てはまる」の回答の差7.9%と「とても」＋「少し当てはまる」の合計の差13.0%であることがわかる。これは、学校支援地域本部の設置意義が顕著に認められる項目であろう。

　このことはさらに、「O．地域と連携した取組が組織的に行えるようになった」の6.2%・9.9%の差異や、「K．学校が活性化した」の5.1%・9.4%の差異にも現れ、それの結果として「A．特色ある学校づくりが進んだ」8.4%・9.2%の差異へと結実しているものと思われる（全て $**p<.01$）。こうしてみると、学校支援地域本部の設置が、保護者や知識の人々の学校運営への支援を掘り起こし、地域に開かれた学校への取り組みをもたらしていると評価することができることになる。

　では次に、全体が80%に達しなかった下位項目の結果をみてみよう。

第Ⅱ部　コミュニティ・スクールをめぐる諸課題の分析

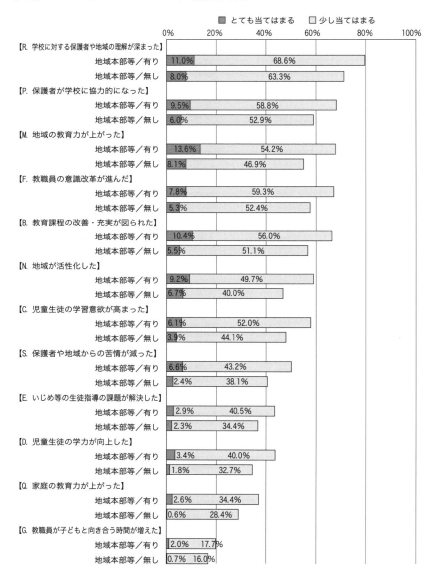

図 2-3　Q29. コミュニティ・スクールの成果認識
― Q10. 学校支援地域本部等の有無別（いずれかの合計値 80％未満の下位項目）―

第2章　学校支援地域本部（地域学校協働本部）とコミュニティ・スクール

これも上位項目と同じく、差異だけを取り出してみよう。

		とても当てはまるだけの差	少し当てはまるも含めた差
R．	学校に対する保護者や地域の理解が深まった	3.0%	8.3%
P．	保護者が学校に協力的になった	3.5%	9.4%
M．	地域の教育力が上がった	5.5%	12.8%
F．	教職員の意識改革が進んだ	2.5%	9.4%
B．	教育課程の改善・充実が図られた	4.9%	9.8%
N．	地域が活性化した	2.5%	12.2%
C．	児童生徒の学習意欲が高まった	2.2%	10.1%
S．	保護者や地域からの苦情が減った	4.2%	9.3%
E．	いじめ等の生徒指導の課題が解決した	0.6%	6.7%
D．	児童生徒の学力が向上した	1.6%	8.9%
Q．	家庭の教育力が上がった	2.0%	8.0%
G．	教職員が子どもと向き合う時間が増えた	1.3%	3.0%

　この差異だけをみると、「M. 地域の教育力が上がった」5.5%・12.8% や、「N. 地域が活性化した」2.5%・12.2%、そして「C. 児童生徒の学習意欲が高まった」2.2%（*$p<.1$）・10.1%（**$p<.01$）が目立って大きいことがわかる。それは、他の「P. 保護者が学校に協力的になった」3.5%・9.4%、「F. 教職員の意識改革が進んだ」2.5%・9.4%、「B. 教育課程の改善・充実が図られた」4.9%・9.8% の差異にも現れていることが伺える。さらに特筆すべきは、「S. 保護者や地域からの苦情が減った」4.2%・9.3% であろう（全て **$p<.01$）。

　しかし下位項目の中での学校支援知識本部の有無のどちらもが 50% を切っている 4 つの項目、すなわち「E. いじめ等の生徒指導の課題が解決した」「D. 児童生徒の学力が向上した」「Q. 家庭の教育力が上がった」「G. 教職員が子どもと向き合う時間が増えた」の項目においては、学校支援地域本部の有無による差異はそれなりにあるものの、なかなか難しい問題であることが伺える。い

じめの問題、学力向上の問題、そして家庭教育の問題は、いずれもすぐには解決できない問題であることが、あらためて理解される。そして最後の「G. 教職員が子どもと向き合う時間が増えた」は、ほとんど改善されていないことが明白になっている。このことは、現在の学校が抱える最も大きな問題であることが、あらためて浮き彫りになったというほかはない。

3. 学校支援地域本部組織タイプと学校支援に関わる成果認識

次に学校支援地域本部組織タイプ SQ10-2 ごとの成果認識についてみてみよう。SQ10-2 で、この組織形態について次のように質問した。結果は、それぞれの質問の後ろに示してある。またその成果と課題について質問した SQ10-7 は、下記のようになっている。本節では、この SQ10-2 と SQ10-7 の関係を分析する。

ただし分析は、次のようにおこなう。SQ10-2 における学校支援地域本部の設置形態のほとんどが、下記のように「1. 下部組織」か、あるいは「2. 連携」のタイプであることから、この二つの設置形態と SQ10-7 との関係を分析する。

SQ10-2 あなたの学校には、学校支援地域本部等（学校支援地域本部の類似の仕組みを含む。以下、同じ）を学校運営協議会と関係づけていますか。
 1. 学校支援地域本部等を学校運営協議会の下部組織（実働組織）等に位置づけている　33.0%
 2. 下部組織ではないが、学校運営協議会と連携させている　54.4%
 3. 学校支援地域本部等と学校運営協議会は独立して活動している　9.3%
  無回答　3.4%

SQ10-7 学校運営協議会が学校支援に関わることによって得られる成果や課題にはどのようなことがありますか。以下の各項目について、選択肢の当てはまる番号を〇で囲んでください。

第2章　学校支援地域本部（地域学校協働本部）とコミュニティ・スクール

	とても 当てはまる 4	3	2	まったく 当てはまらない 1
A. 学校運営協議会の意見等によって、学校のニーズにより的確に対応した支援を受けることができた	26.6%	61.4%	7.2%	0.5%
B. 学校運営協議会の意見等によって、保護者・地域のニーズにより的確に対応した支援を受けることができた	16.2%	61.3%	17.7%	0.5%
C. より持続可能な学校支援活動を受けることができた	24.6%	62.5%	8.4%	0.3%
D. より組織的かつ計画的に学校支援活動を受けることができた	22.4%	61.8%	11.1%	0.2%
E. より特色ある学校づくりを展開することができた	28.5%	57.7%	9.3%	0.5%
F. 学校支援ボランティア等が教育目標などを共有することよって保護者・地域の当事者意識が高まった	14.5%	59.6%	21.4%	0.5%
G. 保護者や地域住民等の学校運営への参画の機運が高まった	14.6%	59.6%	21.2%	0.3%
H. 学校運営のより確実なPDCAサイクルの確立につながった	15.0%	63.6%	16.7%	0.3%
I. 学校支援組織の人材を確保しやすくなった	25.4%	57.1%	13.1%	0.2%
J. 学校運営協議会の活動自体が活性化した	18.5%	59.8%	17.0%	0.5%
K. 学校支援活動が活性化した	22.6%	59.6%	13.0%	0.3%
L. 教職員が学校運営協議会のみならず、学校支援地域本部等にも関わることになって負担が増えた	4.4%	27.6%	55.9%	7.7%
M. 学校運営協議会委員の負担感が増した	2.5%	22.2%	62.3%	7.9%
N. 未だ学校運営協議会と学校支援組織の意思疎通・情報共有が十分できていない	0.7%	13.8%	53.0%	27.9%
O. 学校支援活動がメインとなり、学校運営協議会の本来の活動が十分にできていない	1.0%	10.4%	54.2%	29.8%
P. 学校運営協議会と学校支援地域本部等との意見がかみ合わないことがあった	0.3%	4.2%	38.6%	51.9%

　以下のクロス集計のグラフは、肯定的な評価がされている場合と、否定的な評価がされている場合とにわけて作成されている。前者は肯定的な評価の場合であり、後者は否定的な評価である。分析は、それぞれにおいておこなってみよう。

第Ⅱ部 コミュニティ・スクールをめぐる諸課題の分析

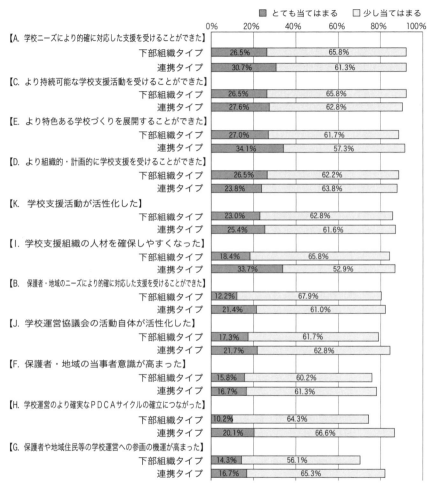

（下部組織タイプ：N=196、連携タイプ：N=323）

図2-4　SQ10-2 × SQ10-7. 学校支援組織のタイプと成果認識

第 2 章　学校支援地域本部（地域学校協働本部）とコミュニティ・スクール

	とても当てはまる	少し当てはまる	当てはまるの合計
A．学校運営協議会の意見等によって、学校のニーズにより的確に対応した支援を受けることができた	4.2	4.5	-0.3
C．より持続可能な学校支援活動を受けることができた	1.1	-3.0	-1.9
E．より特色ある学校づくりを展開することができた	7.1	-4.4	2.7
D．より組織的かつ計画的に学校支援活動を受けることができた	-2.7	1.6	-1.1
K．学校支援活動が活性化した	2.4	-1.2	1.2
I．学校支援組織の人材を確保しやすくなった	<u>15.3</u>	<u>-12.9</u>	2.4
B．学校運営協議会の意見等によって、保護者・地域のニーズにより的確に対応した支援を受けることができた	<u>9.2</u>	<u>-6.9</u>	2.3
J．学校運営協議会の活動自体が活性化した	4.4	1.1	5.5
F．学校支援ボランティア等が教育目標などを共有することによって保護者・地域の当事者意識が高まった	<u>0.9</u>	1.1	2.0
H．学校運営のより確実なPDCAサイクルの確立につながった	9.9	2.3	<u>12.2</u>
G．保護者や地域住民等の学校運営への参画の機運が高まった	2.4	<u>9.2</u>	<u>11.6</u>

　まず肯定的な意見についての「下部組織タイプ」と「連携タイプ」の違いをみてみよう。上表は、「連携タイプ」から「下部組織タイプ」のパーセンテージを引き算した値である。プラス・マイナスの少し大きな値に下線をほどこしてみると、「当てはまるの合計」と「とても当てはまる」において次の特徴が浮かび上がる。

・「当てはまるの合計」としては、HとGの差が大きい。つまり、「H. 学校運営のより確実なPDCAサイクルの確立につながった」（**p<.01）や、「G. 保護者や地域住民等の学校運営への参画の機運が高まった」（*p<.05）の差が大きく、「下部組織タイプ」より「連携タイプ」の方がより良い結果をもたら

している。
・合計の結果には大きな違いがみえないが、個別にみると、「とても当てはまる」の結果においてE・I・B・Hの値がおおきくなっている。すなわち、
　「E. より特色ある学校づくりを展開することができた」
　「I. 学校支援組織の人材を確保しやすくなった」
　「B. 学校運営協議会の意見等によって、保護者・地域のニーズにより的確に対応した支援を受けることができた」
　「H. 学校運営のより確実なPDCAサイクルの確立につながった」
において、「連携タイプ」がよりよい結果を示している。

　このことから、次の点がいえるのではないか。すなわち、

1. 「連携タイプ」は、「下部組織タイプ」より、「学校支援地域本部等」の主体的な活動が保障されやすい。それは、「I. 学校支援組織の人材を確保しやすくなった」の15.3の結果にみることができる。
2. その主体性が、「B. 学校運営協議会の意見等によって、保護者・地域のニーズにより的確に対応した支援を受けることができた」につながり、それが「H. 学校運営のより確実なPDCAサイクルの確立につながった」に反映され、結果として「E. より特色ある学校づくりを展開することができた」を生み出している。

　こうした結果は、次の否定的な意見（課題認識）をみると、さらによく理解できる。下のグラフがその結果であるが、これも各項目の差異を一覧にしてみよう。
　この中で差異が大きいのは、なんといっても「L. 教職員が学校運営協議会のみならず、学校支援地域本部等にも関わることになって負担が増えた」である。「学校支援地域本部等」が独立していないと、かえってそれをサポートする教職員の負担が増えることになる。つまり「下部組織タイプ」の場合、同じ

第2章 学校支援地域本部(地域学校協働本部)とコミュニティ・スクール

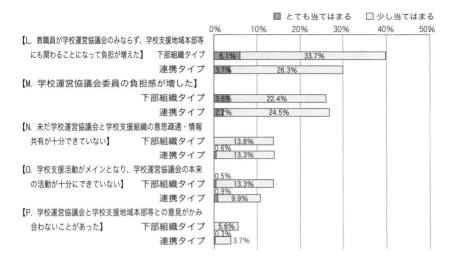

図2-5 SQ10-2. 学校支援組織のタイプとSQ10-7. 学校支援に関わる課題認識

	とても当てはまる	少し当てはまる	当てはまるの合計
L. 教職員が学校運営協議会のみならず、学校支援地域本部等にも関わることになって負担が増えた	-2.4	-7.4	-9.8
M. 学校運営協議会委員の負担感が増した	-1.4	2.1	0.7
N. 未だ学校運営協議会と学校支援組織の意思疎通・情報共有が十分できていない	0.6	-0.5	0.1
O. 学校支援活動がメインとなり、学校運営協議会の本来の活動が十分にできていない	0.4	-3.4	-3.0
P. 学校運営協議会と学校支援地域本部等との意見がかみ合わないことがあった	1.3	-1.9	-1.6

問題を両方で議論したり、結論が双方で他人任せになったり、その双方での調整をする必要が出てきて、教職員の負担感が増すというわけである。

以上のことから結論付けられるのは、「下部組織タイプ」より「連携タイプ」の方がよりよい結果をもたらすということである。どのような組織も、そ

れぞれの部門がある程度の独立性をもっていなくてはならない。一見すると「下部組織タイプ」の方が、統一のとれた合理的な活動ができそうにみえる。しかしそれは、モノ的で機械論的な発想である。人間という有機的な組織の場合は、互いに顔の見える自主独立的組織の方がスムーズにいくということであろう。何事も独立性が大切であって、集中制は煩雑さをもたらす傾向があることは否めない。

(小笠原　喜康)

第 3 章　学校運営協議会による生徒指導の取り組みと成果
―安全・非行防止の取り組みを中心に―

1. 生徒指導に関する議事取り扱い

　学校調査では、学校運営協議会による生徒指導に関する取り組み状況について取り上げている。まず、学校運営協議会の議事として「生徒指導」を取り上げた学校を校種別に記したのが表 3-1 である（Q19-D。高等学校及び特別支援学校は校数が少ないので参考値）。全体では、「よく取り上げられる」32.3％、「少し取り上げられる」50.5％となり、8 割以上の学校運営協議会で生徒指導が議事とされている。校種別では中学校で「よく取り上げられる」が 41.8％と最も多く、「少し」を加えると 9 割以上で議事とされている。小学校ではそれぞれ 29.3％と 52.0％となり、中学校よりも若干数値は低い。なお、幼稚園でも「よく」＋「少し」が 62.9％となるように、生徒指導に関する事項が半数以上の学校運営協議会で協議対象とされている実態にある。

　次に、議事取り扱いの有無等といじめ・不登校・暴力行為などの「生徒指導上の課題が解決した」という問いとの関係を示すと（図 3-1）、凡例にある「課

表 3-1　生徒指導に関する議事取り扱いの有無―校種別―

校種	Q19-D. いじめ・暴力・不登校など生徒指導に関する議事				合計
	よく取り上げられる	少し取り上げられる	あまり取り上げられない	まったく取り上げられない	
小学校　（N=1003）	29.3%	52.0%	16.8%	1.8%	100.0%
中学校　（N=467）	41.8%	47.8%	9.9%	0.6%	100.0%
幼稚園　（N=54）	14.8%	48.1%	14.8%	22.2%	100.0%
（高等学校　（N=8））	0%	37.5%	37.5%	25.0%	100.0%
（特別支援学校　（N=6））	0%	50.0%	50.0%	0%	100.0%
全体　（N=1538）	32.3%	50.5%	14.9%	2.3%	100.0%

第Ⅱ部　コミュニティ・スクールをめぐる諸課題の分析

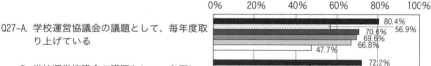

図3-1　生徒指導上の課題が解決した

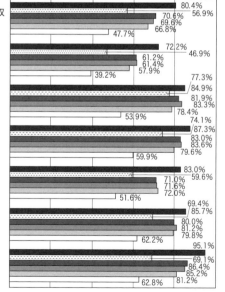

図3-2　学校運営協議会「安全・非行防止」の取り組みとその成果

題が解決した」の回答(「とても当てはまる」+「少し当てはまる」の合計値)は、その議事が「よく取り上げられる」49.3%(4.1%+45.2%)、「少し取り上げられる」35.2%(1.6%+33.6%)、「あまり取り上げられない」31.8%(2.2%+29.6%)、「まったく取り上げられない」18.7%(3.1%+15.6%)となり、当然の結果ではあるが、議事の取り上げが活発になるにつれて課題解決がなされていることがデータから明確に読み取れる。

　また、調査では、学校安全や非行防止等に関わる問題への取り組み状況についても取り上げているが、この設問では、図3-2に記したQ27-A~Gまでの項目のそれぞれについて、「はい」または「いいえ」から択一回答を求めた。さらに、SQ27-1では、前記のいずれかの項目で「はい」を選択した者に対して、同図の「凡例」に記した項目について「とても当てはまる4—3—2—1 まったく当てはまらない」の4件法による択一回答を求めた。これら二つの質問(Q27とSQ27-1)の回答をクロス集計した結果が図3-2である。

　図の数値は、Q27の「はい」の回答のうち、SQ27-1(成果に関する質問項目)で「4」または「3」と回答した者の割合(肯定値)を示している。以下、この図に基づいて事項別の傾向について述べていくことにしよう。

(佐藤　晴雄)

2.「安全・非行防止」問題の取り組みとその成果

(1)「安全・非行防止」問題への取り組み状況(Q27)の全体的比較

　学校運営協議会「安全・非行防止」の取り組みとその成果に関するQ27-AからG(以下、A以外は単に「B」等と略記)までの6項目について、全般的に高い数値を示している項目は、「G. 学校運営協議会と警察や児童相談所等の関係機関と協議・情報共有の場が設定されている」(62.8%～95.1%)である(図3-2)。その有効性は、学校運営協議会のみの力で課題に取り組むのではなく、警察や児童相談所等の関係機関の連携と協力を最大限に活用することであるといえよう。それは、全般的にもっとも低い項目である「B. 学校運営協議会の議題と

して、必要に応じて取り上げている」(39.2%～72.2%) と比較するとよくわかる。つまり、机上での議論で課題に対応するよりも、外部の関係機関と連携・協力することで、教職員の危機意識の高揚、問題に対する迅速な対処、保護者や地域の理解、問題の深刻さの認識などにつながることが推察できる。

(2)「安全・非行防止」問題への取り組み状況 (Q27) と成果 (SQ27) の比較

ここでは、「安全・非行防止」問題への取り組み状況とその成果についての比較をおこなうことで、以下の6点を指摘する。

第一に、「SQ27-1-A. 学校運営協議会の意見が問題解決に生かされた」(SQ-1についてはA以外では「SQ-B」等と略記)では、「G. 学校運営協議会と警察や児童相談所等の関係機関と協議・情報共有の場が設定されている」が突出して高く(95.1%)、次いで「D. 学校運営協議会が中心になって校外パトロールを実施した」(87.3%)となり、これらはすべての取り組み項目で最高値を示す。この結果から、学校運営協議会と警察や児童相談所等との協議・情報共有、校外パトロールの実施等の成果が問題解決に生かされたことがわかる。一方、ほとんどの項目が80%を超えている中、「B. 学校運営協議会の議題として、必要に応じて取り上げている」(72.2%)だけが70%台に止まっていることから、問題が生じた時に学校運営協議会の議題に「安全・非行防止」を取り上げるだけでは有効性が低いことがわかる。場当たり的な取り組みでは不十分である実態が読み取れるのである。後述のように警察や児童相談所との連携や校外パトロールを実施するなど、より本格的に取り組む方が安全・非行防止問題に対する有効性が高いといえよう。

第二に、「SQ-B. 学校運営協議会委員の指摘によって、安全や非行等に関わる問題が顕在化した」では、「C. 学校運営協議会が中心になって実態調査を実施した」(77.3%)と「D. 学校運営協議会が中心になって校外パトロールを実施した」(74.1%)が相対的に高くなっており、学校運営協議会による実態調査や校外パトロールを実施している比率が高いことがわかる。最低値は「B. 学校運営協議会の議題として、必要に応じて取り上げている」(46.9%)であり、上

第 3 章　学校運営協議会による生徒指導の取り組みと成果

記と同様のことがその理由になろう。

　第三に、「SQ-C. 学校安全や非行防止に対する保護者・地域の理解が深まった」では、「G. 学校運営協議会と警察や児童相談所等の関係機関と協議・情報共有の場が設定されている」がもっとも高く (86.4%)、次に高いのが「D. 学校運営協議会が中心になって校外パトロールを実施した」(83.0%) である。やはり、警察・児童相談所との協議・情報共有の場が設定されていること、学校運営協議会が中心となった校外パトロールを実施することで、より保護者・地域の理解を深めることにつながっていることがわかる。

　第四に、「SQ-D. 教職員の危機意識が高まった」では、「G. 学校運営協議会と警察や児童相談所等の関係機関と協議・情報共有の場が設定されている」(85.2%)、「D. 学校運営協議会が中心になって校外パトロールを実施した」(83.6%)、「C. 学校運営協議会が中心になって実態調査を実施した」(83.3%)、「F. 学校運営協議会と警察や児童相談所等の関係機関が連携して、対応方針を協議している」(81.2%) が、他の項目と比較して高い結果となっている。警察や児童相談所との協議・情報共有、校外パトロール、実態調査の実施など、教職員が実態に触れる機会を設けることによって危機意識が高まっている様子がわかる。

　第五に、「SQ-E. 問題に対して迅速に対処できるようになった」では、「G. 学校運営協議会と警察や児童相談所等の関係機関と協議・情報共有の場が設定されている」(81.2%)、「F. 学校運営協議会と警察や児童相談所等の関係機関が連携して、対応方針を協議している」(79.8%)、「D. 学校運営協議会が中心になって校外パトロールを実施した」(79.6%)、「C. 学校運営協議会が中心になって実態調査を実施した」(78.4%) が 80% 前後であり、比較的高い数値になっている。前述のように、危機意識が高まっていれば問題に対する対処も当然ながら迅速なものとなるのである。

　第六に、「SQ-F. 児童生徒が問題の深刻さを認識するようになった」では、「G. 学校運営協議会と警察や児童相談所等の関係機関と協議・情報共有の場が設定されている」(62.8%)、「F. 学校運営協議会と警察や児童相談所等の関係機関が連携して、対応方針を協議している」(62.2%) が比較的高い数値となって

167

いる。児童生徒は学校運営協議会の運営に携わっていないため他の項目と比較すると低い値になっているが、保護者や教職員の行動・意識等を間近で見聞きしていることが、この2つの項目の数値を引き上げていることにつながっているといえよう。

　以上、6点について指摘したように、学校運営協議会と警察や児童相談所等との協議・情報共有、校外パトロールの実施等の成果が、問題の解決に生かされたということができる。なぜなら、こうした取り組みが、保護者・地域の理解を深める、教職員が実態に触れる機会を設けることによって危機意識が高まる、問題に対する対処が迅速になる、保護者や教職員の行動・意識等を間近で見聞きしていることが深刻さの認識につながる、という効果をもたらすからである。しかし、こうした効果が確認できた一方で、問題発生時に「安全・非行防止」を「必要に応じて」取り上げるだけでは有効性が低い（場当たり的な取り組みでは不十分）という課題が見えてきたことも指摘しておきたい。

（冨士原　雅弘）

3.「安全・非行防止」の取り組みと生徒指導上の課題解決」との関係

　まず、図3-3に記したように、「生徒指導上の課題が解決した」の割合でもっとも高いのが「F.学校運営協議会と警察や児童相談所等の関係機関が連携して、対応方針を協議している」(8.5％)であり、次に高いのが「G.学校運営協議会と警察や児童相談所等の関係機関と協議・情報共有の場が設定されている」(7.7％)」である。両者とも学校運営協議会のみの取り組みではなく、警察や児童相談所をも巻き込んで協議や場の設定を行っていることが、生徒指導上に課題が解決する大きな要因のひとつになっていると考えられる。

　次に、「とても当てはまる」と「少し当てはまる」の合計で考えてみると、数値の高い順に、「F.学校運営協議会と警察や児童相談所等の関係機関が連携して、対応方針を協議している」56.1％、「G.学校運営協議会と警察や児童相

第 3 章　学校運営協議会による生徒指導の取り組みと成果

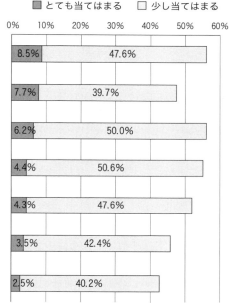

図 3-3　CS の成果認識「生徒指導上の課題が解決した」の割合―学校運営協議会の安全・非行防止」の取り組み「有り」の回答別―

談所等の関係機関と協議・情報共有の場が設定されている」47.4％、「C. 学校運営協議会が中心になって実態調査を実施した」56.2％、「D. 学校運営協議会が中心になって校外パトロールを実施した」55.0％、「E. 学校運営協議会委員に、学校安全や非行防止、生徒指導などの専門家を入れている」51.9％、「A. 学校運営協議会の議題として、毎年取り上げている」45.9％、「B. 学校運営協議会の議題として、必要に応じて取り上げている」42.7％となる。「とても当てはまる」と「少し当てはまる」の程度の差はあるが、両者を合わせた「当てはまる」と回答している割合が 50％を超えているのは、「F. 学校運営協議会と警察や児童相談所等の関係機関が連携して、対応方針を協議している」、「C. 学校運営協議会が中心になって実態調査を実施した」、「D. 学校運営協議会が中心になって校外パトロールを実施した」、「E. 学校運営協議会委員に、学校安全

や非行防止、生徒指導などの専門家を入れている」の4事項である。ここでの特徴は、警察や児童相談所と連携・協議、実態調査を実施、校外パトロールを実施、委員に専門家を任命している点である。いずれも会議での議題として取り上げることの有無といういわば机上の議論ではなく、より具体的なアクションを起こしていることに「当てはまる」の回答が多くなっている。

ただし、「G. 学校運営協議会と警察や児童相談所等の関係機関と協議・情報共有の場が設定されている」のみが、具体的なアクションを起こしているにもかかわらず「当てはまる」(「とても当てはまる」+「少し当てはまる」の合計)の回答が比較的少ない。この数値を見る限り、「1」で前述したこと、すなわち、この取り組みが全体的にSQ27の成果の回答値では高い実態と一見矛盾するように思われる。これは、警察や児童相談所と協議することは特定の深刻な問題が生じた時に実施され、それなりの問題解決がなされるものの、その他の生徒指導上の問題が比較的多い学校であるために、図3-3での数値が比較的低くなるのであろう。ただし、「とても当てはまる」の回答値は7.7％で、この数値の順位は第2番目に位置している。これは、特定の問題解決につながったことの表れだと解することができるのである。

以上みてきたように、生徒指導上の課題が解決した割合の中で評価されている取り組みは、学校運営協議会のみの取り組みではなく、警察や児童相談所をも巻き込んで具体的なアクションを起こしているものだということができる。こうした具体的アクションを行っていることが、生徒指導上の課題が解決する大きな要因のひとつになっているといえるのである。

(冨士原　雅弘)

4.「安全・非行防止」の取り組みから見た校長の成果認識
　　―数量化による分析―

(1)「安全・非行防止」の取り組み別の成果認識スコア

　安全・非行防止に関する取り組み別に、それらの成果を問うSQ27-1の選択

第3章　学校運営協議会による生徒指導の取り組みと成果

肢の番号を数量化した合計平均値を算出すると（6問×4点=24点満点）、表3-2のような結果になる。まず、取り組みA～Gまでの「はい」の各平均値に注目すると、最もスコアが高い取り組みは「G. 学校運営協議会と警察や児童相談所等の関係機関と協議・情報共有の場が設定されている」(17.795 ≒ 17.8) で、次いで、「F. 学校運営協議会と警察や児童相談所等の関係機関が連携して、対応方針を協議している」(17.790 ≒ 17.8) となる。そのほか、平均値17.0以上の取り組みには、「C. 学校運営協議会が中心になって実態調査を実施した」(17.5)、「D. 学校運営協議会が中心になって校外パトロールを実施した」(17.3) がある。

前述した通りに、これら4つの取り組みは他の取り組みに比べて効果的だと言うことができる。なかでも、「G.関係機関との協議・情報共有」及び「F.関係機関が連携して、対応方針を協議」など学校運営協議会が関係機関と連携した取り組みの成果が高いことになる。

表3-2　Q27. 安全・非行防止の取り組みの有無別の成果認識スコア

Q27.安全・非行防止の取り組みの有無		度数	平均値	標準偏差	数値差＝「はい」-「いいえ」
			SQ27-1.取り組み成果スコア (full 24点)		
A.学校運営協議会の議題として、毎年度取り上げている	はい	659	16.1**	2.99	2.05
	いいえ	491	14.1	3.31	
B.学校運営協議会の議題として、必要に応じて取り上げている	はい	1047	15.2	3.25	-0.27
	いいえ	94	15.5	3.81	
C. 学校運営協議会が中心になって実態調査を実施した	はい	65	17.5**	2.94	2.41
	いいえ	1079	15.1	3.26	
D. 学校運営協議会が中心になって校外パトロールを実施した	はい	157	17.3**	2.77	2.40
	いいえ	987	14.9	3.25	
E.学校運営協議会委員に、学校安全や非行防止、生徒指導などの専門家を入れている	はい	182	16.4**	3.09	1.35
	いいえ	962	15.0	3.28	
F.学校運営協議会と警察や児童相談所等の関係機関が連携して、対応方針を協議している	はい	81	17.8**	3.20	2.74
	いいえ	1064	15.1	3.22	
G. 学校運営協議会と警察や児童相談所等の関係機関と協議・情報共有の場が設定されている	はい	78	17.8**	3.01	2.74
	いいえ	1066	15.1	3.23	

**$p<.01$

反対に、平均値が最も低い取り組みは、「B. 学校運営協議会の議題として、必要に応じて取り上げている」(15.2) となるが、問題が生じた時に安全・非行防止を議題にするだけではさほど効果がないことが読み取れるのである。「A. 学校運営協議会の議題として、毎年度取り上げている」も数値が低いことから、単なる議題として扱うだけでは成果に対する期待が薄いと言ってよいだろう。ただし、成果スコア（平均値）が高い取り組みについては、実施数（「はい」）が少なく、スコアが低いほど実施数が多い傾向にあるように、成果に関するスコアが高い取り組みについてはどこまで浸透するかという問題は残される。

なお、t検定の結果では、「B. 学校運営協議会の議題として、必要に応じて取り上げている」を除く他の取り組みすべてで、「はい」が「いいえ」を有意に上回ることが見出された（**$p<.01$）。

今度は、各取り組みの「はい」と「いいえ」の平均値の差を見ると、数値差が大きい取り組みは、「G. 学校運営協議会と警察や児童相談所等の関係機関と協議・情報共有の場が設定されている」と「F. 学校運営協議会と警察や児童相談所等の関係機関が連携して、対応方針を協議している」であり、共に差が 2.74 となる。当然のことながら、いずれも「はい」の平均値が高い取り組みであるから、これらの実施の有無が成果に比較的強く関係していることがわかる。反対に、「はい」の平均値が最低であった「B. 学校運営協議会の議題として、必要に応じて取り上げている」は -0.27 となり、むしろ「いいえ」との数値が逆転しているが、ようはこの取り組み実施の有無は成果にほとんど関係していないわけである。

なお、「E. 学校運営協議会委員に、学校安全や非行防止、生徒指導などの専門家を入れている」は「はい」の数値が高くなく、また「いいえ」との数値差も小さいことから、（両回答間に有意差はあるが）他の取り組みほどには効果が期待できそうもない。これらデータからは、学校運営協議会委員に専門家を導入するよりも、むしろ関係機関と連携を図る方が効果的だと言えるのである。

(2)「安全・非行防止」取り組み数のカテゴリー別の成果認識
―「生徒指導上の課題解決」―

最後に、安全・非行防止の取り組みを実施していない場合も含めた成果認識を探るために、Q27の関係取り組みの「はい」(実施)の数をカテゴリー化して、それぞれについて「E.生徒指導の課題が解決した」の回答をクロス集計してみた。ここでは、Q27のカテゴリー化は表3-3に記したように、「無し」「1種」「2種」「3種以上」とした。

その結果、「とても当てはまる」「少し当てはまる」という肯定的回答は、予想通りに「3種以上」が最も多く、両回答の%を合計すると54.8%(5.4%+49.4%)に達する。取り組み3種以上だと半数以上の学校で「生徒指導の課題が解決」しているようである。

表3-3 安全・非行防止の取り組みから見た「生徒指導上の課題解決」の成果認識

		Q29-E.生徒指導上の課題が解決した				
		とても当てはまる	少し当てはまる	あまり当てはまらない	まったく当てはまらない	合計
安全・非行防止の取り組み[無し]	度数	6	93	191	59	349
	%	1.7%	26.6%	54.7%	16.9%	100.0%
	調整残差	-1	-4.5	0.8	7.1**	
安全・非行防止の取り組み[1種]	度数	9	148	272	30	459
	%	2.0%	32.2%	59.3%	6.5%	100.0%
	調整残差	-0.9	-2.4	3.3**	-1.3	
安全・非行防止の取り組み[2種]	度数	8	181	218	21	428
	%	1.9%	42.3%	50.9%	4.9%	100.0%
	調整残差	-1	2.8**	-0.9	-2.7	
安全・非行防止の取り組み[3種以上]	度数	14	128	109	8	259
	%	5.4%	49.4%	42.1%	3.1%	100.0%
	調整残差	3.3**	4.6**	-3.8	-3.2	
全体	度数	37	550	790	118	1495
	%	2.5%	36.8%	52.8%	7.9%	100.0%

**p<.01

一方、取り組み「無し」の場合には、肯定的回答の合計は28.3%（1.7%＋26.6%）と低く、「3種以上」との数値差が－25ポイント以上になっている。やはり学校運営協議会での取り組みが生徒指導上の課題解決に強く影響していることが推量されるのである。

なお、調整済み残差（表中の「調整残差」）を見ると、「無し」の「まったく当てはまらない」、「1種」の「あまり当てはまらない」、「2種」の「少し当てはまる」、そして「3種」の「少し当てはまる」及び「とても当てはまる」では1％水準で有意差が認められた（表中**。「全体」の％に対して有意に高い）。これらの**を記したセルに注目すると、「無し」から「3種」にかけて、「課題が解決」の回答は否定的回答から肯定的回答へと右上から左下りに移行していることが明らかである。したがって、安全・非行防止の取り組みを多く実施している学校ほど生徒指導の課題解決が図られる傾向があると言うことができる。

（佐藤　晴雄）

5．小括

以上をまとめると、おおよそ以下のようになる。

第一に、学校運営協議会の約8割で生徒指導に関する議事を取り上げているが、取り上げる頻度が高いほど課題解決がなされる傾向が見出された。

第二に、学校運営協議会による「安全・非行防止」の取り組みとしては、全体的に「G．学校運営協議会と警察や児童相談所の関係機関と協議・情報共有の場が設定されている」（62.8％～95.1％）を指摘する学校が多い。この取り組みによって、「学校運営協議会の意見が問題解決に生かされた」（95.1％）、「SQ-B．学校運営協議会委員の指摘によって、安全や非行等に関わる問題が顕在化した」（86.4％）、「SQ-C．学校安全や非行防止に対する保護者・地域の理解が深まった」（85.2％）と回答した学校は、他の取り組みの中で最も多かった。

第三に、「実態調査を実施」「パトロールを実施」などアクションを起こす取り組みや「学校運営協議会と警察や児童相談所等の関係機関が連携して、対応

方針を協議している」など外部機関との連携を図る取り組みは有効性が高いと言えよう。これら傾向は、「生徒指導上の課題解決」の場合にも同様の傾向を見せている。

　第四に、「学校運営協議会の議題として、必要に応じて取り上げている」の成果は全取り組み項目中で最低値を示した。したがって、事が起きた時にだけ取り組むことは有効性が期待できないと言えそうである。

　第五に、「安全・非行防止」の取り組みの有無別に、SQ27の成果に関する回答を数量化して、その平均値を算出すると、「B.学校運営協議会の議題として、必要に応じて取り上げている」以外のすべての取り組みで「はい」（行っているの意）が「いいえ」を有意に上回ることが明らかになった。言うまでもなく、学校運営協議会で「安全・非行」に関する取り組みを行うことは何らかの成果につながることがわかる。ただし、この場合も「必要に応じて」という取り組みが有効性の低い実態にあることが見出された。

　第六に、「安全・非行防止」の取り組みの実施種の数をカテゴリー化して、これと「生徒指導上の課題解決」の有無等との関係をクロス集計してみると、その実施した取り組みの種類（「種」）が多いほど「課題解決」がなされる傾向が見出された。

　以上から、学校運営協議会が「安全・非行防止」の取り組みを行うことが、その成果をもたらし、「生徒指導上の課題解決」につながることが明らかにされた。その場合、特に、「実態調査」や「パトロール」などのアクションや関係機関との連携の有効性が高く、「必要に応じて」取り組むという方法ではさほど有効性が期待できないと言える。

（佐藤　晴雄）

第4章　コミュニティ・スクール未指定校の特徴

　本章では、コミュニティ・スクール未指定校の校長に対する指定の意向の有無に関係するであろう諸要因を探ってみることにした。特に、「ぜひ指定を受けたい」という校長と「指定を受ける意思はない」という校長に注目し、その背景となると考えられる要因を取り上げて分析を試みた。

1. コミュニティ・スクール指定意向の有無

　コミュニティ・スクール未定校の校長に指定の意向をたずねたところ、「ぜひ指定を受けたい」2.7％、「教育委員会からの働きかけがあれば指定を受けたい」20.5％、「気が進まないが、教育委員会から働きかけがあれば指定を受ける」10.6％など指定の意思が何らかの形である者は合計33.8％であった（表4-1の下欄）。しかし、「指定を受ける意思はない」30.5％、「今のところはわからない」30.0％など指定の意思がないか、不明の者はそれぞれ3割程度存在している。

　これら数値を7地方別にクロスすると（表4-1）、表の列（指定の意向）の「教育委員会からの働きかけがあれば指定を受けたい」では「北海道・東北」（25.7％）と「九州・沖縄」（24.6％）が他地方に比べて高く、反対に「四国」（9.5％）で最低値を示した。「北海道・東北」及び「九州・沖縄」では今後、コミュニティ・スクール浸透の可能性があると考えられるが、「四国」の場合にはそれほど期待できないことになる。

　また、「指定を受ける意思はない」について、「中国」（43.4％）が最高値で、次いで「四国」（39.2％）が位置している。「中国」には指定校率が著しく高い山口県を抱えているが、他県では反応が今ひとつのようであり、また「四国」は「教育委員会からの働き」では低い数値を示し、「意思がない」では高い数値になったことから、やはりコミュニティ・スクールの普及が困難だと言える

表 4-1　Q34. 校長・園長としてのコミュニティ・スクール指定意向―地方別―

			Q34. 校長・園長としてコミュニティ・スクールの指定を受けようとするお考えがありますか。						合計
			ぜひ指定を受けたい	教育委員会からの働きかけがあれば指定を受けたい	気が進まないが、教育委員会から働きかけがあれば指定を受ける	指定を受ける意思はない	今のところはわからない	無回答	
地方名	北海道・東北	度数	8	78	28	81	106	2	303
		%	2.6%	25.7%	9.2%	26.7%	35.0%	0.7%	100.0%
	関東	度数	9	82	50	135	123	31	430
		%	2.1%	19.1%	11.6%	31.4%	28.6%	7.2%	100.0%
	中部	度数	4	69	44	94	93	18	322
		%	1.2%	21.4%	13.7%	29.2%	28.9%	5.6%	100.0%
	近畿	度数	5	37	23	80	89	10	244
		%	2.0%	15.2%	9.4%	32.8%	36.5%	4.1%	100.0%
	中国	度数	7	24	11	59	23	12	136
		%	5.1%	17.6%	8.1%	43.4%	16.9%	8.8%	100.0%
	四国	度数	3	7	7	29	24	4	74
		%	4.1%	9.5%	9.5%	39.2%	32.4%	5.4%	100.0%
	九州・沖縄	度数	13	70	27	70	80	25	285
		%	4.6%	24.6%	9.5%	24.6%	28.1%	8.8%	100.0%
全体		度数	49	367	190	548	538	102	1794
		%	2.7%	20.5%	10.6%	30.5%	30.0%	5.7%	100.0%

かも知れない。

　「今のところはわからない」は「北海道・東北」（35.0%）と「近畿」（36.5%）に多い。そのほかについては、目立った数値が見出されなかった。

　これら意向の有無等を自治体規模別に見ると（表4-2）、著しい数値差がないものの、「大規模市」（県庁所在地・政令市）には「指定を受ける意思はない」（33.6%）と「今のところはわからない」（33.8%）が比較的多く、「町村」には「教育委員会からの働きかけがあれば指定を受けたい」（24.4%）が多い結果になった。「市区」はそれら両者の中間的な数値にある。

第Ⅱ部　コミュニティ・スクールをめぐる諸課題の分析

表4-2　Q34. 校長・園長としてのコミュニティ・スクール指定の意向―自治体規模別―

			Q34. 校長・園長としてコミュニティ・スクールの指定を受けようとするお考えがありますか。						合計
			ぜひ指定を受けたい	教育委員会からの働きかけがあれば指定を受けたい	気が進まないが、教育委員会から働きかけがあれば指定を受ける	指定を受ける意思はない	今のところはわからない	無回答	
自治体規模3分割	大規模市	度数	6	75	45	150	151	20	447
		%	1.3%	16.8%	10.1%	33.6%	33.8%	4.5%	100.0%
	市区	度数	33	220	108	315	306	68	1050
		%	3.1%	21.0%	10.3%	30.0%	29.1%	6.5%	100.0%
	町村	度数	10	72	37	83	81	12	295
		%	3.4%	24.4%	12.5%	28.1%	27.5%	4.1%	100.0%
全体		度数	49	368	190	548	539	102	1796
		%	2.7%	20.5%	10.6%	30.5%	30.0%	5.7%	100.0%

　これらの結果から、今後、特に町村など小規模自治体の学校で教育委員会の働きかけ次第ではコミュニティ・スクールの増加が見込まれるものと思われる。また、大都市の学校に対しては、「分からない」という学校に対して、コミュニティ・スクールの成果等を示していくことが一つの課題になると言えよう。

2. コミュニティ・スクール指定の意向有無の背景

　それでは、「指定の意思はない」校長にはどのような背景や理由が関係しているのだろうか。その背景として、図4-1に示した9項目に「はい」と回答した割合を「指定の意思はない」という消極的な校長と「ぜひ指定を受けたい」とする積極的な校長の場合を取り出して表すと、興味深い結果が得られた。図4-1は両者の数値差の大きい順に系列を並べてあるが、図中の上部にある「Q32-D. 教職員はコミュニティ・スクールに消極的である」（「意思はない」91.3％・「受けたい」10.2％）、「Q32-B. 教育委員会に制度導入の意向がない」（同75.7

第 4 章　コミュニティ・スクール未指定校の特徴

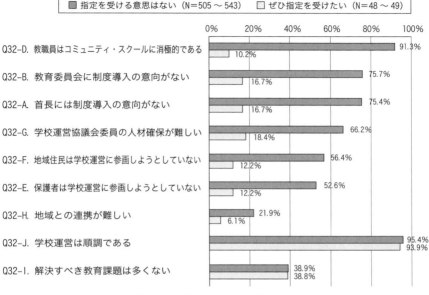

図 4-1　未指定校の指定意思「なし」の背景─「はい」の回答─

％・16.7％）、「Q32-A. 首長には制度導入の意向がない」（同 75.4％・16.7％）の 3 項目は数値が高く、しかも数値差が大きい。つまり、これら 3 項目は指定の意思を否定する大きな要因になることが推量できるのである。

　ちなみに、「Q32-D. 教職員はコミュニティ・スクールに消極的である」（教職員の姿勢）を一例として、指定の意向に関する具体的な選択肢の数値を記すと、表 4-3 のようになる。「はい」の数値に注目すると、「ぜひ指定を受けたい」から「指定の意思はない」までの順、すなわち積極的から消極的（あるいは拒否的）に従うに連れて数値が徐々に上昇する傾向にある。そして、「今のところわからない」という曖昧な回答は「気が進まない」と「指定の意思はない」の中間に位置しているのである。「教育委員会の働きかけ」や「首長の意向」も同様の傾向にあることから、これら 3 つの背景（項目）は指定の意思を阻害する要因になっている可能性が指摘できる。そのほか、数値差が見られる項目（図 4-1 中の項目）のすべてで以上のような傾向が見られた（ただし、「気が進まな

第Ⅱ部　コミュニティ・スクールをめぐる諸課題の分析

表4-3　コミュニティ・スクール指定の意向と教職員の姿勢

Q34. 校長・園長としてのコミュニティ・スクール指定の意向		Q32-D. 教職員はコミュニティ・スクールに消極的である		
		はい	いいえ	合計
ぜひ指定を受けたい	度数	5	44	49
	%	10.2%	89.8%	100.0%
教育委員会からの働きかけがあれば指定を受けたい	度数	152	213	365
	%	41.6%	58.4%	100.0%
気が進まないが、教育委員会から働きかけがあれば指定を受ける	度数	149	37	186
	%	80.1%	19.9%	100.0%
指定を受ける意思はない	度数	491	47	538
	%	91.3%	8.7%	100.0%
今のところはわからない	度数	352	167	519
	%	67.8%	32.2%	100.0%
無回答	度数	4	3	7
	%	57.1%	42.9%	100.0%
全体	度数	1153	511	1664
	%	69.3%	30.7%	100.0%

い」と「今のところわからない」が一部逆転する項目もある）。

　たとえば、「Q32-G. 学校運営協議会委員の人材確保が難しい」「Q32-F. 地域住民は学校運営に参画しようとしていない」「Q32-E. 保護者は学校運営に参画しようとしていない」など運営上の問題についても同様の数値差が見られるが、数値自体が若干低下している。その意味で、副次的な背景になると言ってよい。「Q32-H. 地域との連携が難しい」は、ほとんど指定の意向に関係していないわけである。

　ところが、「Q32-J. 学校運営は順調である」及び「Q32-I. 解決すべき教育課題は多くない」という不要感の根拠となりうる項目は、「意思はない」と「ぜひ受けたい」との間にまったくと言ってよいほど数値差が表れなかった。つまり、これらは不要感につながる背景は数値こそ高いが指定の意思を阻害する背

3. 学校の様子と指定の意向

　それでは、指定意向の有無等について、他の変数（Q1）「学校の様子」からも確認しておこう。図4-2は、コミュニティ・スクール未指定校校長に対する「現在のあなたが勤務する学校や教職員」に関する質問に対して「4. とても当てはまる」と回答した者の割合（％）を指定意向の有無等別に表している（この図はQ1の質問の下に指定の意向等の回答を並べてある変則的な配置になり、Q1と指定の有無が対応していないが、この表では、Q1に「当てはまる」と回答した割合を指定の意向等別に表すこととした）。

　図4-2によると、「Q1-A. 教職員は何事にもお互いに協力しながら取り組んでいる」「Q1-B. 教職員は地域の行事や会議に積極的に参加している」「Q1-C. 教職員は学校支援ボランティアの活用に積極的である」の3項目については、指定意向の有無等による有意差は見出されなかった。このうち「Q1-C. 教職員は学校支援ボランティアの活用に積極的である」については、「ぜひ指定を受けたい」（32.7％）の数値が他の意向等よりも若干高くなっているが、統計上の有意差はない。

　そのほかの項目を見ると、「Q1-D. 教職員の時間外勤務や休日出勤は多い方である」のみは「指定を受ける意思はない」が他よりも有意に高い数値（38.1％、**$p<.01$）となる。元々時間外勤務等が多い実態が指定を阻害していると考えることができそうである。

　これに対して、「Q1-E. 教職員はコミュニティ・スクールについて理解している」「Q1-F. 教職員は学校運営に積極的に関わろうとしている」「Q1-G. 学校の運営に地域や家庭の声が反映されている」について、いずれも「ぜひ指定を受けたい」が他に比べて数値が著しく高く、有意差が見出されたところである。これらの項目では、「指定を受ける意思はない」の数値が「教育委員会からの働きかけがあれば指定を受ける」よりも小さいか、あるいはほぼ同じである。

第Ⅱ部　コミュニティ・スクールをめぐる諸課題の分析

図 4-2　Q1. 学校・教職員の様子と指定意向の有無等

第4章 コミュニティ・スクール未指定校の特徴

　以上の結果について、「ぜひ指定を受けたい」と「指定を受ける意思はない」の回答を比較すると、前者の場合には、教職員が学校運営に積極的に関わろうとしており、コミュニティ・スクールを少しは理解している状況にあり、学校運営に地域・保護者の声が反映されているという傾向が相対的に強い。これに対して、「指定を受ける意思はない」学校は、教職員の運営への関わりやコミュニティ・スクール理解が相対的に不十分で、地域・保護者の声もさほど反映されていない状況にあるが、時間外勤務等はやや多い傾向にあると言える。

4. 学校運営の現状と指定の意向

　それでは、指定の意向「ぜひ指定を受けたい」と「指定を受ける意思はない」について、それぞれ学校運営の現状に関する回答（Q31-A～X）を取り上げてみる。

　Q31. あなたの学校の現状について、以下の各問にお答えください。回答は選択肢のうちから最も当てはまる番号を選んで、〇で囲んでください

　上記の質問文のもとに、A～Xまでの24項目を設定し（本報告書の第7章1を参照のこと）、4件法（とても当てはまる 4―3―2―1 まったく当てはまらない）による回答を求め、この回答を以下により数量化し、合計平均点を求めた。

　当てはまる 4=4点、3=3点、2=2点、1=1点　　full score=96点

　その平均値とt検定結果を示したのが表4-4である。学校運営スコアの平均値は「ぜひ指定を受けたい」76.0、「指定を受ける意思はない」70.9となり、前者が約5点上回った。t検定結果を見ると、t値4.45で、1％水準で有意差が認められ、「ぜひ指定を受けたい」の学校運営スコアが高いことが明らかになった。
　この場合においても、「ぜひ指定を受けたい」という積極派は学校運営が「指定を受ける意思はない」学校よりも明らかに順調だと言える。換言すれば、

第Ⅱ部　コミュニティ・スクールをめぐる諸課題の分析

表 4-4　指定の意向「ぜひ指定を受けたい」と「指定を受ける意思はない」の学校運営スコ

Q34. コミュニティ・スクール指定の意向	N	平均値	標準偏差	t
ぜひ指定を受けたい	49	76.0	8.88	4.45
指定を受ける意思はない	534	70.9	7.63	

**p<.01

　学校運営のマイナス要素が指定の意思を阻害する要因になっている可能性が指摘できるのである。

　なお、データは記さないが、Q31の学校運営の現状に関する24項目について因子分析を試みたところ、4因子が抽出されたが、いずれの因子についても学校運営スコアは「ぜひ指定を受けたい」が「指定を受ける意思はない」を有意に上回る結果となった。その場合、抽出された因子は、仮に「特色ある学校づくりが進んでいる」や「学校が活性化している」などの「学校経営」（9項目）、「地域が学校に協力的である」などの「地域連携」（6項目）、「学力が向上している」などの「学習指導」（2項目）、そして、「生徒指導上の課題が解決している」などの「課題解決」（2項目）となった。

　参考までに、Q31の学校運営の現状に関する項目の一つである「校長・園長のリーダーシップが向上している」の回答値を指定の意向の回答別に集計すると（図4-3）、「とても当てはまる」は「ぜひ指定を受けたい」24.5％、「指定を受ける意思はない」15.9％となり、前者の数値が上回り、「少し当てはまる」も同様の結果になる（非有意）。「あまり当てはまらない」の回答は、前者「ぜひ指定を受けたい」の0に対して、後者「指定を受ける意思はない」では11.7

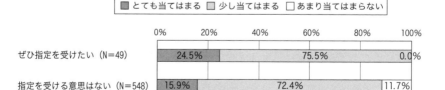

図 4-3　Q31-U. 校長・園長のリーダーシップが向上している

第4章 コミュニティ・スクール未指定校の特徴

％になった。「指定を受ける意思はない」学校は学校運営の現状に負の傾向があるためか、その校長にはリーダーシップの向上が「ぜひ受けたい」校長よりも若干ではあるが課題になっていると言えよう。

5. コミュニティ・スクール指定の条件

未指定校校長によるコミュニティ・スクール指定の条件の回答（「指定を受ける意思はない」も回答）との関係を分析すると、図4-4のようになる。

特徴的なのは、「指定を受ける意思はない」（折れ線）では「教職員の加配措置」が他に比べて高い数値を示し、また数値こそ低いが「教職員の任用に関する意見申出について柔軟な運用を可能にすること」も他との数値が見られることである。教職員の人事に対する関心、ないしは条件の改善を求める傾向が比

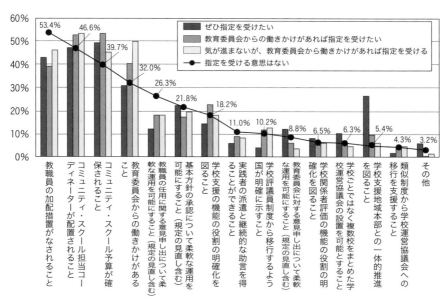

図4-4　Q33. CS指定の条件と指定の意向
（データラベルは「指定を受ける意思はない」のみ表示）

185

較的強いようである。そもそも指定を受ける意思がないことから、「教育委員会からの働きかけ」や「予算措置」は他の意向を持つ校長よりも低くなっている。

これに対して、「ぜひ指定を受けたい」は、「学校支援地域本部との一体的推進を図ること」が数値こそ高くないが他に比べて突出している。学校支援活動という現実的な運用に対する関心が高い傾向にあると言えよう。また、このタイプは「教職員の任用」に関しては他のタイプよりも若干数値が低くなっているように、さほど気に掛けていない様子が見られるのである。

6. 指定の意向等から見たコミュニティ・スクールの展望

最後に、「今後、コミュニティ・スクールの仕組みを多くの学校で導入すること」について、「全国的に多くの学校で導入されることが望ましい」「教育委員会の判断にゆだねて導入すればよい」「希望する学校で導入すればよい」「わからない」から択一回答を求めた結果を、指定の意向等別にクロス集計すると、図4-5に記した結果となった。

指定の意向の在り方（層）による意識の違いは予想通りに明瞭に表れた。「全

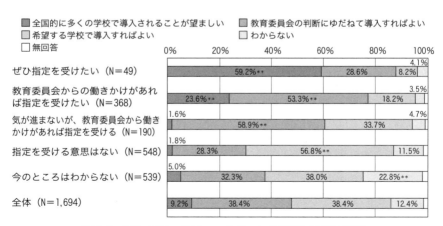

図4-5　Q39. コミュニティ・スクールの拡充に対する意識

国的に多くの学校で導入されることが望ましい」という拡充推進派は、「ぜひ指定を受けたい」という積極的見解を持つ校長が際だって多く (59.2%)、「教育委員会からの働きかけがあれば指定を受けたい」が大きく引き離されてそれに続いている (23.6%)。いずれもこれらの数値は有意に高いことが認められた (**p<.01)。「気が進まないが、教育委員会から働きかけがあれば指定を受ける」及び「指定を受ける意思はない」はともに10%以下に止まり、全国的な拡充に対しては極めて消極的な姿勢を表している。

「教育委員会の判断にゆだねて導入すればよい」の回答は、「教育委員会からの働きかけがあれば指定を受けたい」(53.3%) 及び「気が進まないが、教育委員会から働きかけがあれば指定を受ける」(58.9%) という教育委員会の動きに従う姿勢を持つ校長に多く見られ、共に50%を上回る (**p<.01)。

一方、「希望する学校で導入すればよい」という学校任せの回答は「指定を受ける意思はない」で最高値を示し (56.8%)、次いで「今のところは分からない」(38.0%) となる。指定の意思がない校長は、学校判断に委ねるべきだと認識する傾向(希望する学校で導入)が強い結果となった。

7. 結論

以上に述べてきたことを踏まえると、コミュニティ・スクール未指定校の理由と背景についてはおおよそ以下のようにまとめることができる。

第一に、コミュニティ・スクール指定の意向については、ぜひ指定を受けたいという積極的な校長は2.7%と少なく、反対に指定を受ける意思がない校長は約30%と少なくない。この前者は地方別だと北海道・東北と九州・沖縄に多く、後者は中国と四国に多い。

第二に、以上の両者に特徴的に見られる背景をさぐると、まず指定の意思はない校長の学校は、教職員のコミュニティ・スクールに対する消極性が見られ、さらに教育委員会や首長に制度導入の意向がないという実情が見出される。これに対して、ぜひ指定を受けたい校長の学校は教職員のコミュニティ・スクー

ル対する姿勢が積極的で、また教育委員会や首長に制度導入の意向がないという回答値も低いように、導入の下地がすでにできている。

　以上の背景が指定の有無に影響を及ぼしているとすれば、「指定を受ける意思はない」という回答には校長の志向の在り方だけでなく、学校の置かれた実情も少なからず関係しているものと推量できる。

　第三に、勤務校や教職員の様子を見ると、ぜひ指定を受けたい校長の学校は、指定を受ける意思がない校長を含めた他の意向を持つ校長（教委の働きかけがあれば指定を受けるなど）に比べて、教職員の学校運営の関わりが積極的で、学校運営に地域や家庭の声が反映されているという傾向が見られる。また、指定を受ける意思がない校長の学校は、ぜひ指定を受けたいという意向や他の意向を持つ校長の学校に比べて、教職員の時間外勤務等が多い傾向にある。つまり、指定の意思のない校長は、そもそも教職員の時間外勤務等が多いという実態があるため、コミュニティ・スクール指定によってさらなる教職員の負担が生じることを懸念するものと考えられる。

　第四に、学校運営の現状を見ると、ぜひ指定を受けたい校長の学校の方が指定を受ける意思がない校長の学校に比べて良好な傾向が見出された。そのうち、校長・園長のリーダーシップが向上している学校は、ぜひ指定を受けたいという校長に多い傾向にある。換言すれば、指定の意思がない学校は運営の現状にも負の要素が相対的に強いことになる。

　第五に、コミュニティ・スクール指定の条件を問う質問については、ぜひ指定を受けたい校長は学校支援地域本部との一体的推進を図るよう求める傾向が相対的に強いが、他の条件を求める数値は相対的に低い。これに対して、指定を受ける意思がない校長は加配措置と任用意見申出の柔軟な運用を求める傾向が見られた。やはり教職員の勤務負担を懸念して加配を求め、また任用意見申出に対する警戒感が比較的強いのであろう。

　第六に、今後のコミュニティ・スクールの展望については、ぜひ指定を受けたい校長には全国的に多くの学校で導入されることが望ましいと考える者が多く、指定を受ける意思がない校長には希望する学校で導入すればよいと考える

者が多い。両者間にコミュニティ・スクール導入に対する受け止め方に違いがあり、前者は積極的に捉えるのに対して、後者は消極的だと言える。

　コミュニティ・スクールに対する非受容意識は、学校運営に外部のアクターが関わることへの懸念に起因する場合もあるが、そのほかにも学校をめぐる状況が影響していることも十分考えられる。ここでは、少なくとも指定の意思がない校長の場合、勤務校の状況が負の要因になっている実態が明らかになった。見方によれば、学校の状況がコミュニティ・スクール指定にとっての負の要素になっていることから、その制度に対する捉え方が消極的になっていると考えられる。

　　　　　　　　　　　　　　　　　　　　　　　　　　　（佐藤　晴雄）

第5章　コミュニティ・スクールと教職員の多忙化

はじめに

　本章では、コミュニティ・スクールにおける教職員の勤務負担の実態を全国調査のデータを基に明らかにし、そしてその勤務負担・負担感の変化を探ることにする。まず、全国調査の関連項目のデータ分析を取りあげ、後半ではコミュニティ・スクール9校に対するインタビュー調査に基づいて目的に迫りたい。

1. 調査結果から見た教職員の勤務負担の実態

(1) 勤務負担増の実態

　最初に、今回の全国調査の結果を見ると、表5-1に記したようになり、「管理職や担当教職員の勤務負担が増えた」に対して、「とても当てはまる」は下欄の全体では11.0％であるが、小学校9.8％、中学校13.4％、幼稚園12.3％となり、中学校の数値が高い。なお、高等学校と特別支援学校で校数が少ないので参考値に過ぎないが、高等学校の数値が25.0％と最も高くなった（以下、これら2校種を除く）。「とても」＋「少し当てはまる」という負担増を表した回答は、幼稚園が最も高く、次いで中学校52.1％となる。幼稚園の場合には、園の規模すなわち職員体制が小さいことがその原因として考えられる。

　いずれにしても、それに両回答を合計した「勤務負担が増えた」のは全体の半数（50.8％）で、「負担が増えていない」回答と二分されたのである。

　なお、図表には示していないが、一般教職員の勤務負担に関しては、「とても当てはまる」2.7％、「少し当てはまる」17.4％となり、両者合わせても約20％に過ぎない。したがって、多くの学校ではコミュニティ・スクールに関わる業務は担当以外の一般教職員の勤務には影響していないと言えよう。

表 5-1　管理職や担当教職員の勤務負担増の有無―校種別―

校種		Q28-P. 管理職や担当教職員の勤務負担が増えた				合計
		とても当てはまる	少し当てはまる	あまり当てはまらない	まったく当てはまらない	
小学校	度数	98	400	366	136	1000
	%	9.8%	40.0%	36.6%	13.6%	100.0%
中学校	度数	63	182	169	56	470
	%	13.4%	38.7%	36.0%	11.9%	100.0%
幼稚園	度数	7	28	15	7	57
	%	12.3%	49.1%	26.3%	12.3%	100.0%
(高等学校)	度数	2	4	2	0	8
	%	25.0%	50.0%	25.0%	0.0%	100.0%
(特別支援学校)	度数	0	0	3	4	7
	%	0.0%	0.0%	42.9%	57.1%	100.0%
全体	度数	170	614	555	203	1542
	%	11.0%	39.8%	36.0%	13.2%	100.0%

(2) 教職員の勤務負担に及ぼす諸要因
① 課題認識と勤務負担

　それでは、勤務負担増にどのような変数が関係しているのであろうか。全国調査（校長の回答）の分析では、学校規模、議事取り上げ数などとの有意な関係がないことが見出された。そこで、関係する変数を探ると、まず課題認識の場合、図 5-1 に記したように、「勤務負担増」の回答「当てはまる」の数値は、課題認識［低群］12.0％であるが、同〔中低群〕55.3％、同〔中高群〕75.1％、同〔高群〕81.4％となり、課題認識（のスコア）が高くなるに従って勤務負担が増す傾向にある。管理職等の勤務負担の背景には課題の多さがあるものと推量できるのである。

第Ⅱ部　コミュニティ・スクールをめぐる諸課題の分析

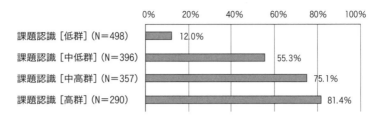

図 5-1　Q28P. 管理職や担当教職員の勤務負担増「当てはまる」の回答
　　　　―課題認識カテゴリー別―

② 定例会議開催数と勤務負担

　それでは管理職等の勤務負担増の要因だと考えられる学校運営協議会の会議については　どうだろうか。図 5-2 を見ると、まず「管理職や担当教職員の勤務負担増」が「当てはまる」は、「定例会 3 回以下」47.0％、同「4 回」46.6％であるが、同「5～6 回」になると 53.2％に数値が上がり、同「7 回」では最高の 59.1％に達する。定例会の開催数は管理職や担当教職員の勤務負担を増す要因だと考えられる。

　これに対して、「一般教職員」の場合には、その数値は「3 回以下」17.0％で、「7 回以上」でも 21.0％にとどまる。一般教職員は会議に出席することが稀であるから、会議開催数は勤務負担増にさほど影響していないのであろう。

　それでは、管理職や担当教職員は会議に関して、どのようなことが負担増に

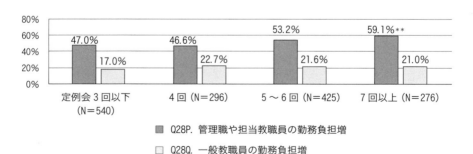

図 5-2　教職員の勤務負担増「当てはまる」の回答―学校運営協議会定例会開催数別―

第 5 章　コミュニティ・スクールと教職員の多忙化

つながっているのであろうか。以下では、後述のインタビュー調査で明らかになった会議の運営と委員人材確保に関するデータを取り上げることにしよう。

③ 会議運営と勤務負担

会議運営に関しては、まず、「学校運営協議会の会議設定に苦労する」の問いに対して、「当てはまる」（「とても当てはまる」＋「少し当てはまる」の合計で、本節では同様に扱う。「苦労する」の意）では、勤務負担増「当てはまる」が72.4％に対して、「苦労」が「当てはまらない」（「あまり当てはまらない」＋「まったく当てはまらない」の合計。「苦労しない」の意）では、負担増「当てはまる」は42.5％と有意に低い（**$p<.01$）（図5-3上段）。つまり、会議運営に苦労している校長の学校は勤務負担が増大する傾向にある。議事や日程の設定が困難なことが勤務負担につながるのでのあろう。

次に、「学校運営協議会委員に適材が得られている」に対して「当てはまる」（「適材が得られている」）は勤務負担増「当てはまる」が49.5％であるが、適材「当てはまらない」（「適材が得られていない」）ではその勤務負担の数値が70.8％と著しく高くなる（**$p<.01$）（図5-3下段）。本章第2節でも指摘されているように、委員人材の確保が負担を招くものと考えられる。

以上のように、会議運営や委員人材の確保などがうまく行かないと、管理職や担当教職員の勤務負担が増すことになると解されるのである。一般教職員については勤務負担に大きな変化がないと言えるが、次節のインタビューは主と

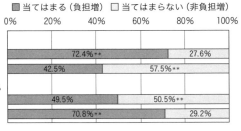

図5-3　管理職や担当教職員の勤務負担増

して担当教職員に対するものであるから、それなりの負担増が見出されることになる。

（佐藤　晴雄）

2. 教職員の負担増の実態—インタビュー調査から—

（1）学校運営協議会制度導入による教職員の業務量の変化
　本節では、コミュニティ・スクールの担当者等に対して、いくつかの質問を用意してインタビュー調査を実施した結果を取り上げて、前節のデータを具体的に裏付ける作業を行うこととする。
　最初に、「コミュニティ・スクール指定後において教職員の仕事量にはどのような変化がありましたか」というインタビューを試みた。その結果、(1) 学校運営協議会会議の開催、(2) 学校運営協議会委員のなり手確保業務、(3) 学校運営協議会会議以外の活動の3業務で教職員の業務量が増加したことが分かった。

① 学校運営協議会会議の開催
　学校運営協議会会議については、開催時刻及び会合時間の設定や実施、回数について意見が得られた。学校運営協議会委員の中には、日中仕事に従事する者が多いという配慮から、教職員の勤務時間外に会議が開かれるケースが多い。仲田が2009年度に実施した調査によると（仲田2015）、6割以上の学校運営協議会の会議が17時以降に行われている。しかも、7割以上の会議は2時間以上開催され、教職員の勤務時間外に及んでいる実態にある。
　今回の全国調査では、会議の開催回数は年平均4.93回という結果が得られている。筆者が実施したインタビュー調査の対象校9校のうち7校が11〜12回（月1回程度）定例会を開催していた。
　また、学校運営協議会の実働組織を設置している学校もある。これら実働組織の会議（専門部会等）も合わせると、月1回以上の関連会議を開催している

第 5 章　コミュニティ・スクールと教職員の多忙化

学校は少なくない。今回の全国調査でも専門部会 4.39 回、臨時会 0.39 回が持たれるなど、合計平均年約 9 回の会議が開催されている実態が明らかになった。それら会議が管理職や担当教職員の負担になっているものと思われる。

② 学校運営協議会委員の人材確保業務

　つぎに、学校運営協議会委員の人材確保である。今回の全国調査によると、学校運営協議会委員数の平均は 13.4 人で、そのうち 3.12 人が教員であった。したがって、10 人程度は教職員以外の委員ということになる。委員の任期は概ね 1 〜 2 年であり[1)]、設置 規則によって委員の再任を妨げない例もあるが、再任を制限するなどして、定期的に委員を入れ替える例もある。

　このように新たな人材確保が必要な場合が少なくないことから、学校では新たな委員人材確保に労力と時間を割かれる傾向にある。今回のインタビュー調査では、委員公募制を採る学校もあったが、人材確保のために校長が地域行事等に直接出向き、適任者を探している例がみられた。委員人材は、保護者や地域の人であれば、誰でもいいというわけではない。校長が考える学校運営協議会委員の理想像として、「とにかく会議に出席し、学校をよく理解しながらも、時には批判も口にしてくれる人生経験のある顔なじみの地域住民で、教員経験のない人」を望んでいることが 2013 年の調査で明らかになったが、このような条件に合う人材は、地域に豊富にいるとは限らない。そこに委員人材確保の苦労がうかがわれる。

③ 学校運営協議会会議以外の活動

　そして、学校運営協議会の権限外の活動（派生活動）も勤務負担増をもたらしている。このことに関しては 3 つの意見に集約できる。1 つ目は地域行事等への参加である。地域や保護者の人の協力を得ていることから、その見返りとして地域行事等に教職員が積極的に参加している実態がある。そのため、勤務時間外勤務や休日出勤が増すことになる。むろん、この傾向はコミュニティ・スクールに限ったことではないが、今回の調査ではその傾向を聴取できた。

2つ目は、ボランティアの活用である。学校運営協議会で協議された事項に取り組むために、保護者や地域住民にボランティアを依頼することが多い。学校によっては教職員がボランティア対応を担い、そのことが勤務負担につながるというのである。インタビューでは次のような声が聴取できた。

> ボランティアさんをどういう風に手配しようとか、どこに誰がいるっていうのを調べるのは学校側が中心になっているんですよね。まだ情報は（コミュニティ・スクールの委員等から）いただけますけど、実際に運営するのは学校ですから、やっぱりその分、誰かが動かなきゃいけないという部分で私（教頭）を中心にして、教務だとかそれから幼小中（連携）担当がおりますので、そういう職員が中に入って、あと学年主任とかですね。そういうのをやらなければいけないというのがありますね。
> 〔中略〕
> 情報はいろんなところから入ってくるんですけど、難しいのは入る人がですね、やはり学校のこと、地域のことを考えて下さってやってくださる方もいるんですけど、ちょっといっぱいになっちゃう場合もあるということで、学校の方が逆に忙しくなってしまう。（関東H小学校、2015.6）

このように、教職員がボランティアのコーディターを担っていること、学校のニーズに合わないボランティアに対応していることなどが担当教職員に負担感を抱かせているようである。

3点目は、委員以外の教職員への周知活動である。委員以外の教職員の多くは会議に出席していない。これらの会議に出席していない教職員は、「学校運営協議会便り」を作成・配布するなどの業務を行うことがあり、このことが勤務負担になる場合がある。

以上はいずれも会議運営に関わる業務であることから、全国調査のデータ分析結果を具体的な言説によって裏付けるものと解釈できるのである。

(2) 学校運営協議会制度導入による教職員の負担感の変化

　そうした負担があっても、一定の成果が得られれば負担感は軽減されることが考えられる。そこで、「コミュニティ・スクールを導入したことによって得られた成果を教えてください」という質問を行った。その結果、今回の訪問によるインタビュー調査では (1) 情報共有、(2) 教職員の意識の変化などの成果が得られたという意見が聴取できた。

① 情報共有の場としての活用

　学校運営協議会は学校・家庭・地域の情報共有の場として機能しているという声が多く得られた。まず、教職員だけでは収集困難な情報を委員から得ている実態がある。たとえば、通学路の危険箇所などの情報を得ることによって、安全指導などの業務が軽減した例がある。

　もう一つは、会議等で学校の状況を委員に発信することによって、地域等の協力が得られやすくなったという例もある。ある学校では、生徒指導に問題を抱えており、地域や保護者から苦情が寄せられていた。それを委員に情報発信したことで、放課後、地域住民が校区の見回り等に協力してくれ、生徒指導の問題がほぼなくなったという。

　このように、学校や委員等が情報を共有することによって問題解決や教職員業務の軽減に結びついた例がある。以下のインタビューは中学校教職員の語りである。この学校では、全ての教職員に年1回以上の学校運営協議会会議への出席を義務付けている。そこで生徒の様子や学校の実態等のプレゼンを行うこととされ、これらの情報が学校運営協議会で共有されることになる。

　　　具体的には、ここ（の学校に）900人生徒がいるので部活が足らないんですよ。顧問が足りない、部活が足りない。そうすると、（部活は）何を作るか。でも、グラウンドやアリーナは取り合いになりますよね。時間的に。
　　（そこで）百人一首部を作ったんですけど、「（練習する場として）畳があればいいなと思って」と先生が一言言うと、布団屋のおじさんがちょっと

「畳屋に言ってみるよ」って。その人の働きかけによって、一週間くらいで学校に畳が届いたりとか、そういう経験を少しずつ重ねると、会議で話したことで（教職員は）応援してもらえるという具体的なものが出てくる。
(F中学校、2015.7)

　上記は、教職員による学校の問題発信によって、委員が問題解決につながる人物の紹介を得たという好例になる。このような方法で委員の協力を得ることによって、教職員の業務負担が軽減されたという例は珍しくない。「学校と地域の情報共有が進んだ」ことがコミュニティ・スクールの成果として最も強く認識されている実態がある（コミュニティ・スクール研究会　2012）。

② 教職員の意識の変化
　教職員の意識の変化はどうであろうか。学校運営協議会導入以前は、学校での問題に対しては学校が自己解決を図るべきだという認識が強くあった。しかし、学校運営協議会を通して地域住民等の協力を得て問題を図ることによって教職員が「安心感」ないしは「心の拠り所」を得るようになった例が多かった。まさに、教職員は「開かれた学校」を意識するような変容してきたのである。以下は、中学校における教職員の意識の変化を語ったものである。

　　　地域連携とか地域の人に学校運営を承認してもらうとか、あるいは授業を観に来てもらって協力してもらうということを極端に嫌がる人種、これが教員なんですよ。だからいろいろ課題が起こっても「俺が解決する」「俺たちだけでやってみせる」というのが先生なんですよ。
　　だけど今の世の中それじゃ到底やっていけない。先生たちの力だけで子どもがよくなるというそんなこと全くないし、それだけ問題は多様化しているので。そこの意識がこのコミュニティ・スクールを入れて地域の人が入ってくる、または子どもが地域の人たちとふれあう中で、段々生徒指導も落ち着いて変わっていく。その姿を見ていると先生たちも「俺たちだけ

で今までどうしてやってきたのだろうか」という意識がうちの学校では強くて。外の人とうまく連携してやっていくということが大事なんだなということに気がついて来るし、そういう意識が高くなる。これは先生たちが一番変わったところ。(G中学校、2015.10)

　このようにコミュニティ・スクール指定前は教職員だけで問題解決を図ろうとする自己完結意識が強かったが、指定後には「先生たちの力だけで子どもがよくなるというそんなこと全くない」「外の人とうまく連携してやっていくということが大事なんだ」というように意識が変わったのである。自己完結的な意識から、問題を地域の人と共に解決していこうという「開かれた学校」意識へ変容していった様子が読み取れる。
　また、教職員と地域・保護者との関係が築かれ、相互の信頼関係が強まった結果、授業に学校支援ボランティアなどの外部人材を積極的に活用したり、地域教材を効果的に扱ったりすることが多くなり、むしろ地域等に支えられているという意識が負担感を軽くしたというのである。
　このように学校運営協議会の導入によって、付加的業務が発生したが、同時に一部業務や教職員の負担感が軽減したという例も見られた。

③ インタビュー調査から見た今後の課題

　学校運営協議会業務が管理職や担当教職員など一部の教職員に偏っていることが指摘できる。この傾向は第1節のデータによって示されたところである。担当以外の一般教職員には勤務負担増が著しくないが、コミュニティ・スクールの成果も実感しにくい実態にある。つまり、一般教職員は様々な課題を抱え込んでいる可能性がある。
　実際に、いくつかの学校では教職員全員が学校運営協議会会議に出席している事実がある。その場合、毎回ではなく、1年間を通して数回の出席とされている例もある。そうした学校では、ほとんどの教職員が学校運営協議会を理解し、その業務が一部教職員に偏ることなく分担されるので、彼らはコミュニテ

ィ・スクールの成果も認識しているという声も聴くことができた。したがって、教職員間でコミュニティ・スクール指定に伴う追加教務を分担し、その成果を共有できるような運営の在り方の模索が課題になる。

（大園　早紀）

3. まとめ―おわりにかえて―

　本節は以下のようにまとめることができる。第1に、コミュニティ・スクール指定によって、管理職や担当教職員の約半数は勤務負担が増大したと認識されている。しかし、担当以外の教職員の勤務負担増はほとんど見られなかった。

　第2に、全国調査の分析からは、管理職等の勤務負担増は会議の回数や会議設定の苦労、委員人材の確保の困難さなどがもたらしていることが推量される。このことはインタビュー調査による言説から裏付けられたのである。また、会議運営を含む課題全般に関する認識の強さも負担増をもたらす要因になり得る。

　第3に、学校と地域等との互酬性によって従来業務と負担感が軽減されたという事例が見出された。インタビュー調査からは、コミュニティ・スクール指定によって、地域住民や保護者の協力を得る代わりに、地域行事等に参加するなどの業務が発生し、またボランティア対応が必要になったことから勤務負担が増大したが、地域の協力によって課題解決が図られ、その結果、他の業務や負担感が軽減されたという事実が見出された。

　以上から、業務と成果の共有こそが今後の課題になると言えよう。

（佐藤　晴雄）

注
1) 学校運営協議会の委員の任期を「任命から年度末」としている自治体は69、「1年」としている自治体は80、「2年」としている自治体80となっている（コミュニティ・スクール研究会編　2012）。

引用・参考文献
仲田康一（2015）『コミュニティ・スクールのポリティクス』勁草書房

コミュニティ・スクール研究会編（研究代表：佐藤晴雄）(2012)『平成 25 年度文部科学省委託調査研究報告書―コミュニティ・スクール指定の促進要因と阻害要因に関する調査研究』日本大学文理学部
佐藤晴雄編（2010）『コミュニティ・スクールの研究』風間書房

訪問調査実施概要

調査対象	調査実施時期	インタビュー	特記事項
九州Ⅰ市教育委員会	2015.10	指導主幹、教育委員会	半構造的インタビュー
九州Ⅰ市A中学校	2015.10	教頭、地域担当教諭、学校支援地域本部代表	半構造的インタビュー
九州Ⅰ市B小学校	2015.10	校長、教頭主幹教諭	半構造的インタビュー
関東Ⅱ区教育委員会	2015.7	教育委員会	半構造的インタビュー
関東Ⅱ区D小学校	2015.9	校長	半構造的インタビュー
関東Ⅱ区E小学校	2015.8	副校長	質問紙調査
関東Ⅲ市教育委員会	2015.5	指導主事×2	半構造的インタビュー
関東Ⅲ市F中学校	2015.7	学校運営協議会委員	半構造的インタビュー
九州Ⅳ町教育委員会	2015.10	指導主事	半構造的インタビュー
九州Ⅳ町G中学校	2015.10	校長	半構造的インタビュー
関東Ⅴ町教育委員会	2015.4	教育長	質問紙調査
関東Ⅴ町H小学校	2015.6	教頭	半構造的インタビュー
東北Ⅵ町教育委員会	2015.8	指導主事	半構造的インタビュー
東北Ⅵ町I小学校	2015.8	校長	半構造的インタビュー

第6章　学校評価とコミュニティ・スクール

1．学校運営協議会制度と諸制度

　学校評価については、文部科学省「学校評価ガイドライン〔平成28年改訂〕」によると、学校評価の実施手法から次の3つの形態に整理されている。

学校評価の実施手法：【自己評価】、【学校関係者評価】、【第三者評価】

　このうちの「学校関係者評価」と、「学校運営協議会」の他に、保護者や地域が学校運営に関わる制度としては「学校評議員」が挙げられる。
　これらに係る主な制度化や改正については、表6-1のように整理される。
　また、それぞれの法令上の位置付けや役割の違いについては、表6-2のように整理される。
　表6-1及び表6-2からわかるように、各制度は法令上の位置付けや役割など明確に異なるものであるが、保護者や地域が学校運営に関わるという点では、学校関係者評価、学校運営協議会、学校評議員は違いが問われる制度でもある。実際に、「学校関係者評価」は2014（平成26）年度では公立学校96.0％で実施、「学校評議員」は2012（平成24）年度では公立学校80.2％で設置という状況にあり、委員が重複する傾向が見られる。2017（平成29）年4月1日から「学校運営協議会」の設置が努力義務となり、今後設置が進むことが想定される中、各制度の関係を含め、調査データの分析を通じて、現状や課題、今後の展望について考察していくこととする。

第6章 学校評価とコミュニティ・スクール

表6-1 学校運営協議会制度と諸制度の変遷（概要）

年度	制度化・改正等		
	学校評価	学校評議員制度	学校運営協議会
	学校教育法、学校教育法施行規則	学校教育法施行規則	地方教育行政の組織及び運営に関する法律
H（平成)11年度		○設置可能 ＊規則改正、H12年4月施行	
H13年度	○自己評価の実施・公表の努力義務化 ＊小、中の各設置基準制定、H14年4月施行 ＊高の設置基準一部改正、H14年4月施行		
H16年度			○設置可能 ＊法改正、H16年9月施行
H19年度	○自己評価の実施・公表の義務化 ○学校関係者評価の実施・公表の努力義務化 ○評価結果の設置者への報告義務 ＊法・規則改正、H19年12月施行		
H22年度	○「学校評価ガイドライン」改訂、第三者評価の記載追加、充実		
H28年度			○設置の努力義務化、役割の充実 ＊法改正、H29年4月施行

表 6-2　学校運営協議会制度と諸制度との比較[1]

項目	自己評価	学校関係者評価	学校評議員制度	学校運営協議会制度	第三者評価
根拠法令	学校教育法、同法施行規則	学校教育法施行規則	学校教育法施行規則	地方教育行政の組織及び運営に関する法律	法令上は位置付けなし
目的	自らの教育活動その他の学校運営について、目指すべき目標を設定し、その達成状況や達成に向けた取組の適切さ等について評価することにより、学校として組織的・継続的な改善を図ること	自己評価の客観性・透明性を高めるとともに、学校・家庭・地域が学校の現状と課題について共通理解を深めて相互の連携を促進し、学校運営の改善への協力を促進すること	開かれた学校づくりを一層推進していくため、保護者や地域住民等の意向を把握・反映し、その協力を得るとともに、学校運営の状況等を周知するなど学校としての説明責任を果していくため	校長と地域の住民、保護者等が、共同して学校づくりを行うとともに、透明性が開かれた学校運営を進め、地域に信頼される学校づくりを実現するため	学校運営の改善による教育水準の向上を図ること ＊学校教育法に規定されている学校評価の一環として、実施していくことが有効
実施者 設置者 構成員	○義務 ・当該学校の教職員	○努力義務 ・当該学校の保護者 ・当該学校の運営や当該学校の子どもの育成にかかわりがある者など、当該学校と直接の関係のある者 （当該学校の教職員を除く）	○学校の設置者等の判断により置くことができる ○校長の推薦により、学校の設置者が委嘱 ・教育に関する理解及び識見を有する者 （当該学校の教職員を除く）	○努力義務 ・学校の設置者である教育委員会により設置 ・教育委員会の責任において任命（対象校の校長が意見を申し出ることができる。） ・対象校の所在する地域の住民、対象校の子どもの保護者、地域学校協働活動推進員その他の対象校の運営に資する活動を行う者、その他教育委員会が必要と認める者 （対象校の校長、教職員、学識経験者、関係機関の職員等も可） ○特別職の地方公務員の身分を有する	○学校とその設置者が実施者 ・学校運営に関する外部の専門家など （学習指導や学校のマネジメント等について専門性を有する者、各学校と直接関係を有しない者等）
役割		○自己評価を踏まえた評価（自己評価の結果に対する評価）を行う。	○校長の求めに応じて、学校運営に関し意見を述べる。（校長の権限と責任に属する事項について）	○校長の求めによらず意見を述べることができる一定の権限を有する合議制の機関 ・校長の作成する学校運営の基本方針を承認する。 ・基本方針に基づき、運営及び必要な支援に関し、関係者の理解を深めるとともに、連携及び協力の推進に資するため、支援に関する協議結果に関する情報を積極的に提供するよう努める。 ・学校運営に関する意見を教育委員会又は校長に述べる。 ・教職員の任用に関して教育委員会に意見が述べられる。	○自己評価や学校関係者評価の実施状況も踏まえつつ、教育活動その他の学校運営の状況について、専門的視点から評価を行う。

※各法令、法令の施行に関する通知、関係リーフレット及びガイドライン（文部科学省）を基に作成（第三者評価については主に「学校評価ガイドライン〔平成28年改訂〕」による。）。
※波線部は、平成29年4月施行による主な改正内容。

第6章 学校評価とコミュニティ・スクール

2. 実施体制

はじめに、学校運営協議会と学校評議員・学校関係者評価について、設置状況や構成など、どのような体制で実施されているのかをみていくこととする。

(1) 学校評議員

今回の調査で、指定校において、学校評議員が設置されている割合は9.2％で、「学校運営協議会設置に伴い、学校評議員または類似制度を廃止した（評議員の実質的活動を停止した場合も含む）」割合は76.4％という結果となっている（Q9）。廃止（停止）にともなう状況については図6-1のとおりで、学校評議員（一部又は全部）を学校運営協議会委員とした学校が88.4％と多いことがわかる。

そして、学校評議員制度との違いを実感しているかどうかについて質問したところ（Q28-I）、「とても当てはまる」22.5％・「少し当てはまる」47.3％・「あまり当てはまらない」26.7％・「まったく当てはまらない」3.5％という結果となっている。このことから、学校評議員を学校運営協議会委員に含めた学校が多い中、異なる制度として取り組むことで違いを実感しているところと、既存

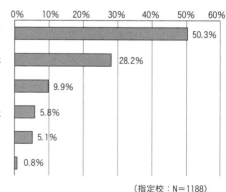

図6-1　SQ9-1. 学校評議員の廃止（停止）に伴う状況

の異なる制度から移行し、両者の実質的な整理がなされずに違いを実感できていないところとがあることが推測される。

(2) 学校関係者評価

指定校において、学校運営協議会の下部組織を設置している場合にその名称も合わせて質問しており、設置率約40%の中でも多く見られる部会の一つに「学校評価部会」が挙げられた（SQ 15-1）。また、学校運営協議会の法的権限に基づく協議以外に直接行っている活動について質問したところ（Q 26）、図6-2のように「委員が学校関係者評価の評価者になっている」82.2%、「学校関係者評価を学校運営協議会の実働組織で実施している」58.9%という結果となっている。これらのことから、指定校では、学校関係者評価の評価者に学校運営協議会委員を含め、学校運営協議会の実働組織である部会で実施している学校が多いことがわかる。なお、学校運営協議会委員に自校の教職員（管理職を含む）が平均3.12人含まれており（Q 12）、自校の教職員を委員とする学校運営協議会では、学校関係者評価を実施することは法令上できないことから、学校運営協議会とは別の組織で実施することになる。

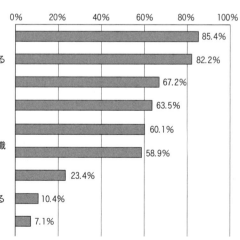

図6-2　Q26. 学校運営協議会の法的権限に基づく協議以外に直接行っている活動

第 6 章　学校評価とコミュニティ・スクール

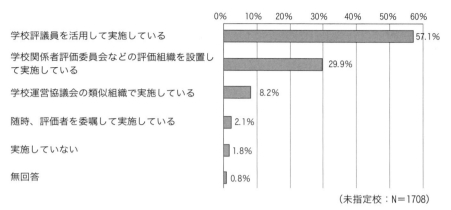

図 6-3　Q35. 学校関係者評価の方法・形態

　未指定校については、学校関係者評価の実施方法・形態について質問したところ（Q 35）、図 6-3 にみられるように、「学校評議員を活用して実施している」という回答が 57.1% と最も多かった。次に「学校関係者評価委員会などの評価組織を設置して実施している」29.9%、「学校運営協議会の類似組織で実施している」8.2% という結果となっている。

　学校評価に係る全国的な調査としては、文部科学省が定期的に行っている「学校評価等実施状況調査」がある。最新の調査は 2014（平成 26）年度間（平成 26 度間の実績値）のものであるが、2016（平成 28）年 3 月 29 日に結果概要が公表されるにとどまっている。前回調査は 2011（平成 23）年度間（項目は平成 26 年度間と一部共通）で、これについては対象別・項目別のデータが公表されている。結果の公表とともに、文部科学省では「学校評価等実施状況調査（平成 26 年度間）の結果に係る留意事項について（通知）」を出している。通知では、学校評価等に係る取組を進めるに当たって特に留意する点として 3 つを挙げているが、これらは平成 23 年度間の調査における同通知においても全く同じ記述となっている。このため、両調査間の顕著な状況の変化はないものと推測されることから、平成 23 年度間の調査を基に、実施年度や対象が同じでないことから正確な比較ということではないが、学校運営協議会と学校関係者評価と

第Ⅱ部　コミュニティ・スクールをめぐる諸課題の分析

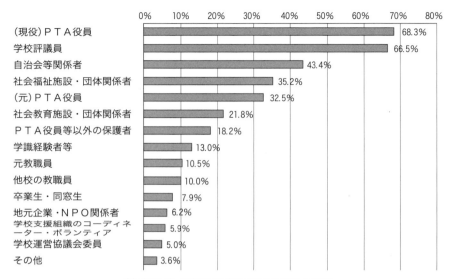

〔参考図1〕学校関係者評価の評価者の構成
（文部科学省「学校評価等実施状況調査（平成23年度間）」）

の関係を考察することとする[2]。

　学校関係者評価の実施率（公立学校）は、2011（平成23）年度間調査によると93.7％で（平成26年度間調査では96.0％）、構成員は〔参考図1〕のとおりとなっている。評価者として必須の保護者の代表であるＰＴＡ役員が68.3％と最も多く、次に学校評議員が66.5％となっている。なお、2011（平成23）年4月1日現在でのコミュニティ・スクールの指定校数は公立学校では789校である。

　また、同調査では「学校評議員の属性」についての質問もあり、最も多い回答は「学校自治会等関係者」65.4％で、8番目に「学校関係者評価委員」19.7％となっている。

　以上のように、学校関係者評価者と学校評議員に委員の重複が見られる状況において、学校運営協議会の設置が進むことで、学校評議員は任意の設置であることからも、学校運営協議会の設置に伴い学校評議員を廃止（活動停止）し、学校運営協議会と学校関係者評価とに取り組む傾向が進んだと考えられる。学

校関係者評価の実施と同様に、2017（平成29）年4月1日から学校運営協議会の設置が努力義務となったことから、今後はこの傾向が進むことが想定される。コミュニティ・スクールの拡充にとっての重要な方策として、「学校関係者評価の機能の役割を明確にする」ことを挙げる回答の割合は（Q40：1位から3位の合計値）、指定校13.4%・未指定校8.9%と高くないことからも、設置者である教育委員会が導入に当たり、各制度の関係性を整理し、それらの違いを明確にすることで各学校の取り組みの成果をあげることが期待される。

3. 学校評価の実施

次に、学校評価、そのうち特に「学校関係者評価」の実施状況についてみていくことする。

(1) 成果

指定校において、コミュニティ・スクールの運営に関する満足感について質問したところ（Q 30）、「学校運営協議会による学校評価の成果」（Q 30-M）について「とても満足している」24.7%・「まあまあ満足している」69.3%と、9割を超える学校で満足していることがわかる。コミュニティ・スクールを導入している教育委員会の教育長への同様の質問（Q 18-M）において、「とても満足している」21.5%・「まあ満足している」51.1%と7割を超える教育長が満足していることがわかる。なお、教育委員会としての導入の理由についての質問において（Q 5）、「学校評価の充実に有効と考えたから」については、「当てはまる」33.9%・「当てはまらない」66.1%という結果となっており、コミュニティ・スクールの導入が結果として学校評価の成果への満足感につながったとものと考えられる。

また、指定校において、コミュニティ・スクールの導入による成果について質問したところ（Q 29）、「学校関係者評価が効果的に行えるようになった」（Q 29-I）について、「とても当てはまる」19.9%・「少し当てはまる」61.1%と約8

第Ⅱ部　コミュニティ・スクールをめぐる諸課題の分析

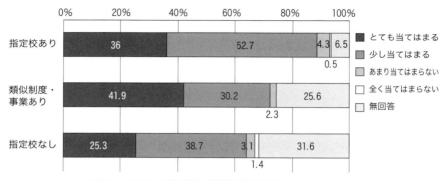

図 6-4　Q2-D. 学校関係者評価は効果的に行われている

割の学校で成果を実感していことがわかる。コミュニティ・スクールを導入している教育委員会の教育長への同様の質問（Q 17-I）において、「とても当てはまる」25.3％・「少し当てはまる」51.1％と 8 割近い教育長が成果を実感していことがわかる。

　一方、学校関係者評価に関しては、教育委員会への所管学校の様子についての質問のうち（Q 2）、学校関係者評価の項目について、図 6-4 のような結果となっている。「とても当てはまる」・「少し当てはまる」の合計は、指定校ありの場合 88.7％、類似制度・事業がある場合 72.1％、指定校なしの場合 64％という順になっており、コミュニティ・スクールの導入により、学校関係者評価が効果的に行われている様子がうかがえる。

> ＊類似制度・事業ありとは、法に基づくコミュニティ・スクールはないが「コミュニティ・スクール」と称する類似制度・事業はある場合のこと

（2）課題や対応

　指定校において、コミュニティ・スクールの導入により「学校関係者評価が効果的に行えるようになった」（Q 29-I）という先の回答では約 2 割の学校が「あまり当てはまらない」・「まったく当てはまらない」と回答していることも看過はできない。このことも踏まえ、学校運営協議会の設置が努力義務となっ

第6章　学校評価とコミュニティ・スクール

た現在、効果的に学校関係者評価を行うための方策について、調査データを基に考察を試みる。

考察に当たってはまず、先の文部科学省「学校評価等実施状況調査（平成23年度間）」をみていくこととする。「学校関係者評価は教育活動その他の学校運営の組織的・継続的な改善にどの程度効果があったと考えるか」という質問に対して、「大いに効果があった」（10.1%）・「ある程度効果があった」（83.5%）の合計は93.6%、「学校関係者評価は保護者、地域住民等からの理解と参画を得た連携協力による学校づくりにどの程度効果があったと考えるか」という質問に対しては「大いに効果があった」（11.5%）・「ある程度効果があった」（79.6%）の合計は91.1%という結果がみられる（公立学校）。いずれも効果を実感してい

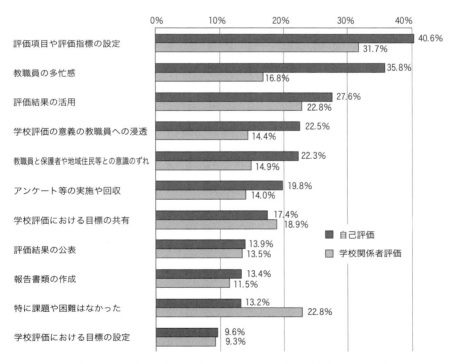

〔参考図2〕　評価に関して課題あるいは困難があったと感じられた点　公立学校

※〔参考図1〕と同出典

211

〔参考表〕評価に関して課題あるいは困難があったと感じられた点　上位7位

※〔参考図1・2〕と同出典

	自己評価	学校関係者評価
1	評価項目や評価指標の設定	評価項目や評価指標の設定
2	教員の多忙感	評価結果の活用
3	評価結果の活用	特に課題や困難はなかった（2と同順位）
4	学校評価の意義の教職員への浸透	学校評価における目標の共有
5	教職員と保護者や地域住民等との意識のずれ	教職員の多忙感
6	アンケート等の実施や回収	教職員と保護者や地域住民等との意識のずれ
7	学校評価における目標の共有	学校評価の意義の教職員への浸透

る割合が9割を超えているが、前者の質問については「自己評価」における同様の質問の結果よりは低い値となっている。

　そして、自己評価、学校関係者評価に関して課題あるいは困難があったと感じられた点については、〔参考図2〕のような結果となっている。

　自己評価と学校関係者評価をそれぞれ多い順に並べると、〔参考表〕のようになり、網掛けの箇所はどちらにも共通する項目となっている。

　このような課題がある中、成果を実感しているコミュニティ・スクールの指定校において、どのような取組がなされているのかをみていくこととする。今回の調査では、学校運営協議会で議事として取り上げた事項について質問しており（Q19）、その結果として「学校評価（学校自己評価・学校関係者評価など）」について（Q19-E）、「よく取り上げられる」69.6％・「少し取り上げられる」27.2％となっている。これは全16項目中、「よく取り上げられる」でも、「少し取り上げられる」と合計した場合でも最も高い割合となっている。また、前述のとおり「学校運営協議会の法的権限に基づく協議以外に直接行っている活動について」（Q 26）の質問で、全9項目中、最も多い回答は「学校自己評価について協議している」85.4％となっている。

学校運営協議会で学校評価について議題として協議とすることが多い理由としては、学校運営協議会の権限（役割）における必須事項である「基本方針の承認」を行うに当たり、承認された基本方針の実施後の「自己評価」やそれを踏まえた「学校関係者評価」を見据え、目標の設定やアンケート等の評価資料などについて協議を行うことになるためと考えられる。学校運営協議会での十分な協議を通じて、評価項目や評価指標の設定、評価結果の活用、学校評価の意義の教職員への浸透、教職員と保護者や地域住民等との意識のずれといった課題や困難の解決につながっているものと推測される。こうしたことから、学校運営協議会において「基本方針の承認」に向け、学校評価を見据えた協議を行うことが学校評価を効果的に行う上でポイントになると考える。

4. 学校運営協議会の設置に伴う学校評価の充実に向けて

　ここまでの結果を整理すると、コミュニティ・スクールにおいて自己評価及び学校関係者評価を実施するに当たっては、まず学校運営協議会において、「基本方針の承認」に向けて、学校評価の意義を共有し、学校評価における目標、評価項目や評価指標の設定について、評価結果の活用を見据えた協議を行うことで、より効果的で実効性のある学校評価の実施が期待される。

　そして、学校運営協議会の実働的な組織としての部会に「学校関係者評価」を担う部会を設置し、学校運営協議会委員を含めた体制とすることで、より効果的に学校関係者評価が行えるようになることが期待される。なお、学校運営協議会において十分な協議の上、「基本方針の承認」を行い、その実施状況について協議を行うことは、自己評価についての協議を行うことにもなる。学校関係者評価が自己評価を踏まえて実施するものであることから、自己評価に関わる学校運営協議会委員のうち学校関係者評価に携わる人数は絞り、「学校関係者評価」部会に属するのは1、2名が適当と考える。

　これらの関係について、学校評価におけるPDCAサイクルにあわせて整理すると次のようになる。

第Ⅱ部　コミュニティ・スクールをめぐる諸課題の分析

＜学校評価と学校運営協議会との関係＞

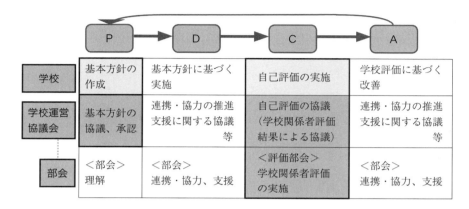

　最後に、第三者評価について言及する。学校運営協議会の実施状況を含めた学校運営の状況について評価・改善を図る機能として、第三者評価が挙げられる。今後、学校運営協議会の設置が進む中では、学校運営協議会制度を導入した教育委員会が所管学校全体の学校運営協議会の実施状況を含めた学校運営の状況について、その改善による学校水準の向上を図るという視点から、第三者評価の評価者を選出し、定期的な評価を行うことが必要になると考える。

　実際に、京都市では条例により「学校運営協議会及び学校評価に関する検証委員会」を設置し、第三者的な視点により、学校評価（自己評価・学校関係者評価）の実施状況や学校評価システムの客観性・信頼性の検証及び学校運営協議会の運営についての評価を行うことを通して、学校教育の質の向上を目指すとしている。学識経験者、保護者、校長及び園長、その他教育に関して優れた識見を有するものを評価者としている（平成28年度は教育委員会職員も委員となっている）。この他にも、神奈川県では、県立学校を対象に外部有識者のみを評価者として、学校運営協議会の実施状況を含めた学校運営の状況等について評価を実施している。今後はこうした取組も参考となると考える。

　学校評価の実効性を高めるため、先の文部科学省からの留意事項の通知において、各学校の設置者等が教職員の研修等の支援、実施の検証や指導・助言、

結果等を踏まえた支援や条件整備等の改善を適切に行うことなどが挙げられている。こうした点も踏まえ、他の取組事例も参考としながら、基本となる自己評価、そして学校関係者評価の充実とともに、その結果や学校運営協議会からの意見の申し出などをいかした支援や改善などが実効性のある取組となり、制度が形骸化することなく、学校教育の質の向上が図られることを期待したい。

注
1) 学校経営共同プロジェクトチーム（吉田佳恵・福田幸男・梶輝行）(2017)「学校経営の活性化・効率化における学校評価とその第三者評価の役割に関する一考察」：横浜薬科大学教職課程センター研究紀要 第1号　pp55-66
　＊表6-2は、本資料を基に筆者が加工したもの
2)「学校評価等実施状況調査（平成23年度間調査結果)」（文部科学省）(http://www.mext.go.jp/a_menu/shotou/gakko-hyoka/1329301.htm）
　＊参考図1、2、参考表は、本資料を基に筆者が作成したもの

（吉田　佳恵）

第7章　各種教育政策とコミュニティ・スクール
―連動性とそのトレンド―

1. コミュニティ・スクール導入の背景

　本章では、2015年度・2011年度の両年度にそれぞれ実施されたコミュニティ・スクール調査結果を比較することで、コミュニティ・スクールと各種教育政策の連動性並びにその変化について考察を加える。

　本書の各章では、基本的に2015年度に行われたコミュニティ・スクール調査（便宜的に「今回調査」と呼ぶ）のデータが用いられている。ところで、今回調査は、2011年度に日本大学（佐藤晴雄研究代表）がコミュニティ・スクール対象の全国調査を実施してきた経緯の上に設計されている[1]。ワーディングの違い等はあるが、その趣旨が同一の設問もいくつか含まれており、両年度における回答傾向を比較することができる。（便宜的に2011年度に行われた調査を「前回調査」[2]と呼ぶ）

　特に本章が注目するのは、様々な教育政策の導入状況に関する設問である。周知の通り、近年では様々な教育改革が国・自治体・学校の各段階で取り組まれ、そのための制度メニューも多様性を増してきている。コミュニティ・スクールがその内の一つであることは言うまでもない。

　では、コミュニティ・スクールはどのような教育政策と連動することが多いか、そのトレンドはどのようなものか。これについて、前回調査と今回調査を比較しながら検討してみるのが本章の課題である。

2. 用いる設問

　前回調査の該当設問はQ10である。これは「貴教育委員会において、以下

の制度・政策は実施されていますか。」として、12の教育政策を提示し、「実施されている」・「検討中である」・「実施されていない」・「過去に実施されていた」の4件法で尋ねるものである。

　今回調査の該当設問は、Q1である。ここでは「貴自治体の教育政策の導入状況について、各問の選択肢1～4のうち当てはまる番号を○で囲んでください。」として、13の教育政策を提示し、「現在、実施されている」・「検討中である」・「実施されていない」・「過去に実施されていた」の4件法で尋ねている。

　本章では、以下に示す11の教育政策について、前回調査と今回調査の比較を行う。これら11項目を選んだ理由は、前回調査と今回調査で同一またはほぼ同一のワーディングがなされており、比較を行う上で適切であると判断したことである[3]。

---

①学校評議員　　②学校支援地域本部　③放課後子ども教室
④学校選択制　　⑤2学期制　　　　　⑥小・中一貫教育
⑦独自学力テスト　⑧教育課程特例校　⑨土曜授業や夏休みの補習
⑩学校関係者評価　⑪学習塾との連携

　なお、具体的なワーディングについては、表7-1を参照されたい。もとより、問題文自体や、選択肢も異なっているため、比較は厳密ではないが、参考値としてその大まかな傾向性を把握することに努める。

　今回分析対象としたのは、政令市を除く市町村教育委員会である。また、今回調査では2割を超える無回答があったため、前回調査・今回調査とも、やや変則的であるが、あえて無回答を分析対象から除外した（言い換えれば、無回答を除いたものを100％と換算する形で計算した。この結果、Nは設問ごとに異なっている。第Ⅰ部第8章等と数値が異なるのはそのためである。）

第Ⅱ部　コミュニティ・スクールをめぐる諸課題の分析

表7-1　前回調査と今回調査のワーディング比較

	前回調査でのワーディング	今回調査でのワーディング
質問文	Q10「貴教育委員会において、以下の制度・政策は実施されていますか。A～Lの項目について、1～4から一つ選んで、○をつけてください。」	Q1「貴自治体の教育政策の導入状況について、各問の選択肢1～4のうち当てはまる番号を○で囲んでください。なお、類似制度とは、地教行法に定める学校運営協議会によらず学校運営に参画する協議会を有するもの（学校評議員制度を除く）のことです。」
選択肢	「実施されている」「検討中である」「実施されていない」「過去に実施されていた」	「現在、実施されている」「検討中である」「実施されていない」「過去に実施されていた」
①学校評議員	「A. 学校評議員（及びその類似制度）」	「A. 学校評議員制度(類似制度を含む)」
②学校支援地域本部	「B. 学校支援地域本部」	「B. 学校支援地域本部等」
③放課後子ども教室	「C. 放課後子ども教室」	「C. 放課後子ども教室」
④学校選択制	「D. 学校選択制」	「D. 学校選択制」
⑤2学期制	「E. 2学期制」	「E. 2学期制(義務教育学校)」
⑥小・中一貫教育	「F. 小・中一貫（連携）教育」	「F. 小・中一貫・連携教育」
⑦独自学力テスト	「G. 教育委員会独自の学力テスト」	「G. 教育委員会独自の学力テスト(業者委託を含む)」
⑧教育課程特例校	「I. 教育課程特例校」	「I. 教育課程特例校制度」
⑨土曜授業や夏休みの補習	「J. 土曜日授業や夏休みの補習」	「J. 土曜日学習や夏休みの補習」
⑩学校関係者評価	「K. 学校関係者評価」	「K. 学校関係者評価」
⑪学習塾との連携	「L. 学習塾との連携」	「M. 学習塾・業者との連携」

3. 分析

　コミュニティ・スクールとその他の教育政策の連動性を把握するため、本章では所管学校にコミュニティ・スクールの指定がある自治体（「CS あり自治体」）と、所管学校にコミュニティ・スクールの指定がない自治体（「CS なし自治体」）との間で、各種の教育政策の実施率[4]がどの程度異なっているかを検討する[5]。ある政策の実施率が「CS なし自治体」より「CS あり自治体」においてより高かった場合、当該政策とコミュニティ・スクールの間に連動性があることになる。

　コミュニティ・スクールの有無別にみた各種教育政策の実施率を表 7-2 と図 7-1 に示した。

　これらから、コミュニティ・スクールとその他の教育政策の連動性を読み取るが、その前に、コミュニティ・スクールの有無を一旦措いて、各種教育政策の状況を概観しておく。

　第 1 に、全体として各種の教育政策がどの程度広まっているか確認する。比較的普及しているのは、①学校評議員（前回調査で 90.8％、今回調査で 84.2％）、③放課後子ども教室（同 74.5％、67.7％）であった。これに対して、②学校支援地域本部（45.5％、44.6％）も両年度において 5 割に近い値、⑤ 2 学期制、⑥小・中一貫教育、⑦独自学力テストは 2 割〜4 割である。これに対して、⑪学習塾との連携、⑧教育課程特例校、④学校選択制などは、1 割前後にとどまった。

　第 2 に、前回調査と今回調査での実施率の推移に着目してみると、大きく実施率が上昇したのは、⑩学校関係者評価（前回調査で 1.5％ → 今回調査で 82.3％）と、⑨土曜授業や夏休みの補習（同 2.0％ → 58.3％）である。⑩については、学校評価ガイドラインの数次にわたる改訂など、学校評価に関する規定の整備が求められてきたことに呼応した結果であろう。⑨については、2011 年度から実施されている現行学習指導要領における時数増加に対応する動きがあったことに加え、2013 年 11 月に学校教育法施行規則が改められ、設置者の判断により土

第Ⅱ部 コミュニティ・スクールをめぐる諸課題の分析

表7-2 コミュニティ・スクールの有無別にみた各教育政策の実施率（前回調査（2011 年度）と今回調査（2015 年度）の比較）

各政策の実施割合	①学校評議員		②学校支援地域本部		③放課後子ども教室		④学校選択制	
	2011 年	2015 年	2011 年	2015 年	2011 年	2015 年	2011 年	2015 年
所管学校に CS の指定がある市町村教委	80.2 (101)	69.6 (181)	61.4 (101)	60.2 (181)	76.0 (100)	76.1 (180)	18.8 (101)	15.0 (180)
所管学校に CS の指定がない市町村教委	91.9 (959)	86.8 (988)	43.8 (947)	41.7 (985)	74.4 (952)	66.1 (984)	10.0 (956)	6.4 (983)
全体	90.8 (1060)	84.2 (1169)	45.5 (1048)	44.6 (1166)	74.5 (1052)	67.7 (1164)	10.8 (1057)	7.7 (1163)

各政策の実施割合	⑤2 学期制		⑥小・中一貫教育		⑦独自学力テスト		⑧教育課程特例校	
	2011 年	2015 年	2011 年	2015 年	2011 年	2015 年	2011 年	2015 年
所管学校に CS の指定がある市町村教委	34.7 (101)	20.0 (180)	43.6 (101)	58.7 (179)	41.4 (99)	49.4 (180)	3.0 (101)	27.8 (180)
所管学校に CS の指定がない市町村教委	22.0 (956)	17.8 (980)	36.6 (959)	38.0 (979)	23.9 (957)	39.5 (982)	1.8 (949)	11.1 (978)
全体	23.2 (1057)	18.1 (1160)	37.3 (1090)	38.0 (1158)	25.5 (1056)	41.0 (1162)	1.9 (1050)	13.7 (1158)

各政策の実施割合	⑨土曜授業や夏休みの補習		⑩学校関係者評価		⑪学習塾との連携			
	2011 年	2015 年	2011 年	2015 年	2011 年	2015 年		
所管学校に CS の指定がある市町村教委	3.8 (104)	65.2 (181)	3.8 (103)	90.6 (181)	2.8 (104)	8.4 (179)		
所管学校に CS の指定がない市町村教委	1.8 (956)	57.1 (980)	1.3 (964)	80.7 (977)	1.2 (956)	7.4 (980)		
全体	2.0 (1060)	58.3 (1161)	1.5 (1067)	82.3 (1158)	1.4 (1060)	7.6 (1159)		

※単位は %
カッコ内は無回答を除いた N

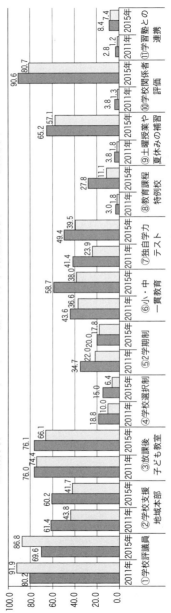

図7-1 コミュニティ・スクールの指定がある区市町村の教育政策の実施率（前回調査（2011 年度）と今回調査（2015 年度）の比較）

曜授業を行うこと可能であることがより明確化されたことが背景にあると考えられる。なお、実施率の上昇が10%程度だったのは、⑦独自学力テスト（25.5%→41.0%）、⑧教育課程特例校（1.9%→13.7%）である。

それでは、本題であるコミュニティ・スクールとその他の教育政策の連動性についてはどうだろうか。

第1に、概して、「CSあり自治体」の方が「CSなし自治体」よりも、その他の各種政策の実施率が高い。「CSあり自治体」は、近年進められている他の教育政策にも積極的な自治体であるという可能性、あるいは、コミュニティ・スクールと他の教育政策は概して連動し、相乗効果が期待されているという可能性が示唆される。

第2に、「CSあり自治体」「CSなし自治体」を比べた時、前者において特に実施率が高いのは次の政策である。②学校支援地域本部は、「CSあり自治体」において実施率が高く、その差は前回調査では17.6%、今回調査では18.5%であった。また、⑥小・中一貫教育も、「CSあり自治体」において実施率が高く、その差は前回調査では7.0%、今回調査では20.7%だった。これらの政策は、コミュニティ・スクールとの連動性が高まっているといえる。

第3に、⑤2学期制と⑦独自学力テストでは、「CSあり自治体」の方が実施率が高かったが、その傾向は前回調査より今回調査で弱まっている。⑤2学期制については、コミュニティ・スクール有無による実施率の差が12.7%→2.2%、⑦独自学力テストは17.5%→9.9%となっている。これらの政策は、コミュニティ・スクールとの連動性がもともと高くなく、それがさらに低下した。

第4に、①学校評議員が特異な布置を示していることも指摘できる。まず、全体での実施率は8〜9割と高いが、その割合は減少している。しかも「CSあり自治体」での実施率の方が低く、その差は前回調査より今回調査で拡大している。この背景には、学校評議員を発展的に解消して学校運営協議会を導入するなど、相互に置き換えあう関係にあることが考えられる。

第Ⅱ部 コミュニティ・スクールをめぐる諸課題の分析

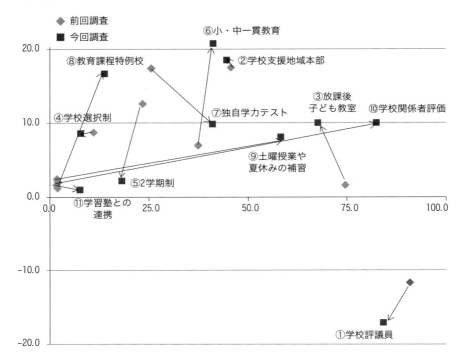

図7-2 各種教育政策の実施率とコミュニティ・スクールとの連動性
〜教育政策ごとの位置とその変化

　これらのトレンドを図示したのが図7-2である。横軸は、当該政策の実施率（単位：%）である（コミュニティ・スクール有無にかかわらず、全体の実施率を示したもの）。右の方にプロットされているほど、実施率が高いことになる。他方、縦軸は、コミュニティ・スクール有無による実施率の差（単位：%）である。上の方にプロットされているほど、「CSあり自治体」において当該政策が実施されている率がより高いことになる。

　ひし形（◆）は前回調査における各政策の位置を、正方形（■）は今回調査における各政策の位置を示している。それぞれの政策について、◆を起点、■を終点とする矢印で結んでいるが、この矢印が長い政策ほど、トレンドの変化があったということになる。

例えば、⑥小・中一貫教育は、横軸上はあまり変化していないが、縦軸方向に変化がある。つまり、全体の実施率はあまり変わっていないが、コミュニティ・スクールとの連動性は上昇したということである。同様の推移を示しているのは、⑧教育課程特例校や③放課後子ども教室である。

これに対して、⑩学校関係者評価や⑨土曜授業や夏休みの補習は、横軸上に大きく移動（右方）しており、縦軸上もやや上昇している。コミュニティ・スクールとの連動性は高まっているが、それとは関係なく、コミュニティ・スクールのない自治体でもかなりの勢いで導入が進んでいる政策であることが見て取れる。

⑦独自学力テスト、⑤２学期制、①学校評議員は、横軸上は大きく移動していないが、縦軸上は下方に移動している。全体としての実施率はあまり変わらず、コミュニティ・スクールとの連動性は低くなっている。そして学校評議員の特異な布置も見て取れる。

②学校支援地域本部、④学校選択制、⑪学習塾との連携についてほぼ移動がないのもこの間の一つの特徴であろう。

4．おわりに

以上、各種教育政策とコミュニティ・スクールとの連動性とそのトレンドを、前回調査と今回調査の比較を通して概観した。

最後にこれらを分類してまとめたい。

この間、コミュニティ・スクールとの連動性が上昇したかどうかを縦軸に、今回調査の段階において５割以上普及しているか否かを横軸にとり、２軸４象限の分類をした（図7-3）。

第１象限は、すでに一定程度普及した政策であるとともに、コミュニティ・スクールとの連動性の上昇が見られたものを示す。③放課後子ども教室、⑨土曜授業や夏休みの補習、⑩学校関係者評価が含まれる。②学校支援地域本部も、実施率が５割に近いことから、ここに含めた。

第Ⅱ部　コミュニティ・スクールをめぐる諸課題の分析

	コミュニティ・スクールとの連動性が上昇
⑧教育課程特例校 ⑥小・中一貫教育	③放課後子ども教室 ⑨土曜授業や夏休みの補習 ⑩学校関係者評価 ②学校支援地域本部
2015年度の段階で実施率5割未満	既に一定程度普及
④学校選択制 ⑪学習塾との連携 ⑦独自学力テスト ⑤2学期制	①学校評議員
	コミュニティ・スクールとの連動性が下降

図7-3　実施率とコミュニティ・スクールとの連動性からみた教育政策の分類

　第2象限はまだ普及していないがコミュニティ・スクールとの連動性は高まっているものである。⑧教育課程特例校、⑥小・中一貫教育が含まれる。コミュニティ・スクールの拡大がなされる場合、これとセットで普及が予想されるものである。

　第3象限は、5割未満の普及状況で、コミュニティ・スクールとの連動性も低くなっているものである。具体的には④学校選択制、⑪学習塾との連携、⑦独自学力テスト、⑤2学期制である。コミュニティ・スクール拡大とは別の文脈で広がりを持つにいたるのか、取り組みが一部の自治体にとどまる状況が続くの、追跡が待たれる。

　第4象限には、コミュニティ・スクールと置き換えられている①学校評議員が位置付けられた。

　これは、一定の軸によって各種政策の類似性をまとめたものとして、一つの仮説的モデルを示すものであるが、今後注目されるのは、まだあまり普及していないが、コミュニティ・スクールの拡大に伴って同時に推進される可能性が高い第2象限の政策（⑧教育課程特例校や⑥小・中一貫教育）であろう。これらがコミュニティ・スクールとどのようにかかわりあいながら展開していくのか追跡される必要があろう。

なお本章では、実施率が連動していることをもって「連動性」と呼んできたが、それが実質的にどのような関わり合いを持つのかを明確化することは、第2象限・第1象限いずれの政策においても求められる課題である。これについては他稿を期すこととする。

注
1) なお、2013年度にも日本大学（佐藤晴雄研究代表）の調査が行われているが、教育委員会調査のサンプルサイズが充分に大きくなかったため、本章の比較には用いていない
2) 前回調査については、以下の報告書を参照。『コミュニティ・スクールの推進に関する教育委員会及び学校における取組の成果検証に係る調査研究』（2011年度文部科学省委託調査研究（学校運営の改善の在り方に関する調査研究）（委託先：日本大学文理学部、研究代表：佐藤晴雄））
3) 逆に、選択されなかったのは以下の2項目である。第1に、今回調査の「L. 学校裁量予算の傾斜配分」は前回調査に類似項目がなかったため除外した。第2に、前回調査の「H. 教育委員会独自予算での教員（非常勤・フルタイム）の任用」と、今回調査の「H. 独自予算での教職員（非常勤を含む）の任用」も除外した。「教員」と「教職員」の差異があり、意味が大きく異なると判断したためである。
4) 各種の教育政策の実施率は、「実施されている」（前回調査）・「現在、実施されている」（今回調査）の割合とした。
5) なお、(A)については、地方教育行政の組織及び運営に関する法律第47条の5（当時）に基づく学校運営協議会を、所管学校のうち1校以上に置いている自治体を指す。他方、(B)はそれ以外とする。言い換えれば、(A)には、コミュニティ・スクールの指定について「検討中」や「類似制度あり」とした自治体は含まれないことになる。

（仲田　康一）

第Ⅲ部
事例校にみるコミュニティ・スクール導入の過程と成果・課題

第1章　北海道安平町のコミュニティ・スクール
―持続的な学校応援団機能を重視したコミュニティ・スクール―

1. 安平町の概要

　北海道勇払郡安平町（あびらちょう）成立の歴史は少し複雑である。1900（明治33）年、苫小牧村から分村して安平村を開村したが、1952（昭和27）年には追分地区が安平村から分村して追分村となった。次いで1953（同28）年には追分村が町制を施行。1954（同29）年には安平村が早来村と改称し、さらに1957（同32）年には早来町となった。

　そして、2006（平成18）年3月27日、追分と早来の両町は53年の歳月を経て合併して安平町が成立し今日にいたっている。

　基幹産業は農業で、特に遠浅地区の乳牛、ブランドの「アサヒメロン」、競走馬の生産が有名である。また、新千歳空港や苫小牧東部工業地域に隣接しているため工業誘致にも積極的に取り組んでいる。

　総人口は8,274人（2017年3月31日　住民基本台帳人口）である。

　町内の学校数は小学校4校、中学校2校で、これら6校の全てがコミュニティ・スクールに指定されている。また、高校は道立追分高校がある。

2. 安平町におけるコミュニティ・スクールへの取り組みの経緯

　安平町におけるコミュニティ・スクール導入に至る経過等は以下に述べるとおりである。

（1）コミュニティ・スクールへの取り組み開始とそのねらい

　安平町におけるコミュニティ・スクールへの取り組みは、2012（平成24）年

度の教育行政執行方針に「コミュニティ・スクール（学校運営協議会制度）を2013（平成25）年度中に導入できるよう調査研究を進め、その準備を行う」という内容が盛り込まれたことから始まった。

同町がコミュニティ・スクールの導入にいたったねらいは、第一に2町の合併による安平町成立に伴って生じた課題を解決するためであった。すなわち、鉄道とアサヒメロン栽培とともに歩んできた「追分」と、畜産業などを中心に繁栄してきた「早来」というぐあいに、主要産業をはじめとする町の歴史等が異なる2町による合併だったため、他の多くの合併町村と同様に旧町の枠組み意識が根強く残り、町民の融和や活動の連携が思うように進まないことが大きな課題となった。そのため、教育委員会は「安平町は人間をつくる大きな学校」という発想で、地域の物的・人的資源を積極的に活用することにより「ふるさと安平町」を体感できるよう「ふるさと教育・学社融合事業」に取り組み、これらの活動をさらに充実させる仕組みとしてコミュニティ・スクール導入が有効だと考えたのである。

いま1つのねらいは、町教育委員会が目標としているにもかかわらず、学校教育現場の取り組みが思うように進展しなかった「開かれた学校づくり」「地域総がかりの教育」推進の突破口とするためであった。すなわち、単なる事業ではなく法律に基づく制度を活用することで「開かれた学校づくり」を具体化し、教育長が代わっても、校長が交代しても、まちづくりの視点から町の有する豊かな教育力を活用した「開かれた学校づくり」を目指す取り組みが持続できるよう、確かな仕組みづくりをすることであった。

(2) 安平町における学校運営協議会制度の概要

同町による学校運営協議会設置の根拠となっている「安平町学校運営協議会要綱」（平成25年3月26日安平町教育委員会訓令第1号）の主要な内容は以下の通りである。

第1章　北海道安平町のコミュニティ・スクール

①協議会の趣旨
　協議会の趣旨については次のように定められている。
「協議会は、学校運営に関して安平町教育委員会及び校長の権限と責任の下、保護者及び地域住民が学校運営への参画の推進や連携強化を進めることにより、学校と保護者、地域住民等と信頼関係を深め、一体となって学校運営の改善や児童生徒の健全育成に取り組むものとする」（同要綱第2条）。

②協議会の委員
　協議会委員の定数や選任については次の通りである。
「協議会の委員は10名以内とし、次に掲げる者のうちから、教育委員会が任命する委員をもって組織する。
　（1）保護者　（2）地域住民　（3）当該指定学校の校長及び教職員　（4）学識経験者　（5）関係行政機関の職員　（6）その他、教育委員会が適当と認める者」（同要綱第4条）
　また委員の任期は2年で、無報酬だと定められている。

③協議会の権限
　協議会が有する権限等については次のように定められている。
「協議会は、校長が作成した次に掲げる事項について教育基本方針を承認する。
　（1）教育目標及び学校経営計画に関すること。（2）教育課程の編成に関すること。（3）組織編成に関すること。（4）予算執行に関すること。（5）施設管理及び施設設備等の整備に関すること。」（同要綱第10条第1項）
「協議会は、当該指定学校の学校運営に関する全般について、校長又は教育委員会に意見を具申することができる。」（同要綱第10条第2項）
　なお、同要綱には、コミュニティ・スクールへの警戒感や抵抗感のもとになっているなどと指摘されてきた「教職員の任用に関する意見具申権」について明記されていないことが注目される。同町教育委員会はこの点について「法律に基づく権限を教育委員会訓令の設置要綱で排除する意図は全くない。校長が作成した基本方針案に関連して、例えば組織編成等に関する議論の中

で検討された結果、必要があれば任用に関する意見具申が行われることもあるのは当然のことだと考えている」と説明している。

④学校運営に関する評価―学校評議員制との関連―

協議会は学校運営に関する評価の役割をも担うとして、要綱に次のように規定されている。

「協議会は、学校運営状況の評価を年1回行うとともに、保護者や地域住民に対して活動状況を公開するなど情報発信に努めなければならない」（同要綱第11条）。

こうした措置に伴い、学校評議員制度は廃止された。しかし、多くの協議会では現在、当面の継続性を重視して、全委員中2～3名は学校評議員経験者が選任されている。

(3) 普及啓発活動強化とモデル校の指定

町教育委員会は、前述した「教育行政執行方針」に明記された2013（平成25）年度からの学校運営協議会導入の準備として、2012（平成24）年度末に設置要綱を制定した。次いで、2013年度当初の4月、10ページにわたる主に教職員向けの普及啓発資料「安平町が目指すコミュニティ・スクールについて」を発行した。

同資料では、まず表紙にあたる1ページ目に「安平町の基本方針」として、「学校応援団として機能する『コミュニティ・スクール』の推進」と「ふるさと教育・学社融合事業のさらなる充実を目指す仕組みづくり」が明記されている。

そして、2ページ以降では、「背景」として協議会導入のねらいを説き、「安平町が目指すコミュニティ・スクール【イメージ】」を図示して解説を加えている。さらに、「コミュニティ・スクールQ＆A」では多くの人が疑問を持ち知りたいと思われるような項目を選び、分かりやすく解説している。例えば、「すでに導入している学校における成果と課題を具体的に教えて下さい」との設問では、行政、学校運営、教職員、組織・地域・保護者のそれぞれにとって

の成果と課題について、具体的で分かりやすく答えている。

そして、「むすびにかえて」では、モデル校の指定とそこでの実践を踏まえ全校でのコミュニティ・スクール指定を目指す、との町教育委員会の基本方針を明示し、教職員が積極的な研修等により制度の趣旨や町教育委員会が目指す導入のねらいを理解するよう求めている。

こうした取り組みを続けつつ町教育委員会は2013（平成25）年7月、町立追分小学校を町村では初のコミュニティ・スクールに指定した。これは町内全校をコミュニティ・スクールにするためのモデル校との位置づけであった。

3. コミュニティ・スクールとしての取り組み内容

安平町におけるコミュニティ・スクールとしての具体的な取り組みの内容について、指定から5年目を迎えた追分小学校を例として述べる。

（1）運営協議会の組織や開催状況等
①協議会委員の構成
2016年度の委員は前述した設置要綱に即した構成になっており、区分別にみると地域住民5名、保護者（ＰＴＡ会長）1名、学識経験者として追分中学校長と追分幼稚園長の2名、指定校の校長、関係行政機関の職員として町教育次長、合計10名である。このうち3名が元学校評議員である。

②開催状況と主な案件
協議会の開催回数は、年度途中の7月に指定された2013年度のみ4回と例外だったが、その後は毎年5回開催を通例としている。

年5回開催になって以後の主な協議案件をみると、5・6月に開催されることが多い第1回目は「学校経営・教育活動全般について」や「学校運営協議会の主体的な取り組みについて」などが目立つ。2〜3回目では「全国学力・学習状況調査の結果について」や「いじめ調査の結果について」、「学校応援団アシスト隊について」などが目立っている。また、2月に開催されることが定例

化している4回目では「学校関係者評価の結果について」協議されることが多い。そして、毎年3月に開催される5回目では「次年度の学校経営方針について」協議されている。

　注目すべきは、町教委が2018年度から小中一貫教育に取り組む計画を明らかにしていることや、後述する学校応援団アシスト隊の充実のためには小中連携が不可欠だとの考えに基づき、2015年度の第5回目からは小中合同協議会とし、2016年度は5回の全てが合同で開催されたことである。合同開催されるようになってからの協議案件は、当然のことながら「追分小中学校応援団アシスト隊について」や「追分地区小中一貫教育について」などが増えた。

　協議会の運営は教頭の所管事項としているが、校務分掌への明確な位置づけは今後の課題だという。また、2014年度から全教員が年1回は必ず協議会に参加することを原則としており、委員からは好評だという。

(2) 運営協議会から生まれた主な具体的活動と成果
　　　―読書活動推進を中心に―

　安平町の運営協議会が学校の運営等について意見を述べるだけではなく、具体的学校応援活動を推進することを大切な役目としていることは既に述べた。協議会がその趣旨にそって活動した結果として生み出された成果は色々あるが、特に興味深い2つの取り組みについてのみ述べる。

①読書活動推進と学校図書館整備

　その1つは、読書活動の充実に関するものである。2013年度における追分小学校の協議会で、全国学力・学習状況調査の結果が案件とされ、学校側から「国語の読解力が弱い」との説明を受けた際、委員から「読書活動を充実すべきだ」と意見が出されたのを契機として、読書をする児童を増やすため翌2016年度には道立図書館事業のブックフェスティバルを開催するとともに、学校図書館サポートブックス事業（朝読・昼読など）を実施した。これらの事業実施に当たり地域住民等が様々な支援活動をした。

　2017年度には学校図書館整備のため、図書館担当の事務職員1名の加配に

より蔵書のデータベース化を行い、追分中学校や公民館図書室とのオンライン化に向けた準備が進んだ。この結果、追分小学校における図書の貸出冊数は2014年度2916冊（児童1人あたり約20冊）が、2015年度には4337冊（同約30冊）、2016年度は約5227冊（同約38冊）と急増した。こうした1協議会で意見が出されたことを契機に始まった取り組みは、町内の他校へも順次拡大された。

②学校応援団「アシスト隊」の立ち上げ

アシスト隊とは、協議会委員が学校応援団員であることはもちろんだが、その他地域の主な事業所で学校の応援に賛同してくれる人を募り隊員として登録し、学校支援の活動をしていただくものである。

アシスト隊の応援内容は、学校行事への参加・協力や児童・生徒の社会参加活動への協力などである。このようなアシスト隊の活動により、学校応援団の体制をいっそう強化するとともに、地域住民のコミュニティ意識を強化する契機にしようとするものだ。

2014年度第4回追分小学校運営協議会の案件として初めて議論され、次の第5回、2015年度の第1回からは中学校をも含めた「追分小・中学校応援団アシスト隊について」として議論が続けられ、第5回からは小中合同運営協議会の中で詰めの議論が続けられた。さらに、2016（平成28）年6月には小中学校の校長・教頭、委員各2名、合せて8名により「アシスト隊立ち上げの作業部会」をつくり具体的な検討を進め、同7月の第2回協議会で最終決定。次いで、協議会委員等が分担して事業所・団体に出向いて説明し登録を依頼する活動を続け、2017年度に立ち上げた。現在は、隊のさらなるパワーアップを目指して協力事業所を増やすとともに、個人登録の取り組みを検討している。

また、追分中学校に隣接する形で整備された「おいわけ子ども園」にも、2017（平成29）年7月31日付けで「おいわけ子ども園運営協議会」が設置されたことから、おいわけ子ども園を含めたアシスト隊の取り組みを目指している。

第Ⅲ部　事例校にみるコミュニティ・スクール導入の過程と成果・課題

4. 取り組みの成果と課題

　取り組みの主要な成果と課題は、町教育長と校長等から聞き取った内容を参考にして整理すれば次のとおりである。

(1) 取り組みの主要な成果
　①協議会委員の助言や支援活動により、読書活動やふるさと教育など、特色のある学校づくりが推進できた。
　②校舎内外の教育環境の整備が進んだ。
　③学校と地域との情報共有が進み、学校と地域の連携協働体制作りが進んだ。

(2) 残された主な課題
　①様々な工夫を凝らしながらコミュニティ・スクールに関する広報活動を行っているが、地域や保護者の認知度がなかなか高まらない。
　②学校応援団アシスト隊が実現すれば、その活動に関する連絡調整等の事務量が増加することは確実である。学校の担当者や地域側の担当者及びその両者間のコーディネート役の配置など組織体制の整備が課題となる。
　③学校運営協議会が期待される成果をあげ、持続可能なものとするためには協議会そのものの活動を評価し、それを次の活動に反映させるシステムの構築が必要である。

5. 安平町における取り組みから学ぶべきこと―まとめに代えて―

　安平町におけるコミュニティ・スクールへの取り組みは追分小学校のモデル指定から始まり短期間で全校指定まで進み、今や公立のみならず民間の認定こども園にまで拡大した。さらに、これまでの取り組みを踏まえ、ごく自然な流れで学校運営協議会も関与しながら2018年度から小中一貫教育のモデル校に

よる取り組みを開始する準備が進んでいる。

　こうした安平町による取り組みの特色は、教育長の強力なリーダーシップに基づき、教育委員会による学校への指導・援助がぶれることなく一貫して行われていることだと思われる。しかも、取り組みに際してはモデル校での実践を通じて、望ましい手法等を探り、課題とその解決策を整理・検証したうえで実施校を拡大していくという手法をとっていることである。

　また、協議会で提言され実現のために教育委員会の取り組みが求められことは、その実現に最大の努力を払うことを繰り返してきたことも注目すべきことだと考える。

　「協議会委員がせっかく提案しても、ちっとも結果が出なければ、たちまち活動意欲を失う。それは、コミュニティ・スクールを無意味なものにする」とは、教育長と教育次長が繰り返し口にされた言葉である。

参考文献
「安平町が目指すコミュニティ・スクールについて」(安平町教育委員会　2013年4月)
豊島滋「学校応援団として機能する『コミュニティ・スクール』の推進」(第一法規「教育委員会月報」2016年8月号)
北海道教育庁学校教育局「ＣＳ通信」№9 (同教育局　2017年2月)

(高橋　興)

第 2 章　甲斐市のコミュニティ・スクール
―山梨県最初のコミュニティ・スクールの導入過程と成果―

はじめに

　山梨県は、相互互助組織「無尽」等の伝統が今日も根づいている地域である[1]。そうした風土のせいか、コミュニティ・スクール導入に関しても「学校と地域の連携はよくとれている」という声が多く聞かれ、導入に必ずしも積極的な県とはいえない。2017（平成29）年4月1日現在、8校の導入に留まっており、小・中学校・義務教育学校における導入率は3.1％である。その意味で、コミュニティ・スクール導入については「不要感」[2]の強い地域であり、コミュニティ・スクール「後発」自治体[3]として大まかに区分できる。

　こうした風土の下で、甲斐市にある双葉西小学校は、山梨県最初の学校運営協議会制度導入校となった。山梨県において甲府市の次に人口が多い甲斐市（2017年6月末時点で75,453人）は、国の事業を活用して、大学の教員を活用した第三者評価を行うなど様々な教育改革に積極的に取り組む革新的な指向をもつ地域であり、山梨県内のコミュニティ・スクール導入の先鞭もつけることになったのである。具体的に、甲斐市立双葉西小学校は、2010（平成22）年度及び2011（平成23）年度に文部科学省の「コミュニティ・スクール（学校運営協議会制度）の推進への取組」の研究指定校となり、2012（平成24）年度に山梨県最初のコミュニティ・スクールに指定された。

　筆者は、この間、2010（平成22）～2011（平成23）年度は推進委員長として、2012～2013年度は学校運営協議会委員として関わった。本稿では、双葉西小学校の実践に関わらせていただいた筆者の視点から、主に2010～2012年度までのコミュニティ・スクール導入過程を概観し、本事例の成果と課題について考察する。

第 2 章　甲斐市のコミュニティ・スクール

1. コミュニティ・スクール導入過程とその留意点

　表 2-1 は、2010（平成 22）年度から 2013（平成 25）年度までの双葉西小学校におけるコミュニティ・スクール関連の動きを概観したものである。
　4 年間で 3 名の校長が異動していること（平成 26 年度までみれば 5 年間で 4 名異動）、2012（平成 24）年度のコミュニティ・スクール指定に向けて、学校応援団組織（学校支援地域本部事業）の立ち上げが起点になっていることが特徴的である。

表 2-1：双葉西小学校におけるコミュニティ・スクール関連の主な動き
（平成 22 年度～平成 25 年度）

```
平成 22 年度：A 校長
　4 月：文部科学省研究指定校（2 年間）となる
　6 月：運営協議会推進委員会設置（基礎研究・先進校視察・教材開発）
　　　　文科省事業委託要項の確認、五反野小学校視察、修善寺南小学校視察
平成 23 年度：B 校長
　4 月：学校応援団組織立ち上げ
　6 月～学校運営協議会規則案（市）、双葉西小学校学校運営協議会要綱案の作成・検討
　7 月：学校支援地域会議設立
　12 月：おやじの会、ママの会始動
平成 24 年度：B 校長
　4 月：甲斐市教育委員会指定コミュニティ・スクールとなる
　6 月：第 1 回運営協議会（年 6 回開催）
　1 月：コミュニティ・スクール公開研究会
平成 25 年度：C 校長
　4 月：文科省研究指定校（B-2）となる
　5 月：第 1 回運営協議会（年 5 回開催）
　11 月：140 周年記念式典
```

(1) 情報収集期

　2010（平成 22）年度は、文科省から事業委託された内容（要項）を確認しつつ、五反野小学校や修善寺南小学校の視察を行う中で、双葉西小学校の方向性を探った時期である。双葉西小学校が研究指定校になったいきさつははっきりしな

いが、前述したように甲斐市が第三者評価など教育革新に関わる事業に積極的な市であり、双葉西小学校が学校と家庭・地域の連携がよくとれている学校であったことが主な要因であると思われる。

結成された推進委員会のメンバーは、大学教員が2名、学校評議員を兼務する地区民会議会長、学校評議員、PTA会長、PTA副会長など保護者・地域の代表が4名、校長を含む教員が4名、教育委員会の指導主事が2名という構成（合計12名）であり、後に導入された学校運営協議会の主要メンバーになる。

学校視察だけでなく、東京で開催された「コミュニティ・スクール推進協議会」への参加など様々な機会において情報が収集され、推進委員会で報告、検討された。その中で、委員に最もインパクトが強かったと思われるものが、2004（平成16）年の地教行法改正に基づく我が国最初の学校運営協議会を導入した足立区立五反野小学校の参観である。この参観は、筆者のアドバイスにもよるが、当時の参加者のメモ等を含んだ報告をみると、「校内に入るとまるで職員のようにボランティアの方がいた」など、校内に当たり前のように学校支援ボランティアがいる風景に驚いていた様子がわかる。双葉西小学校もゲスト講師として地域人材が学校に入って授業に協力していたが、教職員と同じように児童に関わるボランティアの姿、人数の多さは予想外だった。そして、学校理事会が管理運営上の意思決定機関であるということに「双葉西小学校も大変な制度を導入されたものだ」と後の学校運営協議会会長は感想を述べている。

こうした参観や情報収集を通して、学校運営協議会第3回推進委員会（平成22年12月7日）の議事録には、（学校運営協議会制度導入によって）「特にうまくいく点」として、3点まとめられている。

①地元の人々が、先輩・後輩の関係で年齢層を超え機能できている。

②保護者への理解については、うまくホームページを利用し情報を共有できている。

③先生方も地域との交流を通じ溶け込むことにより、保護者からの理解を得ている。

ただ、「今後について」として、第一番目に挙げられているのは、「双葉西小

でも新たな組織や取組をするのではなく、現存する地域とのふれ合い活動を基礎としてそれを進化発展させ、今後コミュニケーションスクール（ママ）として研究推進していくことが望ましい」という一つの結論であった。元々、学校と家庭・地域とのつながりがよい双葉西小学校において、「新たな組織や取組」としての学校運営協議会制度の導入に慎重な姿勢は変わらなかったのである。

(2) 新しい校長の赴任とコミュニティ・スクールの指定

　こうした壁を打ち破る要因の一つは、新しい校長の赴任であった。県内でいわゆる革新的な風土があるといわれていた地域から、ある意味で落下傘的に新たに赴任したB校長は、研究推進校に指定された学校の7割がコミュニティ・スクールの指定を受けているという事実を前提に、学校運営協議会制度導入に向けて活動を加速させていく。

　2011（平成23）年6月27日に開催された推進委員会に学校から配布された「コミュニティ・スクール研究校の計画書」には、既に「平成24年4月1日に学校運営協議会を置く学校（コミュニティ・スクール）としての指定予定」と明記されており、B校長がコミュニティ・スクールへの指定について強い使命感をもって赴任されていたことが推察される。

　B校長は、地域・保護者対象アンケートを実施し（5月～6月）、教職員には、職員会議において「日々の授業のなかに地域や保護者の願いが実現されるような取組を行う」ことで「地域と共につくる学校」のあるべき姿を研究し、それをもって「学校の特色」とすることを明示した。元々、学校と家庭・地域との関係は良好で、授業にもゲスト講師として家庭や地域の人材が活用されていたが、さらにそうした活動を活発にするために、学校応援団の組織や学校評議員・学校応援団代表・PTA本部役員からなる「学校地域支援会議」を立ち上げた。

　「学校地域支援会議」は、双葉西小学校の児童を、豊かに育むため、地域の教育力を生かすネットワークの要的役割をもっており、学習支援部会、体験活動支援部会、安全支援部会、子育て支援部会、環境整備支援部会の5つの部会を束ねる会議である。2012（平成24）年1月19日に開催された公開シンポジ

ウムにおいて、B校長は、県、市においても必ずしもコミュニティ・スクールの指定について積極的な意見が聞かれない中で、指定に向けて活動できたのは、地域・保護者対象のアンケートで、学校が目指す教育目標と同じ願いを確認できたことと「学校地域支援会議」の方々の「学校や子どものためなら何でもやる」という力強い応援であったことを報告している。その意味では、山梨県最初のコミュニティ・スクールは、校長のリーダーシップと「学校地域支援会議」を中心とした保護者や地域住民のボトムアップ的支援が原動力になったと言ってよい。

(3) 学校運営協議会規則と学校運営協議会要項にみるコミュニティ・スクールの姿

①地域住民・保護者に厚い委員構成

こうした取組の延長線上に、学校運営協議会の委員構成が検討され、最終的に（規則上は）15名となった。甲斐市学校運営協議会規則7条（平成24年4月1日施行）では、学校運営協議会の委員構成について以下のように規定されている。

> 第7条　協議会の委員は、15人以内とし、次の各号に掲げる者のうちから、教育委員会が任命する。
> (1) 校長が推薦する者で、次に掲げるいずれの要件を満たす者
> ア　指定学校の通学区域内の住民
> イ　指定学校に在籍する児童又は生徒の保護者
> (2) 指定学校の校長
> (3) 指定学校の教職員
> (4) 識見を有する者
> (5) 関係行政機関の職員
> (6) その他教育委員会が適当と認める者

しかし、実際に、2012（平成24）年度の委員会は、大学教授1名、地域代表

1名、山梨県教育委員1名、学校支援地域会議代表1名、全CS推進委員会代表2名、PTA会長・OB3名、ママの会代表2名、民生委員・児童委員1名、甲斐市教育委員会指導主事2名、学校代表4名（校長・教頭・教務主任・研究主任）、学校支援地域会議代表4名の22名で開催された。「学校地域支援会議」との関わりを重視するなかで、「校長が推薦する」地域住民や保護者の位置づけが重視された委員構成となったのである。

②「校長の求めに応じ」た職員の採用・任用についての意見の申し出

甲斐市学校運営協議会規則第5条には、職員の採用その他任用に関する事項に対する意見の申出について次のように規定されている。

> 第5条　協議会は、指定学校の運営に関する事項について、教育委員会に対して意見を述べることができる。
> 　2　協議会は、指定学校の職員の採用その他の任用に関する事項について、教育委員会に対して意見を述べることができる。
> 　3　協議会は、前2項の規定により教育委員会に対して意見を述べるときは、あらかじめ、指定学校の校長の意見を聴取するものとする。

興味深いのは、双葉西小学校運営協議会要項における「趣旨」と関連づけて、教職員の採用・任用の規定が設定されたことである。

双葉西小学校運営協議会要項第3条には次のように運営協議会の「趣旨」が規定されており、「校長の求めに応じ」という文言を入れることで、学校運営の自律性を尊重した職員の採用・任用に関する規定になっている。

> 第3条（趣旨）
> 　本会は本校の教育活動について承認し（甲斐市学校運営協議会規則第4条第1項）運営及び職員の任用に関する事項について校長の求めに応じ意見を述べる。（同第5条第1項および第2項）。さらに学校運営について地域住民の理解・協力・参画を促進し（同第2条）、情報の発信に努める。（同第18条第2項）

2017（平成29）年4月の地方教育行政の組織及び運営に関する法律の改正（第47条の6）においても、教職員の任用に関する意見を対象にすることは抵抗感があることから教育委員会規則で定めるとされたが、本事例では、学校と保護者、地域住民等の信頼関係を深めるためには相互理解が求められ、そのためには参画する手段としての教職員の任用に関する意見が必要とされることを踏まえた規則や要綱の規定となった。ただし、その一方で、学校の内規で「校長の求めに応じ」学校長の権限と責任を明確にしながら学校運営協議会の意見の申し出を認めたのである。すなわち、個別学校経営の自律性を担保にしたガバナンス改革である。こうした規定は、コミュニティ・スクール導入について「不要感」の強い「後発」自治体においてガバナンス改革をどう具現化するかを象徴する規定の仕方といえるかもしれない。

③学校関係者評価のさらなる活性化に寄与する学校運営協議会

 2011（平成23）年11月30日の推進委員会において、コミュニティ・スクールに関する調査研究について、主に校長による検証として、以下の3点があげられた。

 a. 先進事例に関する調査研究については情報収集・整理がされたが、全教職員共通の情報とならなかった。

 b. 学校評価の在り方については未だ手をつけていない。

 c. 学校応援団という形での協力や理解にとどまり、学校運営協議会制度についての理解が進まないという見方もある。

 このうち、学校評価については、学校関係者評価だけでなく、大学の教員を活用した第三者評価も行われてきた地域、学校であったために、これまでの学校評価をコミュニティ・スクール導入後にどのように発展させるかが課題となった。結果的に、それまで学校関係者評価に関わってきた学校評議員会を残しつつも、学校評価に関する機能は学校運営協議会の仕事として発展的に解消することで、より実効性のある当事者意識をもった学校関係者評価が行われることになった。学校関係者評価評価とコミュニティ・スクールとの関連づけについては、今日、当たり前に捉えられているが、本事例においては第三者評価と

第2章　甲斐市のコミュニティ・スクール

も密接に結びついている。

2. 成果と課題—学校と家庭・地域の連携をさらに深めるボトムアップ型学校運営協議会—

2年間の調査研究指定校事業を終えた段階で、成果として挙げられたのは以下のようなことである。

・地域を挙げての学校支援の機運が高まった。
・学校応援団の組織化に伴い、学校を基地としたシニア世代の交流が始まった。
・シニア世代の学校支援の姿勢に保護者世代が良い刺激を受け、PTA活動への参加度が高まった。
・地域教材を扱った授業内容が充実し、児童の地域への関心が高まった。
・地域行事への児童の参加が増えた。
・地域の人々との交流が挨拶運動にも良い効果を醸し出した。
・教員と地域住民の触れ合いにより交流が増え、互いに親しみを持つようになった。
・学校運営協議会での話し合いがPTAや地域活動への提言として発信された。
・オヤジの会の発足により学校行事への父親の参加が増えた。
・学校への苦情が減った。

指定校になる前の段階から、シニア世代との交流が起点になって保護者との交流が進んだことに成果をみているが、その後、コミュニティ・スクールに指定されて1年経た段階で住民の学校活動への参画は目に見える形で進んだ。

6回の運営協議会を開催し、運営協議会では学校の運営方針や予算、学校評価などを承認したほか、通学路の安全確保に向けた市教委への陳情活動も行っ

た。学校支援地域会議と学校応援団も積極的に学校活動に参加し、応援団メンバーによる出前授業のほか、授業参観中の未就学児の一時保育やプール清掃、校庭の整備などに取り組んだ。こうした活動は、もともと、この学校が家庭、地域との連携が大変よくできており、それが授業など学校の教育活動にもしっかり反映されていたことから以前と大きく変わらないという見方もできるが、PTA会長の「以前に比べ、学校の子どもたちと関わる時間が増えた。多忙さや予算の仕組みなど、学校の実情も理解できた」という評価（山梨日日新聞、2013年6月4日朝刊）にもあるように、学校の目標や実態の認識を踏まえた当事者性をもった関わりという質の変化を伴っている。また、教員からは、「ゲスト講師を捜したり、お呼びしたりするときに探すのが難しい」という声がコミュニティ・スクール導入前にあったが、導入後は、「すぐ、とてもいい人材が見つかるようになった」という声も聞かれ（校内研修での筆者の聞き取り）、学校運営協議会の設置がこれまであった双葉西小学校の地域に立脚した教育活動の幹をさらに太くするために機能したことがみえてくる。

　毎年11月に開催される西小祭りには、子どもたちを中心とした元気な発表だけでなく、体育館一杯の保護者、地域住民の方々の活気に驚かされる。もともとこうした活気のある学校ではあったが、毎年増える参加者の姿、その内容の充実に、これまでの活動をさらに強く後押しし、課題をうまく乗り越える力や知恵が学校運営協議会の導入をきっかけに生まれているように思われる。

　ただ、その一方で、学校の事務量増加は否定できず、コミュニティ・スクール導入の段階で、地域コーディネーターと専任スタッフ（教員）が要請されたが、職員の配置は認められなかった。結局、2013（平成25）年度に新たな校長のもとで、文部科学省の「コミュニティ・スクールのマネジメント力の強化に関する実践研究」指定校になり、事務職員1名が加配されることになった。全国的に見ても学校事務職員がコーディネーターをしているところは少ないが、本事例では事務職員の加配の下、もう一人の事務職員がコーディネーターとして学校と地域との連携において効果的に活動することで教師の多忙感がなくなったことが報告されている。現在、事務職員の加配はなくなったが、甲斐市の

非常勤職員が地域コーディネーターとして週2日間、半日勤務し、地域コーディネーターと校内のCS担当教員との間で業務の分担を図りながら、コミュニティ・スクールと関わっているという。コミュニティ・スクールの実践を充実させるためには、学校の多忙化を防ぐ市町村のサポート機能のさらなる充実が問われそうである。

注
1) 山梨における「無尽」の実態や派生する効果については、米山宗久「山梨における福祉コミュニティの再生─人と人をつなぐ『無尽』からの考察─」長岡大学『研究論叢』第12号（2014年7月、25〜38頁）に詳しい。ここでは、「無尽」に関わる山梨県民の県民性や地域福祉のキイパーソンである民生委員・児童委員と「無尽」との関わりを考察しており、興味深い。
2) 佐藤は、コミュニティ・スクールに対する非受容的態度として、「不能感」「不安感」「不要感」「不信感」の4つを挙げている。そのうちの「不要感」について、「現行の状況で十分だと考え、新たな制度の導入を不要視する感情」と定義している（佐藤晴雄『コミュニティ・スクールの成果と展望─スクール・ガバナンスとソーシャル・キャピタルとしての役割─』ミネルヴァ書房、2017年、7頁）。
3) 筆者らは、静岡県のコミュニティ・スクールを「後発」自治体におけるコミュニティ・スクールと位置付けて、その現状や課題をまとめている。静岡県は「後発」の自治体の一つであり、そのことは、県教委も認めるところである（県教育委員会幹部の発言、静岡新聞2014年4月10日夕刊）。「後発」自治体の場合、参考にできる他の先行事例が豊富にある反面、急速に展開する教育政策や教育政治の変化の中で、新たな課題（教育課題・地域課題・政治課題）との関わりでコミュニティ・スクールを位置づける必要にも迫られている（仲田康一・久米昭洋・堀井啓幸『平成27年度常葉大学共同研究報告書　静岡県におけるコミュニティ・スクールの導入・普及に係る成果と課題』2016年3月）。「後発」自治体がいかにコミュニティ・スクールを導入し、実践し、成果と課題を認識しているかを把握することは、ガバナンス改革を生かした自律的な学校経営の在り方の再検討につながるとともに当該地域の教育特性を分析する重要な要素を析出することにもつながると考える。

（堀井　啓幸）

第 3 章　八王子市のコミュニティ・スクール

1. コミュニティ・スクール導入の背景

(1) 八王子市の概要

　東京都心から西へ約 40km の距離に位置する八王子市は、186.38km²の広大な面積を有し、人口約 58 万人（2015（平成 27）年 10 月国勢調査集計結果：577,513 人）の中核市である。八王子市は、1917（大正 6）年に市制が施行され、2017（平成 29）年で市制 100 周年を迎える。教育の側面では、21 の大学を抱えた学園都市として、大学との連携を活かした教育事業を展開している。

　八王子ビジョン 2022 アクションプラン（平成 29 年度から平成 31 年度実施計画）において、重点的に取り組むべき教育施策の一つに、「地域とつながる学校づくり」を掲げ、「子どもの安全対策」事業とともに、「地域運営学校の推進」事業が位置づけられている。このアクションプランによると、2019 年度までに市内の全小中学校（108 校）をコミュニティ・スクールとする計画が打ち出されている。2017（平成 29）年 4 月現在、既に全 108 校のうち 88 校（小学校 57 校、中学校 31 校）に学校運営協議会が設置されていることから、本アクションプランが順調に推進されていることが窺える。

(2) 教育委員会の組織と体制

　八王子市の教育委員会事務局は、学校教育部、生涯学習スポーツ部及び図書館部によって構成されている。学校教育部は、教育総務課、学校教育政策課、学校複合施設整備課、施設管理課、保健給食課、教育支援課、指導課及び教職員課、生涯学習スポーツ部は、生涯学習政策課、スポーツ振興課、スポーツ施設管理課、学習支援課、文化財課及びこども科学館、図書館部は、中央図書館、

生涯学習センター図書館、南大沢図書館及び川口図書館で構成されている。コミュニティ・スクールの担当所管は、学校教育部教育総務課であり、学校運営協議会の設置拡大や900名を超える学校運営協議会委員への報酬支払や管理などの事務的諸業務のほか、コミュニティ・スクールの運営を支援するための『学校運営協議会マニュアル』、『地域運営学校活動事例集』及び『学運協通信』等の作成、各学校運営協議会に対する調査（成果や課題のとりまとめ）と分析、コミュニティ・スクールに関わる研修等（学校運営協議会委員を対象とした研修、校長・副校長を対象とした研修）を行っている。

2. 教育委員会による導入の手続きと予算

(1) 導入の状況

八王子市におけるコミュニティ・スクールの導入の状況をまとめたものが、表 3-1 である。2007（平成 19）年度に東浅川小学校、第六中学校、宮上中学校

表 3-1　八王子市コミュニティ・スクール導入の状況

年度	校数	校種の内訳	累計
2007 年度	3 校	小学校 1 校　中学校 2 校	3 校
2008 年度	4 校	小学校 2 校　中学校 2 校	7 校
2009 年度	6 校	小学校 4 校　中学校 2 校	13 校
2010 年度	8 校	小学校 4 校　中学校 4 校	21 校
2011 年度	6 校	小学校 5 校　中学校 1 校	27 校
2012 年度	4 校	小学校 2 校　中学校 2 校	31 校
2013 年度	6 校	小学校 3 校　中学校 3 校	37 校
2014 年度	7 校	小学校 5 校　中学校 2 校	44 校
2015 年度	6 校	小学校 4 校　中学校 2 校	50 校
2016 年度	6 校	小学校 6 校　中学校 0 校	56 校
2017 年度	32 校	小学校 21 校　中学校 11 校	88 校

の 3 校がコミュニティ・スクールになったのを皮切りに、2016（平成 28）年度迄に 56 校（市内の小中学校の半数）に導入している。2017（平成 29）年度には 32 校もの学校に導入し、全校（108 校）導入に向けた取組が加速した。

　2017 年度に導入校が急増した背景として、市長の公約「"地域に開かれ、地域とつながる学校"を実現するため、地域が学校運営に参画する学校運営協議会を全校に設置」があり、その達成のため、教育長が 3 年以内に全校をコミュニティ・スクールとするとの大号令を出すなど、リーダーシップを発揮したことが大きな要因としてあげられる。しかし実際にはそればかりではなく、校長の異動による要因もあげられる。前任校で学校運営協議会に携わった経験を有する教員等が校長として市内の学校に校長として着任したり、コミュニティ・スクールの校長が学校を異動したりする場合、異動先の学校においても導入が進められている傾向がある。

（2）導入に向けた取組

　八王子市教育委員会では、個々の学校に対してコミュニティ・スクールの導入を促すような働きかけは、とりわけしていない。導入するか否かの判断は、あくまでも個々の学校の判断に委ねている。しかし、導入を支援するために、次のような取組を行っている。

①『学校運営協議会マニュアル』の作成と配布

　2017（平成 29）年 2 月に『学校運営協議会マニュアル』を作成し、3 月に市内の全学校運営協議会の委員（900 名以上）に配布した。2017 年度から新たに学校運営協議会委員となった者にも配布された。このマニュアルは、コミュニティ・スクールの概要説明や学校運営協議会の規則に加えて、学校運営協議会を運営するに際しての具体的な方法（年間計画の具体例、会議の開催方法、流れ、協議する内容例、話し合いを進めるために配慮する事項等）が示されている。

②『地域運営学校活動事例集』の作成と配布

　『地域運営学校活動事例集』は、各コミュニティ・スクールが A4 用紙 1 枚の分量に、「活動の目的・概要」と「活動の特徴・工夫」をまとめたものを編

集したものである。この「活動の特徴・工夫」に即して作成された「掲載事業一覧」によると、最も多く実施された事業は、「課外補習」の実施であり、次いで「防災」事業、他校との「連携・交流」事業となっている。この活動事例集は2017年3月に作成され、市内の全校に2冊ずつと全ての学校運営協議会委員へ配布されている。

③校長・副校長向けの研修会の実施

毎年夏に校長・副校長を対象として、コミュニティ・スクールに関する研修会を実施している。また、毎年4月には、昇任(新任)及び市外から転入した校長・副校長を対象とした研修内容に、本市のコミュニティ・スクールに関する情報の提供や成果と課題等を盛り込むことで、各校の導入に向けた意識啓発を行っている。

④学校運営協議会委員のための研修会の実施

学校運営協議会委員を対象として、校長とともに学校運営について考えることができるように資質向上等を図ることを目的とした研修会を実施している。

(3) 予算の概要と財政的支援

学校運営協議会への予算額(学校配当予算)は、1校あたり10万円、新規校と小中一貫校に対しては、1校当たり15万円が配当される。新規校の一年目については、国・都補助金を活用したスタートアップ支援を実施している。

2017(平成29)年度、八王子市はコミュニティ・スクール全校導入に向けて、「地域運営学校の推進」事業を拡充化し、前年度よりも9,507千円増の17,307千円(内訳:都支出金:2,170千円、一般財源:15,137千円)の予算を計上している。拡充化された予算は、①学校運営協議会委員への報酬(年額12,000円)と、②学校運営協議会企画事業実施経費に充当される。

後者の経費は、「教育的効果が期待できるもの、且つ特色ある学校運営に効果があるもの」に対して、1校あたり5万円(小中一貫校は10万円)を支援するものであり、2017年度から新規に計上されたものである。各校で企画した内容を見ると、放課後や土曜日、夏休みの補習授業支援など学力向上に関するも

のや、苗や種、肥料の購入費など学校農園の体験活動に関するものが多く見受けられ、各学校運営協議会が特色ある教育活動を展開している様子が窺える。

3. 主たる取組とその成果

(1) コミュニティ・スクールの成果と主な取組

表3-2は、市内のコミュニティ・スクール導入校から教育委員会に提出された「2016年度運営状況報告」を基に、コミュニティ・スクールの成果を分類したものである。

(2) 特色ある取組

表3-2の通り、それぞれの学校運営協議会の創意に富んだ多様な取組がなされているが、その中でも特色ある取組として、合同熟議についてとりあげる。合同熟議とは、学区の隣接する小・中学校数校による学校運営協議会の合同開催や、学校運営協議会主催のグループワーク形式による交流熟議である。たとえば、前者は、南大沢小・中学校と柏木小学校が連携する3校合同の学校運営協議会に、生徒の参加を得て意見交換会を行い、学区を越えたより良い地域づくりについて子どもと大人が熟議するものや、多摩ニュータウン地域の小・中学校10数校の学校運営協議会や地域関係者が一堂に会して行うもの等である。後者は、たとえば松木小学校の学校運営協議会が主催する「まつぎCafé」事業のように、約80名の教員と保護者が和やかな雰囲気の中で交流をはかりながら「子どもの教育」について自由に語り合う場である。

上にあげた事例のように、学校運営協議会が学校に関わるより多くの保護者や多様な地域住民とともに、「共同学習」の手法をとった合同熟議の場で、子どもの教育、学校経営、地域づくり等のテーマのもとに議論することは、学校運営に益するばかりではなく、地域内に重層的なネットワークを構築し、ひいては地域の活性化につながる取組である。

第 3 章　八王子市のコミュニティ・スクール

表 3-2　八王子市のコミュニティ・スクールの主な成果（筆者作成）

成果	主な取組
学習支援の充実と学力向上	放課後や土曜日における学習支援、読み聞かせ、委員・学校司書・図書ボランティア・PTA との連携による読書支援、検定（英検や漢検等）の実施による受検率および合格率増、中学生への面接指導、支援を要する児童生徒への授業補助や学習支援、等
地域との交流促進（地域の活性化）	高齢者団体との交流、地域・学校行事の合同開催、学校公開への参加者数増、生徒・教職員との意見交換会の実施、地域清掃、地域夏祭りへの参加、地域人材の発掘（地域組織への働きかけ）、地域交流講座（小中学生の交流の機会）の開催、合同熟議（共同学習）、等
教師の意識改革・授業力の向上	学校公開における授業参観や授業評価から授業改善へのフィードバック、教員による「地域の声」の理解が日常の教育実践に活かされる、地域人材と教員とのコーディネート、等
防災の強化	学運協主催の地域防災訓練、防災安全マップの作成、等
児童・生徒の安全の確保	登下校の見守り、プールの見守り、学区域の工事関係者への要望書の提出、等
保護者へのより丁寧な対応	学校評価アンケート（学校関係者評価）の分析および保護者からの意見質問への対応、等
家庭教育への支援の充実化	食育活動（学校栄養士と協力し望ましい食の在り方を提示）、家庭教育のルールの徹底化、等
学運協に対する理解の深化	教員や地域住民の理解が増す（アンケート調査結果より）、学校／地域からの協力依頼が地域に届きやすくなる、のぼり旗の作成と地域への設置（住民の意識喚起）、等
児童・生徒の理解	住民や保護者の来校数の増加（大人の目が行き届く）、LGBT への理解を教職員と委員が共有、等
学校環境の整備	花壇や植栽の整備、ビオトープの管理、学校林の整備、等
特色ある学校経営	野外観察会、自然環境学習、キャンプ活動、放課後子ども教室の充実化、地域祭り、学校農園での食育（給食の食材に提供）、科学実験教室、地域理解のための副読本の制作（委員・地域の協力者・教員と）、持久走大会、小1の1学期における給食補助、等
委員の力量向上	職員会議や各種の研修会へ教員と参加、等
保護者による活動の活性化	保護者によるサークル活動（音楽、農業、HP の作成等）、委員（元 PTA 会長等）が現役の PTA 役員の相談にのることで PTA 運営の安定化、大人の教養講座、等

（柴田　彩千子）

第4章　世田谷区のコミュニティ・スクール
―世田谷区立松沢小学校の取り組み―

1.「松沢小学校学校運営委員会」設置の背景と手続き

　本章は、2010（平成22）年に誕生した世田谷区立松沢小学校学校運営委員会の活動理念と実態を紹介しつつ、その活動の独自性、ならびに成果と課題を検証することである。松沢小学校は、1897（明治30）年に「松沢尋常小学校」として開校された歴史ある学校であるが、2016（平成28）年の学校規模は児童数813名、普通学級・知的障害学級、肢体不自由学級の計28学級、54名の教職員で構成されている。

　松沢小学校の生徒数が最大であったのは、昭和40年代から50年代にかけての約1,500名規模の時であった。その後は、少子化と公立学校離れの影響を受け、生徒数も減少傾向にあると言えるが、2016（平成28）年には近隣の大規模マンション建設の影響を受け、児童数は増加傾向にある。松沢小学校は、世田谷区内では下高井戸商店街のほぼ中央に位置する学校としても知られ、松沢地区の地元住民や商店街は今も活気を保ち、地域と学校が密接な関係を維持している。松沢小学校は、いわば地域に支えられ、地域と共に歩んできた「地域密着型学校」の典型的な事例と言える。

　2004（平成16）年9月9日に「地方教育行政の組織及び運営に関する法律」が一部改正され、全国的規模で地域運営学校を設置する政策が打ち出されるが、世田谷区では翌年の2月に「世田谷区学校運営委員会運営要綱」が示され、同年4月から年世田谷区教育委員会が区内の公立小中学校に学校運営委員会を設置することを決めている。当時の世田谷区教育委員会の教育政策担当部長は、世田谷区で地域運営学校を設置する「ねらい」を、次のように述べている。

第 4 章　世田谷区のコミュニティ・スクール

　「このたび設置を予定しております地域運営学校は、保護者や地域の方々による学校運営協議会を設置し、その協議会に一定の権限と責任を与えることによりまして、保護者や地域の意向を迅速かつ的確に学校運営に反映させ、学校、地域、家庭が一体となって、よりよい教育の実現に取り組むことがねらいでございます。」(世田谷区議会定例会、2004 年 9 月 16 日—02 号)

　世田谷区教育委員会は、2005(平成 17)年に区内の小学校 3 校(城山・東玉川・用賀)、中学校 2 校(山崎・八幡)を地域運営学校として指定したが、翌年は指定していない。2007(平成 19)年は小学校 9 校、中学校 3 校が指定を受け、2010(平成 22)年 4 月に小学校としては 13 番目に松沢小学校も学校運営委員会を設置することになる。世田谷区では、その後も順次指定校を拡大し、2013(平成 25)年には区内の全公立小中学校で学校運営委員会が設置されている。

　次に、松沢小学校で学校運営委員会が設置された経緯を述べる。2007(平成 19)年に松沢小学校は創立 120 周年を迎えることになるが、当時は新校舎の建設工事中であり、新校舎の落成式とともに 2009(平成 21)年 11 月 21 日に「世田谷区立松沢小学校舎落成・創立 120 周年記念式典」が実施される。この式典、ならびに祝賀会を主催し、協力したのは松沢小学校の PTA を中心とした保護者や地域住民、松沢小学校が位置する下高井戸商店街、そして松沢小学校の卒業生・同窓生などであった。こうした松沢小学校における新校舎落成と創立 120 周年記念式典を契機として、学校運営委員会を設置する機運が一気に醸成され、翌年 4 月から松沢小学校学校運営委員会がスタートすることになる。

　2010(平成 22)年 4 月から活動を開始した学校運営委員会は、校長、卒業生、地元住民、商店街代表、PTA 代表、大学教員など 10 名で構成され、事務局には副校長、主幹など 3 名が名を連ねている。委員の人選は、当時の校長であった林　香代子氏が行ったものである。

2. 松沢小学校「学校運営委員会」の特色ある活動内容

　実は、初代の運営委員会委員長は執筆者の北野であり、北野は初年度の2010（平成22）年の活動方針を以下のように表明している。

　　「松沢小学校が掲げる教育目標を実現すべく、学校運営委員会は学校の教育活動を支援し、子どもの成長・発達に積極的に貢献します。明るく、元気に育つ子ども、夢と希望を持つ子ども、自分自身と自分以外の人や事柄に目を向ける子ども。学校運営委員会は、こうした子どもを育むことを方針とし、その実現に努力します。プログラムの内容は、複合的・総合的な学びの機会や体験学習を原則とします。「わくわく」「どきどき」するような学習活動を通じて、仲間、地域、社会、世界に目を向ける子どもを育てます。学習成果を発表する機会も設けます。」

　この活動方針の意図は、松沢小学校を親・保護者だけでなく地域でも積極的に支援し、かつ全国で展開されている他の学校運営協議会とは異なる独自の活動を模索したいという目標を提示したものである。事実、松沢小学校学校運営委員会は、月1回2時間程度の定例会を行いつつ、毎回、活発な議論を重ね、新しい活動企画と内容を構築する努力を重ねている。また、月1回の定例会だけでなく、定例会終了後の反省会、さらには以下に述べる様々な企画の準備と運営、年に1度の1泊の研修合宿なども行い、活動内容の検討を幾重にも重ねている。以下では、そうした松沢小学校の特色ある活動や企画内容を重点的に紹介する。

　　＊「(夏季) わくわく体験教室」と「(秋季) どきどき土曜スクール」（2010年から）
　「わくわく」は、7月末から8月初旬（1—2週間）に開催される体験学習を中心としたプログラムである。講座内容は「①もの作り、②スポーツ、③環境・

科学、④食育、⑤情操教育（音楽や芸術）」の5つのテーマを設定した。「どきどき」は、後学期の土曜日に開催するプログラムであり、「教科学習を超えた総合的・複合的な学習の機会を用意して仲間、地域、社会、世界に目を向ける子どもを育てる」という方針のもと、①「学び」チャレンジ部会、②学校を飛び出せ部会、③健康・スポーツ推進部会を設定した。両プログラムは、学校教育における正規の教育以外に「わくわく」「どきどき」するような体験を子どもたち提供するものである。

各講座の担当講師は、当初は委員各自が持つ人的ネットワークを駆使し、各種団体の出前授業を行うか、もしくは地域住民や保護者の中から探し出す方法を取った。初年度の「わくわく」は23講座が設定され、児童からは定員を超える940人の応募があり、盛会であった。2010（平成22）年の「どきどき」は、「フラワーアレンジメント教室」「パソコンキットを利用したパソコン組み立て講座」「深沢高校和太鼓部のコンサート」「楽しく踊ろう！ソーラン節」などである。その後の「わくわく」「どきどき」では、初歩的な「英語」「中国語」「手話」の講座、「大学訪問」や様々な「理科実験」なども実施されている。

＊「避難所を体験しよう」（2011年から）

「どきどき土曜スクール」の特別企画として、また東日本大震災の教訓を生かすために、防災教育の一環として実施したものが「避難所を体験しよう」であった。2011（平成23）年から毎年9月末に児童約100名を学校の体育館で宿泊（1泊）させ、震災などの危機的状況でも自らが適切な対処ができるように、様々な体験と教育を施すことを目的とした。世田谷消防署による消化の実演、備蓄倉庫見学、体育館での毛布1枚での宿泊体験、非常食づくり、防災ゲーム、お楽しみ会など盛りだくさんのプログラムを実施した。日本大学文理学部教育学科の学生ボランティアも多数参加し、ゲームの企画や運営補助を行った。

＊松沢グリーン・プロジェクト（2011年から）

松沢小学校のグランドの芝生の維持・管理作業にボランティアや児童が参加

して行うものである。とりわけ、児童の場合には芝生の生育状況や手入れの方法、節電対策としての「緑のカーテン作り」なども体験する。2年目からは、ビオトープ事業も実施した。

＊「松沢おや親塾」の開設（2012年から）

松沢小学校の新入生児童の保護者・親を対象に、「親力アップ」を目指した研修会を毎年6月に実施した。企画は学校運営委員会で行い、NPO法人「ハートフルコミュニケーション」の講師が研修を担当し、グループワークや講義を行う。3年目からは、企画運営だけでなく、研修講師も学校運営委員が担当した。

＊「なんでも相談窓口」の開設（2013年から）

2013（平成25）年度から、親・保護者、児童、地域などから学校への要望・意見などある場合に、学校運営委員会が相談窓口となり、適切な措置を取ることを目的として開設した。問題解決機関ではなく、相談窓口であり、仲介機関と位置付けた。また相談窓口を一元化するものではなく、相談窓口のチャンネルを増やし、様々な要望・意見に応えようとしたものである。

3. 松沢小学校「学校運営委員会」の成果と課題

松沢小学校「学校運営委員会」の活動の独自性は、「地域密着型・地域支援型」として、上記でも指摘したような多彩な「体験教育プログラム」、親・保護者が自由に意見交換する「おや親塾」、ならびに親や保護者の「相談窓口」などの開催に象徴されている。こうした活動には、学校運営委員会の活動展開に必要な人的・予算的な制約があるにもかかわらず、学校運営委員会のメンバーの献身的な努力、ならびに裏方として体験教育プログラムの開催・実施に協力する親・保護者、下高井戸商店街、日本大学文理学部学生（教育学科や体育学科）などの存在が不可欠であった。また、講師には世田谷区内外の地域住民や

専門機関による無償の支援・協力もあった。
　松沢小学校学校運営委員会の活動は、学校・地域住民・親・保護者・PTA・商店街・近隣大学などによる様々な協力・支援によって支えられたと言っても過言ではない。とりわけ、約40名の日本大学文理学部教育学科の学生が2010年に School Support Group（SSG）を結成し、学校運営委員会の様々な企画運営、松沢小学校の学校行事、授業補助などを担った点も特筆される。
　松沢小学校学校運営員会の課題を挙げれば、「地域密着型・地域支援型」の活動を重点的に行った反面、学校運営協議会の法的権限として規定されている学校の教育課程編成などへの承認、学校運営に関する事項についての意見の申し出、教職員の採用や任用に関する意見などについては消極的な側面も見られた。その理由は、日本の学校運営協議会には上記のような法的な権限は付与されているものの、こうした権限を行使する際の学校運営委員会と構成メンバーの代表性に関する正統性の点で問題が残存していると考えられるからであった。
　日本の学校は、教職員による専門的な教育機関として存在している反面、学校運営委員会は地域代表や卒業生などで構成される素人機関であり、事実上、校長の任命制である学校運営委員が地域や保護者の代表であるか否かの「正統性」（関, 2012:261）の問題が残る。また、毎月1回の定例会を開催しているとはいえ、時間的・内容的な制約があり、専門的機関である学校の運営、教育課程、人事などの問題に十分な知識や適切な知見を持ちうるか否かという問題もある。
　しかしながら、こした問題点や今後の課題があるものの、松沢小学校学校運営委員会の活動を評価するとすれば、世田谷区内における他の学校運営委員会と比較した場合、明らかに活動内容は多彩で積極的であった。2010（平成22）年の段階では、日本の学校運営協議会の活動はスタートしたばかりであり、各教育委員会や学校では手探りの状態が続いていたと予想される。学校運営協議会の活動の理念や役割、その方向性に関しては明確な方向性があったわけでもないし、未だ地域や保護者にも十分に浸透していない。今後とも、真摯な努力

を継続し、その地域や学校に合致した独自の活動を模索する必要があろう。

参考文献
北野秋男・林　香代子・世田谷区立松沢小学校学校運営委委員会編著（2015）『こうすればうまくいく！　地域運営学校成功への道しるべ』ぎょうせい
関　芽（2012）「学校運営協議会の意思決定の正当性に関する一考察」『駒沢女子大学研究紀要』第19号，261-271頁．
世田谷区立松沢小学校（1987）『世田谷区立松澤小学校学校創立百周年記念誌』松沢小学校

（北野　秋男）

第5章　三鷹市のコミュニティ・スクール

1. 背景

(1) 小・中一貫教育の構想

　2002（平成14）年、2003（平成15）年当時、公立学校では、いわゆる中1ギャップ、小1プロブレムといった学校種間の段差によって、子どもたちの学ぶ意欲や態度あるいは学習の遅れやつまずきなどが課題となっていた。

　特に、中学校1年生段階で不登校の数が急激に増えたり、小学校からの基礎基本の学習の未定着により数学などの教科で学力低下として表れたりしており、小学校と中学校との円滑な接続や連携が求められていた。

　そこで、一人ひとりの子どもが学習や活動での不安やつまずきを解消し、しっかりした学力を身に付け、自分の能力や個性を伸ばし、次のステップへ自信と希望をもって進むことができないか。そのためには、小学校と中学校という段差を低くし、義務教育9年間の教育活動を連続した、系統的な見通しを持ったものにしていく必要があるのではないか。そのような発想から「小・中一貫教育の構想」が生まれてきた。

　そして、2003（平成15）年4月に就任した新市長が、マニュフェストに掲げた「小・中一貫教育」を推進するとし、同年7月から教育委員会において、校長を中心として構成された「三鷹市小・中一貫教育校基本計画検討委員会」を設置し、本格的な検討に入った。

(2) 教育ボランティアの活動

　他方、三鷹市は全国の自治体に先駆けて1971（昭和46）年にコミュニティ・センター建設構想を策定し、市内7つのコミュニティ住区における住民協議会によるコミュニティ・センターの自主管理を核とした「参加と協働」によるコ

ミュニティ行政を 40 年以上にわたって進めてきた。

　そこから醸成されてきた市民の自治意識の高さや積極的な地域活動の実践の強みを生かし、市内の小学校において、2000（平成 12）年から教育委員会の研究指定校として、市民をはじめとする学校外の「人財」（三鷹市では人材を地域社会の宝（財）であると捉え「人財」としている）を教育ボランティアとして募り、教員と協力しながら多様な教育活動を展開し始めていた。

2. 導入の経過と手続き

(1) 検討段階から導入までの経過

　先の検討委員会において、2004（平成 16）年 1 月に最終報告「小・中一貫教育校の創設に向けて」が提出され、第二中学校区（第二中学校、第二小学校、井口小学校）をモデル地区とし、小学校 6 年生から中学校校舎で学習することなどが示された。しかし、その後の保護者や地域住民への説明会では理解が得られず、「なぜ、第二中学校区で小・中一貫教育を行わなければならないのか」「小学校 6 年生が中学校校舎へ行くのは不安だ」といった声があふれた。

　そこで、教育委員会はこの報告をいったん白紙とし、改めて「小・中一貫教育構想に関する説明会等での意見集約と教育委員会の考え方」をまとめ、その後も「小・中一貫教育構想に関する基本方針（素案）に向けての基本的な考え方」、「小・中一貫教育構想に関する基本方針（素案）」などを示しながら、各中学校区や教育センターで説明会を重ね、ステップを踏んで進めていった。

　この間、ホームページで素案の周知を図るとともに、第二中学校区の保護者、市民、小学生、中学生を対象としたアンケートを実施したほか、教員との懇談会や学識経験者による講演会なども開催した。

　そして、2005（平成 17）年 3 月に「三鷹市小・中一貫教育校構想に関する基本方針」を確定し、同年 4 月に「三鷹市小・中一貫教育校開設準備委員会」と「三鷹市教育ビジョン策定助言者会議」をスタートさせた。

　開設準備委員会は、学識経験者、校長、保護者、公募市民、教育長、教育委

員会事務局管理職で構成するとともに、部会として「学校運営部会」「カリキュラム部会」「コミュニティ・スクール部会」を設け、学識経験者、校長、保護者、教育委員会事務局職員のほか、地域住民（青少年対策地区委員会、交通安全対策委員会などから選出）、教務主任を加えて、幅広く意見を聞きながら精力的に検討を行っていった。

　特に、「コミュニティ・スクール部会」においては、地域住民の学校運営への参画のあり方や学校・家庭・地域の間の情報交流のための、地域イントラネットの活用のあり方などをテーマに検討を進めていった。

　そして、2005（平成17）年9月に開設準備委員会から「三鷹市小・中一貫教育校の開設に向けて（検討報告書）」がまとめられ、2005年12月に「三鷹市小・中一貫教育校の開設に関する実施方策」を確定し、2006（平成18）年2月に三鷹市小・中一貫教育校「にしみたか学園」の告示を行い、同年4月に開園した。

(2) 検討のプロセスがコミュニティ・スクールを形作る

　このように3年間に及ぶ三鷹市らしい住民参加と協働の手法により、保護者や地域住民の理解を得ながら、小・中一貫教育校を開園することができた。

　この過程で、小・中一貫教育といった新しい教育の仕組みを導入するためには、保護者・地域住民等関係者への丁寧な説明や情報提供を行い、多様な意見を反映し、理解と納得を得ていくことが重要であり、さらに検討段階での参加と活動をともに取り組み協働を進める仕組みが必要であることが明らかになった。そこで、そのような教育における「参加と協働」の仕組みとしてのコミュニティ・スクールを組み込んでいく「コミュニティ・スクールを基盤とした小・中一貫教育」が三鷹市のコンセプトとなった。こういったプロセスの中で生まれていった学校教育に関わる「参加と協働」こそが、その後のコミュニティ・スクールの原動力であり、財産になっているといえる。すなわち、「学校運営協議会」といった制度や仕組みを動かし、使いこなしていく際の「当事者意識」や「パートナーシップ精神」、「辛口の友人」といった意識や関係性が醸

成されていったのである。

　その後、教育委員会では、「にしみたか学園」での検証を行った上で、2008（平成 20）年 4 月に連雀学園（第一中学校、第四小学校、第六小学校、南浦小学校）、東三鷹学園（第六中学校、第一小学校、北野小学校）、おおさわ学園（第七中学校、大沢台小学校、羽沢小学校）を開園し、続いて 2009（平成 21）年 4 月に三鷹の森学園（第三中学校、第五小学校、高山小学校）、三鷹中央学園（第四中学校、第三小学校、第七小学校）、同年 9 月に鷹南学園（第五中学校、中原小学校、東台小学校）を開園し、2009 年度までに市内全ての小・中学校を「コミュニティ・スクールを基盤とした小・中一貫教育校」とした。

3. 三鷹市のコミュニティ・スクール

(1) コミュニティ・スクールの理念

　三鷹市のコミュニティ・スクールの理念は、三鷹市の根本規範である三鷹市自治基本条例に規定されている。この条例は、2002（平成 14）年 10 月から検討が始められ、2005（平成 17）年 9 月に可決・成立し、コミュニティ・スクールと同時に 2006（平成 18）年 4 月から施行されたものであるが、その検討過程で 2004（平成 16）年 7 月に定められた条例要綱案の中には、既に「学校と地域の連携協力」が盛り込まれ、制定された条例第 33 条では、次のように規定している。

> 　教育委員会は、地域と連携協力し、保護者、地域住民等の学校運営への参加を積極的に進めることにより、地域の力を活かし、創意工夫と特色ある学校づくりを行うものとする。
> 　教育委員会は、地域及び市長と連携協力し、学校を核としたコミュニティづくりを進めるものとする。

　このように、三鷹市のコミュニティ・スクールは、地域と共に創る学校からさらに学校を核としたコミュニティづくり、地域づくりを志向し、スクール・

コミュニティを目指している。すなわち、コミュニティ・スクールがそれに関わる大人にとっても学びの場となると同時に、学校をプラットフォームとして青少年対策地区委員会や民生・児童委員など地域の人財が集まり、活動し、そしてまたその経験をもとに地域に戻って活躍するといった、学びと活動の循環や他の人々との交流を通して、人づくりや地域の活動の活性化にもつなげようとしている。

(2) 教育ビジョン等での具体化

　三鷹市自治基本条例や三鷹市基本計画を受けて定めた三鷹市教育ビジョン2022においては、「地域とともに、協働する教育を進めます」を第一の目標に掲げ、その具体化として、コミュニティ・スクール機能の充実に向け、「熟議を通して保護者や地域の意向を学校運営に一層反映すること」や「教育活動の成果を検証し、学園・学校運営の改善と発展のため、学校関係者評価の充実を図る」こととしている。

　さらに、地域と協働した学校支援機能の充実として、「学校、家庭、地域の一層の連携強化」と「広報活動の充実により積極的に情報を発信し地域の理解を深めるとともに、学校支援者を拡大して学校支援組織の機能の充実を図る」としている。

　また、三鷹ネットワーク大学（三鷹市内外の19の教育・研究機関と三鷹市で構成されたＮＰＯ法人）と連携した地域人財の育成を図るほか、学校支援が組織的かつ継続的に可能となるよう支援体制の充実を図るとしている。

　また、三鷹市公立学校における学校運営協議会規則を制定し、学校運営協議会の権限・役割、委員の選任（校長の推薦や公募を含む）や任期、点検・評価、学校運営協議会とコミュニティ・スクール委員会との関係などについて規定している。

　そして、これらの制度・仕組みを分かりやすく解説したものとして、「学校運営協議会、コミュニティ・スクール委員会の委員の手引き」を用意し、委員の理解を深め実践に役立てている。

(3) コミュニティ・スクールの運営と活動

　三鷹市のコミュニティ・スクールは、「協議」と「支援」の2つの機能を柱としている。「協議」では、学校からは実態や課題なども含めた丁寧な情報提供を行い、熟議などを通じてお互いに意見を出しながら、ともに取り組むという姿勢を重んじている。

　組織は学園ごとに異なるが、おおむね評価部会、広報部会、学校支援部会などを協議会の下に部会として設けている。評価では、ＳＭＰ方式により、重要度や実現度の観点から課題の把握と次の目標への反映を行っている。広報では、ＣＳだよりやＣＳガイドにより一般の保護者や地域に対し発信し、コミュニティ・スクールの活動や成果の「見える化」を図っている。

　「支援」では、学校支援ボランティアが年々増加し、2016（平成28）年度では2万人を超えるに至った（登録数は約2,800人）。活動内容は、授業補助、学習支援、学校行事、環境整備、安全見守り、地域活動など多岐にわたっている。

　子どもの実態や学校の課題は、地域ごとに異なる。そこで、市全体の仕組みを共有しながら、それぞれの学園の特色を生かしている。例えば、地域人財を活かした小・中9年間の防災教育やキャリア・アントレプレナーシップ教育、スポーツメンタル・トレーニングや異文化交流事業、学力と相関関係の高い学習習慣・生活習慣を定めた「三鷹『学び』のスタンダード」の学園での展開、スマホ・ケータイの家庭でのルール作り、漢字検定や英語検定、ソフトバレーボールなど多様な活動を各学園が工夫をして行い、子どもたちの「人間力」「社会力」を育んでいる。

　関係者が教育目標を共有し、それぞれ学校・家庭・地域・子どもの役割・活動を定めた、独自の実行プラン、活動計画を定めている学園もある。

　このように、コミュニティ・スクールにおける当事者同士の相互理解や協力が、経験を重ねることによって、次第に自主的な、自律的な活動になってきていると言えよう。

　また、コミュニティ・スクールを基盤とした小・中一貫教育の活動を進める予算については、年間およそ8,100万円であるが、このうち英語教育にかかる

ＡＬＴ、相互乗入れ授業にかかる後補充教員の報酬等が6,900万円を占め、コミュニティ・スクール委員報酬を除くと、講師謝礼や印刷費、消耗品費、交通費等で700万円となっている。近年は、各学園から企画提案を募り、特色ある効果的な活動に対して予算を充てる工夫もしている。

4. 成果

(1) 検証報告

　三鷹市のコミュニティ・スクールの検証は、「コミュニティ・スクールからスクール・コミュニティの創造」（2010年3月）、「地域が支援する学校、地域の核となる学校の創造」（2011年3月）、「地域とともにある学校づくり、学校からのまちづくりの推進に関する調査研究」（2013年3月）、「永続的なコミュニティ・スクールの在り方と活性化に向けた取り組みについて」（2014年3月）、「コミュニティ・スクールでの熟議と協働の充実に関する実践研究」（2015年3月）など文部科学省の委託事業を中心として行ってきた。詳細は、上記報告書に委ねるが、少なくとも導入前と比べ、学校・保護者・地域住民の相互理解が深まり、地域人財の協力が得られ、特色ある教育活動が盛んになった。

(2) 具体的な成果

　学力については、開園から4年間、三鷹市独自の学習到達度調査を行い検証した結果、小学校5年生、6年生の国語と算数、中学校1年生、2年生の国語、数学、英語のいずれも上昇が認められた。

　学校支援ボランティアは、スタート時は登録者が250人であったが、平成28年度では2,855人に増加している。活動の延べ人数も約800人から20,350人に増えている。

　特筆すべきは、児童・生徒の不登校の数が大幅に減少し、中学生の出現率は導入前の2.51に比べ、0.28と激減しており、東京都の平均の3.33に比べると10分の1以下である。多くの大人が子どもたちに関わることで、中1ギャッ

プの解消はじめ、安心して通える学校づくりにつながっている。

東京都は私立中学校や中・高一貫校も多く設置されている中で、市内の公立中学校の進学率は、78.3％から82.2％に増えている。

開園から10年を経過し、卒業生が学園の学生ボランティアとして活躍し、地域の担い手として育ってきている。中には、市内の教員として配置された卒業生もいて、コミュニティ・スクールや小・中一貫教育の良さを子どもたちに伝えてくれている。コミュニティ・スクール活動が地域における横のつながりから次世代への縦のつながりともなりつつある。

三鷹市は、開設以来、毎年90件ほどの視察をいただいており（アフリカ7か国からも「みんなの学校～住民参加による教育開発プロジェクト」として2回視察を受けている）全国から関心を持たれているところで、外部的な評価の一つとして、2014（平成26）年度の連雀学園、2015（平成27）年度の三鷹中央学園、2016（平成28）年度の鷹南学園が地域学校協働活動として文部科学大臣表彰を3年連続で受賞して、大いなる励みとなっている。（にしみたか学園は平成25年度に東京都の表彰を受けている）

5．課題

(1) 持続可能な仕組みに

コミュニティ・スクールにしても、小・中一貫教育にしても、学校教育の質を高め、子どもたちの確実な成長をもたらし、学校の課題を解決することで、保護者や地域の信頼を高めていくための仕組みであり、今後これをより効果的に活用し、持続可能なものにしていく必要がある。制度を動かしていくのはやはり人であり、制度や仕組みを導入すれば、自動的に成果が得られるものでもない。三鷹市は、導入から10年を経過し、2016（平成28）年10月には、「にしみたか学園」開園の記念式典と佐藤晴雄教授の講演会を実施し、これまでの振り返りと今後の展望の機会とした。また、今後のコミュニティ・スクールの充実発展に向けて、コミュニティ・スクール委員や学園長へのアンケートを行

い、意見集約や課題分析を行うとともに、文部科学省を招いての講演会と関係者の熟議を行った。これらを踏まえ、今後の課題をいくつか挙げると、次のとおりである。

(2) 人財確保が急務の課題

　人財確保については、コミュニティ・スクールはこれまで検討段階から開園以後までかかわってきた人たちの熱意、労力に負うところが多く、その中で培われたノウハウ、経験によって活動がリードされてきた。これまでも委員任期2年の中で、適宜入れ替えを行って、活動の継承と活性化を図ってきたが、2011（平成23）度から委員任期の上限を8年としたことにより、本格的な交替期に入っていく。任期制は、新しい人財の加入を可能とし、多くの市民に関わっていただくと同時に、地域人財の層を厚くする狙いだが、人が替わってもこれまでのノウハウを継承し、円滑な運営が出来なければならない。そのために、学校支援者養成講座やボランティア養成講座などの研修会や各学園の取組みの発表の機会を設けてきた。さらに、学園への出前講座や広報活動など一層コミュニティ・スクールへの関心を高める取組みを行っていく必要がある。

　さらに、三鷹ネットワーク大学のほかに、2017（平成29）年4月にオープンした生涯学習センターでの学習プログラムの中にコミュニティ・スクール委員や学校支援ボランティアなど地域人財を養成するコースを設け、認定制も取り入れて、「学びと活動の循環」を図りながら、レベルアップしていくことを検討している。

(3) 他の学園や自治体との交流

　各学園の活動が活発になることで、他の学園や他の自治体での取組みから学ぶ気運が高まっている。これまで、学園長会議、コミュニティ・スクール正副会長会議などを行い、情報共有や交流を図ってきたが、さらに、7学園や他の自治体との意見交換や交流をする機会を増やしていくことが求められている。

(4) 広報活動の重要性

　コミュニティ・スクール委員が全体で約200人、学校支援ボランティア登録者が約2,800人といっても保護者全体からすれば、ごくわずかにすぎない。転入者を含め、毎年新しい保護者が加わり、教職員にも異動があるが、コミュニティ・スクールの導入率が全国で1割ほどでは、全国的、全都的に認知度が高いとは言えない。絶えず、一般保護者や地域住民に対して、「コミュニティ・スクールとは何か」「何のために、何をやっているのか」「学校や子どもたちがどう変わったのか」などを分かりやすく発信、情報提供していくことが必要になる。CSだより、CSガイドを各学園の手作りで、データも盛り込みながら、内容、表現も工夫し、充実を図っていく。

(5) 事務局機能の強化

　活動が活発になり、ボランティアも増え、学校ニーズと外部人財とのマッチングの事務量も増えてきている。ネットワークシステムによる学校支援ボランティアの公募の仕組みの有効活用を図るとともに、地域学校協働本部を含めた事務局機能の強化に向けた検討をしていく。

　今後も、法改正や国・都の補助制度を積極的に活用しながら、保護者や地域住民はじめ関係者がやりがいを持って、子どもたちや学校に関われる仕組みづくりや活動を進化（深化）させていく。

（髙部　明夫）

第6章　奈良市教育委員会及び同市立三笠中学校の取り組み

1. コミュニティ・スクール導入の背景

　奈良市は、元々地域との連携による活動が活発に行われてきた地域であり、国の動きと連動して「子ども居場所づくり事業」（市事業）と「放課後子ども教室」を並行して実施してきた（図6-1）。しかしながら、地域住民からは「一つの事業に絞ってできないか」という声も出てくるようになったことから、居場所づくり事業を放課後子ども教室へ順次一体化させ、さらには、小学校区ごとに協議会を設置（夢・教育プラン事業）し、事業を整理してきた経緯がある。

　その中で文部科学省が開始した学校支援地域本部事業を活用し、2008（平成20）年度には市内全21中学校区において地域教育協議会及び各学校園運営委員会を設置し、2010（平成22）年度には教育活動の充実と地域の主体性を高める取組として「地域で決める学校予算事業」をスタートさせた。（図6-2）

　こうした一連の地域連携施策の展開から、学校運営参画の機運の高まりがみ

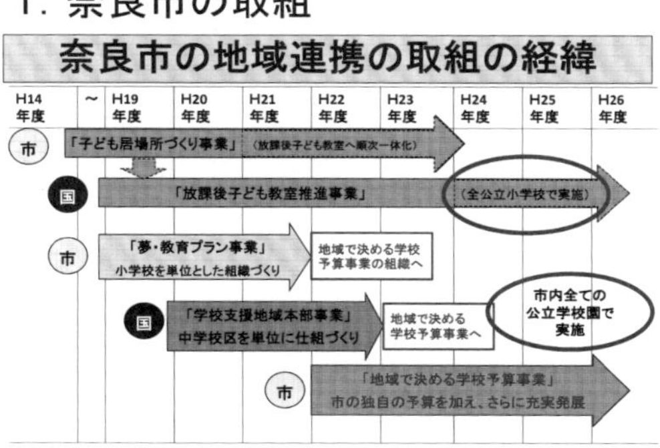

図 6-1　奈良市の地域連携の取組の経緯

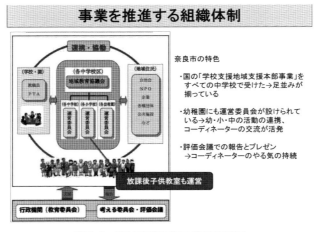

図6-2 地域連携施策の推進組織図

られ、学校運営協議会設置の動きが地域からも出てくるようになったことを背景としコミュニティ・スクールがスタートする。なお、奈良市で最初の学校運営協議設置校は、2011（平成23）年2月設置の都南中学校であり、同年3月には富雄北小学校が続いている。また、実地調査を行った三笠中学校についても、学校支援のみならず、子どもの様子を分析しながら目指す子ども像も三者で考えていく必要があるとの意見が出てくるようになり、発展的な展開として学校運営協議会を設置することになったということである。

なお、市内の設置状況としては、全67小中学校中11校が学校運営協議会を設置しており、新たに小中学校1校ずつが平成29年度導入に向け準備委員会を設置する予定である。（2015年12月調査時点）

また、コミュニティ・スクール関連予算としては、1校5万円、11校の計55万円の予算を措置している。内訳は会場費や消耗品費等、協議の場を設定することを目的としたものである。その他、地域連携にかかる活動予算については、地域で決める学校予算事業を活用しており、学校運営協議会委員に対する報酬や費用弁償等に関しては、支払有無から金額設定に至るまで学校裁量である。

2. 導入（教育委員会）と指定（学校）の手続き

(1) 導入に向けた教育委員会の考え方

　コミュニティ・スクール導入（学校運営協議会設置）については、地域教育協議会のように一斉導入とはしていない。推察にはなるが、地域教育協議会や運営委員会という既存組織が全市的に展開されている状況において（平成20年全校実施）、学校や地域の混乱を避けるためではないかと考える。

　ただし、コミュニティ・スクールのメリットを学校や地域に説明する必要性を認識していることから、2015（平成27）年度には文部科学省担当職員を招いて研修会を開催し、学校運営協議会は学校参画、学校評価を行う機関、地域教育協議会は学校支援を行う機関として位置付け、役割を明確に区別し周知を図っている。なお、奈良市学校運営協議会規則第11条に「学校運営協議会が設置校の運営状況について点検及び評価する」と規定していることから、学校運営協議会設置校については学校評議員を置かないこととしている。

　これら現制度への移行については、全国の教育委員会や学校を悩ませている共通の問題である。既存の協議体や学校支援組織、体験活動等の地域連携施策を国が示す学校運営協議会や地域学校協働本部にどう移行していくか、地域はもちろん、全ての教職員による学校全体の理解が必要不可欠である。教育委員会、学校、地域による対話や熟議を通じて、十分な準備と周知、役割の明確化等が今後ますます重要となると考える。

(2) 学校の指定手続き―準備委員会設置―

　教育委員会事務局が準備委員会設置に関する事前調査を行っており、希望する学校においては、地域との調整を行った上で、学校運営協議会設置に向けた準備委員会設置（準備委員会委員の推薦）を教育委員会事務局に申請する。

　申請を受けた事務局は、準備委員会設置校を指定する（準備委員会委員を委嘱する）議案を教育委員会議に諮り、可決後、準備委員会委員を教育委員会が委

嘱し、当該年度末までに準備委員会において組織や環境づくり、教育課程編成等を主な所掌事項として検討を行い、翌年学校運営協議会設置校として正式に指定するという流れである。

3. 取組と成果（三笠中学校の取組事例から）

(1) 三笠中学校学校運営協議会

委員は、自治会役員4名、現PTA役員2名、元PTA役員2名、教職員3名、学識経験者2名、その他（地域教育協議会会長や地域コーディネーター、民生委員等）8名の計21名で、協議会を年4回開催している。（表6-1）

また、当該学校運営協議会では協議会の行動指針を独自に策定しており（図6-3）、ミッションを明確に掲げていることが特徴的である。

表6-1　学校運営協議会の日程及び協議内容

4月	学校経営方針、各部会からの説明
8月	中間報告
12月	学校評価結果報告（具体的な提案：学力、修学旅行行先の方針、私服登校の見直し等）
2月	年度総括、次年度方針

○ 地域は、地域の力を学校運営に生かし、共に育ちます。
○ 家庭は、教育の原点に立ち返り、学校と連携します。
○ 教職員は、自らを高め、生徒に向き合います。
○ 生徒たちの抱える課題を地域ぐるみで解決する仕組みをつくります。

図6-3　学校運営協議会の行動指針

(2) コミュニティ・スクールを基盤とした小中一貫教育の考え方
① みかさ学園構想

奈良市小中一貫教育のスタート校として、2015（平成27）年4月小中一貫教

育を開始した（1中4小）。小中一貫教育推進委員会という組織がすでに存在するため、小中学校運営協議会をまとめる組織として CS 推進委員会への移行を検討している。

② 実働組織

各小中学校に、学校評価部、地域連携部、育ち支援部、学び支援部の4部会

■小中学校管理職、4地域代表の合同顔合わせ（4月）
　地域教育協議会が設定し、コミュニティ・スクール、小中一貫教育を全体確認。
■中学校区内新着任教職員向けコミュニティ・スクール説明会（4月）
■小学校4校全教職員向け出前説明会（4月）※地域教育協議会副会長説明
■ノーメディアデー（毎月3、17日と夏季休業中）
　夏季休業前には、チャレンジカード配付。
　休業後集約したものをコーディネーターが集計し、ご褒美シールを渡す。
■ドッジボール親善交流大会（6月）
　4小学校混成チームでの活動を通して、中一ギャップ解消につなげる取組。
　監督、コーチは地域住民、コーディネーターが担う。
■教職員、地域との小中合同研修会（8月）
　午前は小中教職員のみの4部会、教科別部会を開催し、地域との研修は午後に実施。約200名が参加。
■家族でつくる3行詩（夏季休業中）
　文部科学省「楽しい子育て全国キャンペーン」と連動して三行詩を募集し、コーディネーターが集約し、文部科学省へ送付。
■三笠スポーツフェスティバル（10月）※教職員、地域混成チーム
■子ども未来会議（12月）
　子どもと大人の討議。子どもは小学校5,6年生がメインで、司会進行を中学生が行う。地域住民が会の進行が止まったりしないようにサポート役にまわる。
■なら三笠まほろば文化祭（1月）
　中学校区一体感醸成のため行っている幼小中、地域の文化交流会。
　司会、パネル準備、舞台裏方は中学生が行う。
■クリーンキャンペーン（2月）
　SKB 作戦（佐保川、菰川、菩提川）。

図 6-4　三笠中学校区地域教育協議会（地域連携部）の活動

を統一的に設置し、推進組織を揃えていく方向である。三笠中、佐保川小、大宮小はすでに部会を設置し、椿井小、大安寺西小は設置検討中である。

(3) 三笠中学校区地域教育協議会（学校支援地域本部）

　地域教育協議会が、学校運営協議会の実働部（地域連携部）としてコミュニティ・スクール推進のエンジン役を担い活動しており、各校学校運営協議会以外に年4回の地域教育協議会、中学校区地域コーディネーター会議等も行われている。なお、当協議会が中学校区単位の組織であるため、中学校区内全体で主に図6-4のような活動を行っている。

　その他三笠中学校への単独支援としては、高校受験面接や世界遺産学習、労働に学ぶゲストティーチャー、高校出前授業、図書ボランティア、放課後学習ボランティア等がある。また、当然校区内4小学校それぞれに対しての単独支援も行っており、地域コーディネーターの活躍により大変幅広い活動、支援が実践されていると言える。

(4) 成果

　学校運営協議会委員から教職員の子どもと向き合う時間確保の対策として、電話応対時間を決めてはどうかと提案があり、生徒最終下校後1時間以降は電話対応しないこと、自動音声対応機器の設置が実現した。その結果、教職員の帰宅時間が早くなったという成果が出ている。これは、学校だけでは声を上げにくいものを、協議会として提案したことで、実現に至ることができたものと思われる。まさに、コミュニティ・スクールとしての成果と言える。

　この他、コミュニティ・スクール導入により、中学校入学式での地域代表挨拶等で、「子どもにスマホを買い与えているのは保護者であり保護者が責任を負うべきである」「学校にばかり注文してはいけない」など、学校が言いにくいことを言ってくれる、行事テント張りなど地域が子どもの役割、出番を創出してくれるようになったなどの成果が挙げられる。

　また、「コミュニティ・スクール推進上、学校を理解している地域コーディ

ネーターの存在が非常に大きい」という学校の発言からも分かるように、三笠中学校のコミュニティ・スクールとしての活動は、地域教育協議会による地域教育基盤の形成、地域コーディネーターの活躍が土台となっている。学校支援地域本部事業を通して、地域コーディネーターの育成、予算が担保された中での特色ある活動の創造、学校や地域のネットワークづくりといった基礎づくりを行ってから、学校運営協議会という民意反映、熟議の場の設置へ円滑に、そして、発展的に移行した事例であると言える。

4. 課題、考察

　学校運営協議会委員、地域教育協議会、地域コーディネーターの世代交代を今後どう進めていくか、地域で決める学校予算事業がなくなった後どう活動していくか等先を見据えた検討が必要であるという認識が学校も地域にも声としてあるようである。
　しかしながら、本調査から次のような考察を得ることができると考える。

(1) 教育委員会支援の充実
　　―地域連携施策の明確なビジョンと行政組織編制、裏付けとなる予算措置―

　教育委員会が、地域で決める学校予算事業を実施し、手厚く予算措置（年間約8,000万円）を行っていることは、学校支援地域本部としての活動にとってはもちろんのこと、コミュニティ・スクール推進上にとっても、特色ある様々な活動の展開が可能となる点でとても大きな支援であると言える。また、予算規模も非常に大きく、国県補助を大きく上回る市単費の持ち出しがあり、組織体制や他施策状況等を総合的に見ても、地域とともに子どもを育てる、学校を核としたまちづくりを行うという市としての強い姿勢を感じる。
　また、「地域教育」と「生涯学習」という視点で課を分け業務分担を行い、地域と子どもの関わりのある業務（学校支援地域本部、放課後子ども教室等）を所管する課を「地域教育課」として独立させ事業整理を行うとともに、一般的に

市長部局が所管するケースが多い放課後児童クラブ事業も所管していることは、学校、地域側にとって非常に分かりやすい組織であり、このこと自体が学校や地域にとっての支援となっているのではないだろうか。文部科学省、厚生労働省が示した「放課後子ども総合プラン」による放課後子ども教室、放課後児童クラブの連携充実、文部科学省が示した「地域学校協働本部」実施に向けて、新たな教育行政組織モデルであると考える。

(2) 学校、地域の主体性の発揮――事業企画提案、委託、予算管理運用――

　地域で決める学校予算事業において、地域協議会が予算を計上し、プレゼンを行うこと、予算は委託金として各地域協議会に運用管理を任せられていることから、学校、地域は取組の創造や提案に加え、自律的運営を求められている。学校、地域の自主性、自律性の発揮を引き出す取組であると言える。また、このことが、企画運営を行うコーディネーターの育成につながり、さらにはコミュニティ・スクールの活動の充実につながっていると言える。

　ただし、本予算事業は、その予算規模や裁量予算であるという性質から、市長、教育委員会の考え方、方向性が問われる取組である。他市町村教育委員会が導入を検討する際には、総合教育会議等をうまく活用しながら提案を行っていくべきであると考える。

　　調査日　　平成 27 年 12 月 16 日（Wed.）　奈良市教育委員会
　　　　　　平成 27 年 12 月 18 日（Fri.）　奈良市立三笠中学校

　　　　　　　　　　　　　　　　　　　　　　　　　　　　　（西　祐樹）

第7章　津市教育委員会及び同市立南が丘小学校の取り組み

1. コミュニティ・スクール導入の背景

　2002（平成14）年度から2004（平成16）年度にかけて、文部科学省「新しいタイプの学校運営の在り方に関する実践研究」指定校として、南が丘小学校が指定を受ける（全国7地域9校中の1校）。そこで、2004年8月、学校運営協議会と学校支援地域本部の複合体のような組織「南が丘地域教育委員会（Me）」を立ち上げ、地域のオピニオンリーダーを目指すという理念のもと、学校運営

津市の「地域とともにある学校づくり」経過

平成14年	・文部科学省「新しいタイプの学校運営の在り方に関する実践研究」の研究指定校に南が丘小学校を指定 ・南が丘小学校に南が丘地域教育委員会の設立
平成17年	・内閣府構造改革特別区域「津市小中一貫教育特区モデル校」として実施 【南が丘小、南が丘中、敬和小、東橋内中】 ・南が丘小を「津市学校運営協議会を設置する学校」に指定
平成19年	・朝陽中を「津市学校運営協議会を設置する学校」に指定 ・キャリア教育推進優秀校文部科学大臣表彰に一身田中が受賞
平成20年	・文部科学省教育課程特例校【南が丘小、南が丘中、敬和小、東橋内中】 ・文部科学省「学校地域支援本部事業　学校・地域との協働によるキャリア教育実践事業」
平成23年	・輝きプロジェクト事業の実施 ・南が丘小、一身田中が「優れた『地域による学校支援活動』推進」に係る文部科学大臣表彰を受賞
平成24年	・高野尾小が「優れた『地域による学校支援活動』推進」に係る文部科学大臣表彰を受賞
平成25年	・全ての小中学校に地域連携の組織の確立 ・朝陽中が「みどりの愛護」功労者国土交通大臣表彰を受賞
平成29年	・全ての中学校区における小中一貫教育の実施

図7-1　津市における「地域とともにある学校づくり」の経過

協議会制度開始前から地域とともにある学校づくりを推進する。

上記研究指定終了後も事業継続を希望する形で、2005（平成17）年12月に南が丘地域教育委員会（Me）を学校運営協議会に指定した。

市内設置状況としては、全77小中学校中3校（南が丘小学校、南が丘中学校、朝陽中学校）が学校運営協議会を設置しているが、コミュニティ・スクールに限らず、学校支援地域本部等地域とともにある学校づくりを推進している。

2. 取組と成果（南ヶ丘小学校事例）

(1) コミュニティ・スクールとしての経過

2014（平成26）年度からは、学校運営協議会と学校を支援する任意団体である南が丘地域教育委員会とを分離、整理している。さらには、2015（平成27）年度南が丘中学校学校運営協議会設置に伴い、中学校も支援できるよう中学校区全体を支援する組織として「南が丘学校支援委員会」を新設した。

(2) コミュニティ・スクール関連予算

学校評議員謝金予算額を超えない範囲で委員報酬予算があり、報酬額は会議出席1回あたり9000円である。また、活動予算としては、特色ある学校づくり推進事業予算や南が丘小中学校区コミュニティ・ファンドがある。

学校裁量予算である特色ある学校づくり推進事業予算事業は、地域連携の組織体制づくりのため1校12万円を上限に委託金として配当するものである。なお、コーディネーター謝金額等も学校裁量で決定する。

※ 輝きプロジェクト事業（2011～2013年度実施）

コミュニティ・スクールに限らない地域連携推進のための予算事業のことで、「特色ある学校づくり推進事業」及び「輝く学校づくり推進事業」という2つの裁量型予算事業の総称のことである。特色ある学校づくり推進事業については、既述のとおり現在も事業を継続しているが、輝く学校づくり推進事業については、小中一貫教育協議会へ委託金を配当する小中一貫教育推進予算へ移行した。

第7章　津市教育委員会及び同市立南が丘小学校の取り組み

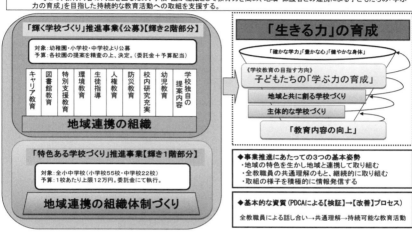

図7-2　輝きプロジェクト事業の概要図

(3) 学校運営協議会

学校運営協議会委員は計8名であり、構成は、小学校PTA、中学校PTA、学童保育たんぽぽクラブ、自治会連合会（校区内全18自治会の代表）、社会福祉

表7-1　学校運営協議会日程及び実施内容

第1回（4月）	・任命式（市教委から） ・学校経営方針の承認、8つの重点課題を説明し協議
第2回（10月）	・課題別評価票協議（全8項目） ・中間評価
第3回（1月）	・課題別評価票協議（全8項目） ・年度末評価 ・各団体への次年度委員推薦依頼

協議会、民生児童委員、学識経験者、校長推薦者である。小中一貫教育も実施しているため、中学校PTAが委員として入っている。なお、教職員は説明員として捉え、緊張感を持って臨むために委員として入らないこととしている。協議会は年3回、表7-1のテーマで実施している。

(4) 南が丘学校支援委員会（学校支援地域本部）

学校支援委員会へは、小中学校の学校運営協議会委員計13名（小中学校PTA、学童保育タンポポクラブ、自治会連合会、社会福祉協議会、民生児童委員、児童福祉会館、自主防災協議会、青少年健全育成委員会、体育振興会、地域住民）に、地域在住の学識者（英語専門）、前年度までの地域教育委員会メンバーの2名をオブザーバーとして加えた計15名が参加している。

また、委員会内に学校協働部、こどもサポート部、安全推進部、コミュニティ・ファンド事業部の4部会を組織し、各活動の運営を担っている。

学校支援委員会会議は月1回程度実施し、さらに、各部会は個別に年間20回程度の打合せを行っている。なお、会議や打合せへの出席に係る謝金等はないとのことである。

8月に行われる南が丘ふれあいまつりは、小中学校、小中学校PTA、自治会連合会、学校支援委員会の6団体共催で実施するもので、小学校運動場でス

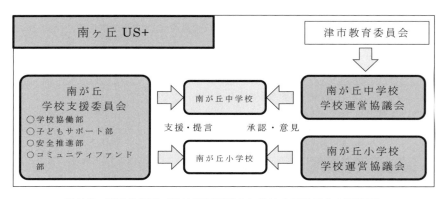

図7-3　組織体制図（学校運営協議会と学校支援委員会の関係図）

テージを特設してまつりを実施、約4000名が参加する大イベントである。

① **学校協働部**
ⅰ）小中合同地区懇談会（5月中旬）
ⅱ）教職員と支援委員の懇談会（9月上旬）
　本音で言い合える関係づくりのため実施。地域からは、「緊張感のある協働関係、馴れ合いではない関係を築けていたから、ここまでうまくやってこれたと感じている。」という声がある。
ⅲ）学校教育活動アンケート（10月中旬）
　小中学校の教職員やPTA、自治会や社会福祉協議会、ファンド協力企業店舗等へアンケートを実施する。平成26年度回答者は857人（うち地域は200人を超える）で、集計も部会で行う。集計作業の簡素化及びデータの正確性確保のため、平成27年度からマークシートを導入した。
ⅳ）小学校、中学校への提言（3月上旬）
　上記学校教育活動アンケート結果を基に分析を行い、提言書を作成する。各学校長は、この提言を受け学校経営方針を策定する。
　元々は学校地域委員会（Me）が学校運営協議会の役割を担っており、このような具申（提言）が行われていたと推察される（現在は学校運営協議会と分離）。提言主体は学校運営協議会ではないが、当該小学校及び地域委員会の関係性において、「対等」「権限よりも信頼関係を大切に」といった考えがあり提言が行われていることから、学校運営協議会による意見具申の一つの参考事例と言える。アンケートをもとに毎年実施しており、提言内容にも重みがある。

② **こどもサポート部**
ⅰ）南が丘コミュニティ・ネット（サポート部の下部組織）
　人材バンクの運営、コーディネートは南が丘コミュニティ・ネット長（学校支援委員会委員長が兼務）と担当教職員が連絡調整しながら実施している。
ⅱ）英語科の学習支援

ⅲ）家庭科の運針指導（1学級9名程度）
ⅳ）デイキャンプ支援（5年生飯盒炊飯、10名程度）
ⅴ）「おはなしのへや」読み聞かせ（1,2年生、現役PTA及びOBが参加）
ⅵ）図書ボランティア（本修理、新刊管理、図書室飾り付け）
ⅶ）夏休み教室（7～8月、24講座37教室。延べ600名児童参加）

③ 安全推進部会

ⅰ）登下校安全確保（毎月5のつく日）

　下部組織の「南が丘地区安全パトロールの会」（地域の方30名ほど登録）が、毎月5のつく日「安全5の日」に実施している。

ⅱ）親子防災教室（6月下旬土曜午前、消防との連携）

　希望者を対象に煙体験、新聞紙スリッパ実技、地震体験車等を実施。

④ 南が丘コミュニティ・ファンド事業部

　2005（平成17）年度設立。2002（平成14）～2004（平成16）年度文部科学省研究指定で予算もあり、特色ある活動を実施、地域、家庭からも一定の評価を得た。研究指定後も活動を継続させたいとの思いから、活動資金獲得のためのファンドを組織した。

　当初は小学校支援の目的であったが、小中一貫教育の実施及び中学校の学校運営協議会設置を契機として、小中学校全体を包含する事業となっている。

　具体的には、店舗、地域団体、個人を対象として募金活動を行い、寄付を募っている。その他の収入としては、ふれあいまつりの収益金、ポイントカードシステム、レシートキャッシュバックシステム等があり、地域全体を巻き込むシステムを構築していると言える。

　さらには、児童によるファンド協力店へのお礼や協力店舗一覧の作成及び全戸配付を行うなど、単なるファンド事業に留まらない活動を展開している点で非常に先進的であり、参考としたい事例と言える。学校支援委員会及び事業部が組織として機能していることを物語っているとも言える。

(5) 成果

関係者への聞き取りから、次のことが成果認識として明らかになった。
○地域から明確なミッションをもらい、使命感、緊張感を持つことができる。地域が羅針盤となっているので、学校にとっては楽である。学校支援地域本部や学校運営協議会制度は、閉鎖性のある学校からの脱却のためのツールとして非常に有効であると考える。
○学校に集まることを通じて、世代間交流、地域づくりにつながっている。また、地域の方々が学校に関わることで、生きがいとなっている。地域全体で子どもを見守り、育てる機運が高まってきている。
○学校へのクレームが減少した。
○子どもの変容としては、問題行動の減少や将来に夢や目標をもつ子ども増えてきたことが挙げられる。

3. 課題、展望

　地域人材が一部に偏っていることや世代交代の問題、保護者の参画意識が不十分であること、学校支援を行っているはずが教員は楽になっていないことが課題とのことである。今後、教員が行っている「運動会衣装づくり」「持ち物への名前書き」等の誰でもできる内容作業に対する支援ができないか等さらなる支援拡大を視野に検討を行うとのことである。
　私見であるが、教職員定数も限られている中で、地域との連携協働に係る調整や事務処理等は明らかに業務量を増している。取り組めば取り組むほど、ということもある。それぞれの負担も考えながら、ただし、子どものために必要なことを真に協働して取り組んでいくために、まさに「学校運営」について学校運営協議会において十分議論を行っていく必要があると考える。

　　調査日　　平成 27 年 12 月 17 日（Thu.）

（西　祐樹）

第8章　山口県教育委員会の取り組み
―「設置率100％」に向けた導入・拡充の経緯と成果および課題―

　2004（平成16）年、全国で5番目のコミュニティ・スクールとして阿武郡田万川町立田万川中学校が産声を上げる。当時を振り返って特に印象的なのが、「コミスクは地域との関係づくりと思われがちだが、それ以上に先生が変わる！先生方の自己成長がはっきりと見える」という校長の言葉である。山口県初の取り組みは間違いなく山口における学校観を根底から変える魅力があった。そして、2005（平成17）年には、第2号として萩市立椿西小学校が動き出す。現在、田万川町は合併して萩市となっているが、明治維新と同じくこの地に山口県教育の夜明けがあったと言っても過言ではない。

1. コミュニティ・スクール導入の背景
　　―なぜ、コミュニティ・スクールなのか？―

(1) 教育委員会と学校のカベ
　教育委員会内における予算取りのための担当課担当部署の動きは過酷だ。一つの施策が完成するまでには前年度からその動きは始まる。企画をまとめ資料を作り予算を獲得するために知事部局と折衝する。いやというほどの折衝を繰り返し、たたかれ続けてやっとゴーサインが出るのだが、計上した予算のほとんどはカットされる。それでも、県の施策として認められたことに感謝しながら具体的な動きに入るのだ。こうしてできあがった施策は、教育行政の血と涙の結晶ともいえるほど貴重なものである。
　しかし、現場に浸透し子ども一人一人に届けるのは決して容易なことではない。施策を立案し予算化を図っても立案者の意図通りには進まないのが現実だ。教育委員会と学校の間には明らかにカベがある。そのカベを取り払うことはで

きないのだろうか。特効薬はないかもしれないが「育てたい子供たちの姿」を保護者・地域・学校が共有することができれば状況は大きく変わるはずだ。

　そこで、コミュニティ・スクールである。学校運営協議会で「施策」を理解する場が設けられれば、「育てたい子供たちの姿」を確認・共有し合うことができる。これまで知ってもらうことが難しかった多くのことが、学校運営協議会の委員をとおして保護者・地域と共有できる。そうすれば学校現場にこれまでとは違う反応が起こるのではないかと考えたのだ。

　こうして、子供たちのためにコミュニティ・スクールを県下のすべての学校に導入する方向で検討することとなった。

(2) 学校経営のツボ

　校長が変われば学校が変わる。使い古された言葉だ。しかし、校長の意識が変わったからといって簡単に変わることのできる学校は少ない。教職員が自らの力で施策を受け入れ、主体的に取り組むことの難しさは学校経営に携わったものならば皆体験しているはずだ。教育委員会と教職員の狭間で苦悩しない管理職などいないのも、また事実である。経験によって成長してきた教員に「自分を崩して作り直せ！」と伝えることの難しさこそが管理職の悩みの種であるが、それを乗り越え、組織を動かすリーダーシップを、これからの管理職には身につけていただきたいと願う。

　さらに、このことに加えて、困難さを増長する要因が教員の多忙さだ。教員は子供の学力だけに向き合っているのではない。家庭のこと、子どもの体調のこと、生活のことなど表情を見て悲しそうであれば心配になり、明るく振る舞ってくれれば幸せな気持ちで満たされる。ありとあらゆる子供の側面に向き合っている。それを先生と呼ぶのかもしれないが……。このことが教員の意識改革の難しさに拍車をかける。

　2006（平成18）年「生徒による毎日の授業評価で授業改善を！」というリーフレットを作成し、10,000人強の教員全員に配布した。全員に配布とは、これまでの学力向上施策と比べるとかなりの本気度がうかがえるものであった。し

かし、それから半年、一年と過ぎて現場を訪ねるとほとんどの学校で評価による授業改善の跡はさほど見えない。学校現場には、新しいことに対するやらされ感がつきまとう。そこにメスを入れることが肝要だ。校長が自信を持って学校経営を推し進めるための手立ては何か。そのツールこそがコミュニティ・スクールではないのか。地域の方々と一体となって教育を支える仕組みが機能すれば、足下から突き上げてくるエネルギーを全教職員が感じることができるのではないか。上司のリーダーシップだけに頼るのではなく足下からの空気を肌で感じ取ることのできる仕組みである。

(3) 萩市立田万川中学校の取り組み (2004 (平成16) 年度〜)

　全国で5番目の取り組みである。前例などない時代。しかも、中山間地域にあり、学校は、地域にとって文化の拠点でもある。理解もあり学校支援に困ることなどない。そんな地域ではじまったコミュニティ・スクールが地域を変え、何よりも教員を変えた。その取り組みをかいつまんで説明しよう。

　課題は、文化の拠点とはいえ学校教育に興味を持たない地域。教職員に地元の者はおらず地域の学校という意識の乏しさ等々。県下の多くの学校に当てはまる根本的な課題でもある。こんな学校で、学校理解のためにまず取り組んだのは、大人向けの社会科の授業と数学の授業である。学校教育や地域連携の中身を細かくお知らせするよりも授業そのものを地域のおじいちゃん、おばあちゃんに受けてもらえばというものだ。

　先生方は、張り切った。授業作りに熱が入る。そして本番。大盛況。その日を境に、地域の方々の学校に対する言動が変わったという。これまで以上に協力的で、「学校を支えて行きます！」という応援隊が多くなったそうだ。そして何よりも、教員だ。地域に出ることをいとわなくなっただけではない。子供に対する授業が変わっている。おじいちゃん、おばあちゃんに提供した授業のように授業準備から真摯に子供たちに向き合うようになった。

　（この後の田万川中の取り組みは、地域人材による授業を中心に進化していく。）

2. 学校と地域のカベ

(1) カベの正体？！

　「地域と共にある学校」「開かれた学校」「社会総かかりの教育の実現」等々学校と地域の関係性に関する言葉は多い。使われ初めてかなりの歴史がある。何のためにそのような学校作りや教育が必要かと言えば、ひとえに「信頼される学校づくり」のためである。学校では昔も今も、この言葉は言い続けられている。筆者は、昭和53年に山口県で教職に就いた。このときにはじめに赴任した中学校でも似たような言葉が含まれた教育目標だったと記憶する。40年以上たった今。これらの言葉に未だに錆びることのない新鮮な響きを感じるのはなぜか。管理職だけではない。教職員一人一人が切なる思いとして持ち続けているからではないか。ただし、実践できるか否かはべつだ。

　ある校長研修会（100名近い参加者）で次のような質問をしてみた。「学校は誰のもの？」ほとんどの参加者は「地域のもの」と答える。職種を変えて、ミドルリーダーの研修会（200名近い参加）で同じ質問をしてみると「子供のもの」という声も聞かれるが大勢は「地域のもの」である。では、この質問を地区懇談会等で地域の方々に投げてみるとどうだろうか。おそらく、「学校は我々のもの」という答えは少ないだろう。教員は、学校の存在意義を知ってはいるが、地域は知らない。知らないと言うよりも興味がないのかもしれない。この意識の乖離のことを「カベ」と言うのではないか。地域が学校の存在意義を知ることができれば、それこそ学校が目指している「信頼される学校」への揺らぐことのない基盤づくりが可能となるのではないか。地域の方々が「おらが学校」を自慢し、そこに集う風景を思い浮かべるとき、子供たちに求められる「力」のさらなる成長が期待できると思えてならない。「子供は、大人の言うとおりにはしない。するとおりにする。」こんな言葉がある。地域の大人が学校に集い、学びや協働そして楽しみながら元気に生きていく姿を見たとき子供たちは生き方のよき手本として、大人を再認識するだろう。

(2) 地域に授業を開いた学校の取り組みから

　2003（平成15）年・2004年に国と県の指定を受けて学力向上フロンティアスクールの事業を展開した中学校がある。生徒による毎時間の授業評価を次時の授業改善につなげる取り組みだ。毎時間とは聞こえがよいが、続けていくと必ずマンネリ化する。この打開策として思い切って授業を地域に開いた。地域の方々に授業評価をお願いし、包み隠さず結果を学校便りで配信する。「次の授業はこうなりますよ！」と呼びかけ次回に備える。そんな、取り組みだった。授業に対する先生方の変化は生徒の毎時間の評価で一変。授業準備に本気度が増した。そして何よりも特筆すべきは、この取り組みでの地域の変化だ。「授業っておもしろい」「授業の準備って大変だ」「先生は授業準備であんなに忙しいの」などなど。このことが研修に参加した地域の方々を通じて地域に広まっていくのだろう。これまで、学校に寄せられた多くの厳しい意見やクレームなどが一気に減った。町を歩くと先生方に「根を入れ過ぎんことよ（がんばりすぎるな）」とねぎらいのお言葉をいただいて感激した若手教員がいたりもした。夜遅く授業準備で職員室に残る先生方のもとに地域の方からおにぎりの差し入れがあった。

　開かれた学校づくりは、多くの学校で実践中だが「これがそうだ！」という答えはない。学校と地域のカベを取り払えないままモヤモヤ感を残しながら管理職が奮闘している姿はよく目にする。学校の何を開くのかは、学校によって様々だろうが授業を開けない学校では、教員が地域の暖かさを肌で感じる機会は少ない。さらに、地域と子供の育ちを共有する本当の意味を理解できないだろう。

　授業評価で授業改善を進めたこの中学校では、研修会に地域の方々の参加を得たおかげで教師の本当の姿の理解が地域に浸透した。教師の多忙化がニュースで取り上げられる昨今、そのニュースを見たからといって住民の先生に対する意識が変わるわけではない。開かれた学校で教育を一緒に考える機会を持ってこそ変わる見方がある。

　コミュニティ・スクールを推進していく上で、学校が力を入れることは授業

を開く術を持つことだ。この学校からは、県のコミュニティ・スクール推進のカギとなる開かれた学校づくりの大きなヒントを得た。

3. 地域に知ってもらうことの大切さ

　授業改善の取り組みが功を奏した例は、特殊解かもしれないが地域の方々にどうにかして「学校を知ってもらう」ことの大切さは言うに及ばずだろう。

(1) 地域は何も知らないし、そもそも学校の取り組みに興味がない

　前述の中学校では、先生方の真の姿の理解が進むことで、地域との関係が改善され学校支援の充実が図られたと報告がある。「先生は授業をがんばってね。ほかに何かすることがあれば手伝うよ」と申し出た議員さんや地域の役員さんがいる。先生の苦労をどんな形で発信しても地域の方々には興味がなかったのだ。校長は「たより」やホームページで発信している。いくら頻度を上げてもイラストを増やしても興味がないことには関わろうとしない。一部のマニアやオタクしか学校には関わろうとしない。それが現実だ。考えてみればクレーマーやモンペといわれる人々は、学校に興味を持っていただいている数少ない人たちだ。ある意味ありがたい存在なのかもしれない。

(2) 地域の方は何を知りたいのか。そして、どうやって知っていただくのか

　これからの時代の学校の大きな課題である。地域の方々が知りたいジャンルなどないのではないか。学校がどう興味付けをしていくかが大切だ。授業改善にいっしょに取り組む学校では「育てたい子供たちの姿」を授業を通して共有している。子供の成長を目の当たりにすると同時に教員の成長も担う。そのことが学校理解につながる。コミュニティ・スクールを拡充していく上での大きなヒントでもある。

　学校の先生方の仕事をどのように理解するのかではない。先生方が子供たち

をどのように育てようとしているのかを学校運営協議会で共有する。この取り組みが教員や学校に対する正しい理解を促進し、信頼される学校へと進化するはずだ。

4. 各教育長の願い

(1) 教育長と膝を詰めて

2006（平成18）年度から、これまでの取り組みを根底から見直し、子供や地域に確実に届く教育を具現化できるツールとしてコミュニティ・スクールを推進していくこととなった。各自治体の教育長と徹底的に話をする。なぜ、施策が子供たちや地域に届かないのか、そのような状態で学校は信頼される学校づくりに向けて言葉だけが空回りする。本当に信頼される学校を作るために、地域と何を共有するのか。そんな、やりとりを繰り返す。

そんな中、2007（平成19）年からはじまった全国学力学習状況調査は、翌年（平成20年）劣悪の結果だった。自治体間の格差、学校間の格差、小学校における学級間格差等々結果を見れば問題は山のようにある。教育の機会均等をいかに実現するのかが、このときの解決すべき大きい課題であった。

全ての教育施策は、教職員の主体的な取り組みがなければ具現化できない。いろいろな打ち手で迫るが先生方一人一人に届いていないことに心を痛める教育長も少なくない。学力の問題だけではない。いじめや不登校、学校の荒れ、小学校における学級王国の課題など手をつけなければならない諸課題も依然として多く存在していた。19人の教育長にとって2008（平成20）年の学力ショックは、これまでの委員会経営、学校経営を足下から見直す機会となった。

子どもが身につけるべき力が学校だけでは補いきれないこと。信頼できる地域の大人が関わってこそ身につく社会性が多々あること。そんな大人たちと子どものあるべき姿を共有すること。そのために、どんな（学）力を身につけているかを理解してもらうことなどなど。しかし、先生方は忙しすぎる。これ以上、教職員の仕事を増やすことなく地域の方々と交流できる仕組みが必要であ

ること。それを可能にする仕組みがコミュニティ・スクールであることを説明した。

(2) 提案

　何回お願いしただろうか。多くの教育長は、同じ考えだった。地域を何とか活性化したい。学校がその核になるなら。教育長御自身の願いと重なる提案でもあった。

　学校は「地域の担い手を育てる」という理念を地域と共有する。そのための仕組みを作る。「授業は地域の文化だ」という考え方を校長以下教職員とコミュニティ・スクールの役員が分かち合うことができるのではないか。先生方が苦労して頑張っている。どんな授業で、どんな力をつけようとしているのか、これからの時代に求められる力は何か。そんなことを是非知っていただきたいのだ。そのために、地域の方々が学校へ日常的に足を運ぶ仕組みを作ることが必要であることなど。

　そうやって、話を詰めていくが、難しい方もいらっしゃる。「私の在任中は絶対にやらない！」とかたくなに拒否される方。「うちの地域にはすでに学校と地域がいい関係にある。」さらに、「国の施策や横文字にすぐ飛びつくのはいかがなものか。」それでも、県の考えを繰り返しお話しする。忘れもしないがこんな会話もあった。「学校におじいちゃん・おばあちゃんが出入りしては子どもが授業に集中できない！」という意見に「空き教室で大人が学ぶ。学校の地域貢献ですよ！」と語気を強めて何度も説明するが我々の考えをなかなか理解してもらうことができない。この市での話し合いは4時間にも及んだ。日を改めての挑戦となる。

(3) 多忙化解消

　コミュニティ・スクールを開校したとして、その仕組みをとり入れたばかりに先生方が忙しくなったのでは元も子もない。いくら理論的にうまく行くはずであっても教員が振り向かなければ学校に根ざすことはない。

どんなコミュニティ・スクールならば先生方が子どもと関わる時間が今以上に確保され、やりがいにあふれた取り組みになるのか。そして、地域の方々が「日常的に足を運ぶ学校」とは、どのような仕組みがあるのか。地域の方々であふれる学校であり、かつ先生方の仕事がスリム化される。このことが、山口コミスクの制度設計の柱となった。

(4) 地域の方々が足を運ぶ学校

　これまで学校に興味のなかった地域の方々が、足繁く学校に通うことなど起こるのか？そのしかけが「大人の学び」である。言い方を変えれば生涯学習の拠点として学校が機能すればよいと考えた。公民館には「カルチャー教室」があるが、学校はもっと自由だ。行きたくなったらいつでもよい。同じ趣味を持つ仲間、同じ特技を持つ仲間。そんな仲間を誘って学校に行けばよい。学校支援の必要もない。自分の楽しみを学校で叶える。そんな仕組みでよいのではないか。学校には、空き教室が多くある。また、使用頻度の低い特別教室もある。片付ければ、地域ルームとして使えそうな物入れ的な教室も存在する。さらに、活発に利用されているとは言いがたい学校図書館やPC教室などもある。大人が、一日のうちの数時間を過ごす空間は十分すぎるほどあるのだ。

　中には、「学校支援地域本部事業で、十分だ。」という声も聞く。しかし、そもそも学校支援地域本部事業とコミュニティ・スクールは、全く違う機能なのだ。学校支援地域本部事業は、学校支援充実のためのはたらき。山口コミスクは、子どもたちや大人の生きがいをサポートする仕組み。自身の楽しみにとはいえ学校に通う住民は、おそらく学校支援に明るい存在。学校の絶大なる応援団になるのではないか。そんな期待もある。

(5) 山口コミスクの新しい機能

　地域の方々が足繁く学校に通う。「大人の学び」のためだ。こうして「地域の大人が元気になる」このことは、19人の教育長が心から望んでいた「学校の地域貢献」でもある。地域から信頼される学校となるための努力を各自治体、

各学校は繰り返す。お祭りへの参加、ボランティア等々、しかし、このことで学校は疲弊する。休日返上で参加する。これ以上のマンパワーの提供は学校崩壊につながる。それほどまでに多忙なのだ。

そんな、憂さが一気に晴れる。地域の方々が学校で学ぶ。そこに集まる仲間ができる。子供たちと会話が弾むこともある。独居のご老人も多くいる。日本の独居老人の多くは一日中誰ともしゃべらないことが多いと聞く。そんな方々が学校で人とふれあうことができる。また、同じ趣味で集まった大人が自宅地域でつながりを取り戻す。それこそが地域貢献だろう。

地域貢献を柱にしたコミュニティ・スクールが、山口型のコミュニティ・スクールだ。

5．成果

「学校運営」「学校支援」「地域貢献」の三つが山口コミスクの機能だ。「地域貢献」がなければ100％には至らなかっただろう。19人の教育長の理解は地域貢献という御自身の切なる願いと重なったことで実現した。

(1) 子どもたちの声に、元気をもらっています

山口市立湯田中学校では、学校に花生けに来る婦人会がある。一週間に一度自宅の花や山野草を持参で学校中に花を飾ってくださる。今では「この取り組みが生きがいです。」と話される。この中学校、何度も荒れを繰り返した学校だ。そんなおばあちゃんからの手紙。

『学校から聞こえてくる。野球部のかけ声や合唱部の歌声。こんなに快いものとは思いませんでした。今までも、聞いていたのに気づきませんでした。……。今は、こんな声を聞くと元気になれます。』

また、市役所の子ども課が細々と年に一回公民館で実施していた赤ちゃん教室を中学校で毎週やってはどうかと提案し試しに実施。大盛況となった。今で

は毎週水曜日に実施され、昼休みには、中学生が自由に出入りする。赤ちゃんを抱く中３男子の写真がある。うれしそうに笑っている。湯田中では、毎週こんな取り組みが体験できる。おそらくこの男子、家庭を大切にするいいパパになるに違いない。こんな取り組みが県内の多くの学校に波及することを願う。
　そして、この教室に通う若いお母さんから学校に手紙が届いた。

　『信号待ち。中学生が元気に挨拶をしてくれます。乳母車をのぞき込んで「大きくなれー」って励ましの言葉。中学生がこんなにさわやかだと感じたことはありません。この地域で子育てができてよかった……。』

(2) 授業は地域の文化

　光市立浅江中学校では、ALTによる地域のおじいちゃんやおばあちゃんを対象とした英会話教室が毎週定時に実施される。学ぶお年寄りを見て中学生が「勉強する意味がわかった！」そんな、ジーちゃんバーちゃんが中一の教科書を購入した。一年生の授業に参加するのだ。

(3) 地域で育つ教員

　萩市立萩東中学校では、授業づくりのためのユニットを編成。若手、中堅、ベテラン、CS委員の６人から７人でチームを組む。こんなチームが５つ。このチーム内で月に一度の公開授業研修。毎週１回はいずれかのチームが公開することになる。この研究会には当然のことながらCS委員も参加する。研究協議では、教員ではないからこその鋭い指摘も。
　この中学校では、地域・保護者からの苦情が激減した。先生方の苦労が委員を通じて地域に周知されていく。先生は授業で苦労していること。ならばと多くの住民が学校支援に手を上げる。当たり前のことが伝わっていくことで先生方が多くの雑務から解放されるた例である。学校のスリム化はコミュニティ・スクールの機能の一つである。

6. 課題

(1) 校長の力量形成

　コミスクの充実は、やはり校長の手腕。どんな運営協議会を育てていくのか。目的を見失うことなく地域と共有できるか。先進校の情報に敏感で決断力をもって走りながら動かす実践力が必要だ。コミスクは、実践により学ぶことがほとんどだ。四の五の講釈を並べる輩には経営は難しい。さらに、やってみて気づくことが多いし、やらなければわからないことも多い。

　山口県で先進校と言われる学校で、成果として話されることは、はじめからそのことを目指して進めてきたものではない。少し進めて、見えてきたメリットを引っ張り出し、よさを徹底的に育てていった結果だ。さらに、得られた成果を運営協議会のカリキュラムとして未来へつなげていく。子どもをどう育てるのかという理念が共有されていなければできない取り組みだ。先を見据え、地域を巻き込み、皆が幸せになる新たな取り組みを創造する。そんな、力が求められる。

(2) 先進校の発信力とそれを学ぶ学習力そして踏み出す勇気

　コミスクは、やってみないとわからないことが多い。子どもの成長や地域の変容など。様々な取り組みが展開されている。動き出したら発信することだ。校区内の全戸に。そのために学校運営協議会はある。

　学校運営協議会では熟議を繰り返し皆が幸せになる取り組みを創造する。このときに先進校に学ぶことだ。まねから入ってもよい。いや、まねから入るべきだ。子どもの未来を支える取り組みや地域住民の幸せを創造する取り組みに二番煎じはない。いいものはいいのだ。教育の質の向上に資する取り組みは、躊躇すべきではない。すべてを整えるまで動けないというものではない。いいと思うことはその一端からでもはじめて行くことだ。激動の時代、皆が賛成するまで意見を調整することなど不可能だ。子供も地域も逃げはしないが時間は

限られている。目の前にいる子供、今の地域にとってできることはすぐに取り組みたい。思い切って踏み出す勇気を持つことだ。

(3) 教育委員会事務局のサポートと行政の参画

勇気を持って踏み出した校長の後ろには必ずサポーターが必要である。指導主事等だ。そんな体制づくりのできる教育委員会でなければコミュニティ・スクールの充実はありえない。彼らがどこまで学校経営をサポートできるか。指導主事、管理主事、社会教育主事の力量形成も喫緊の課題だ。

コミュニティ・スクールは、教育委員会内すべての課にまたがる大きい取り組みであると共に、役所内すべての課で育てていくべき取り組みでもある。なぜなら、おそらく全国のすべての自治体で「地域の担い手づくり」を政策に取り上げない首長はいないと思われるからだ。まちづくりや市民の元気づくり、そして子育て等々、学校に関わる者だけでなく地域振興や福祉等すべてのセクションでコミュニティ・スクールを理解することが重要だ。

地域全体で担い手を育てる仕組みづくりが市民をつなぎ町づくりを活性化する。こんな取り組みが学校を核として動き始める。これからの時代の「まち」のかたちではないだろうか。

終わりに

教員は、社会の権威の代表者として子供たちの前に立つ。大学を出たばかりの新任教員もベテラン教員も子供にとっては同じだ。しかし、そのことを地域の方々からお願いされているわけではない。学校という制度の中で何となく繰り返してきた生業である。もしも、先生方の仕事が地域の方から絶大なる支援や応援を受け尊敬されるものであったとしたら先生の生き方が変わってくるはずである。激動の時代、学校は変わることを常に要求されてきたが学校の教員ほど変わることが苦手な人種もいない。しかし、コミュニティ・スクールは、そんな先生をも変える魅力を秘めている。日々、子供たちに全力を傾ける教師。

それは彼らにとって延々と繰り返される日常だ。その日常を地域の方々が温かく見守る。教員の当たり前が地域から感謝される。そんな仕組みがコミュニティ・スクールなのだろう。

(小西　哲也)

第9章 春日市教育委員会の取り組み

1. コミュニティ・スクール導入の背景

　春日市では、子どもにおける基本的生活習慣やしつけ、集団・仲間づくりなど、以前は家庭や地域で育んできたものが学校教育に持ち込まれている現状に対し、学校運営協議会制度開始前の 2001（平成 13）年度学校教育基本計画「トライアングル 21」において、学校、家庭、地域の三者による共育を標榜し、地域に開かれた学校づくりを推進してきた。ここに、2004（平成 16）年「地方

表 9-1　コミュニティ・スクール事業及び他施策の変遷

年度	コミュニティ・スクール関連事項	権限委譲、多忙化対策、教育課題対応策等
H13	子どもトライアングル 21 策定	
H14		□予算執行権委譲
H16	地教行法改正（学校運営協議会設置）	□予算編成権委譲　□学校管理運営規則改正
H17	規則施行、春日北中ブロック　3校導入	□市単独学校訪問廃止　□教育長出前トーク
H18	4校導入	□学校事務の共同実施　□校区再編
H19	書籍「地域運営学校の展開」　2校導入	□市研究指定休止
H20	小学校導入完了⇒全自治会関与　5校導入	□小学第6学年30人以下学級
H21	3校導入	□自治会改革（まちづくり交付金, 地区世話人廃止）
H22	中学校導入完了⇒全校 CS に　1校導入	□不登校専任教員、SSW 全中学校配置
H23	書籍「コミュニティ・スクールの魅力」	
H24	第1回全国 CS 研究大会 in 春日市開催	□CS 及び学校評価研究事業　※事務加配
H25		□CS 及び学校評価研究事業　※事務加配
H26	書籍「コミュニティ・スクールの底力」	□CS 及び学校評価研究事業　※事務加配
H27	学校支援地域本部事業（1小1中）	□まなびや春日（土曜補充学習、4小学校） □首長部局等協働モデル事業（幼保、福祉） ※事務加配
H28	書籍「市民とともに歩み続けるコミュニティ・スクール」	□首長部局等協働モデル事業（幼保、福祉） ※事務加配
H29	地域学校協働本部事業（4小2中）	

教育行政の組織及び運営に関する法律」の改正により学校運営協議会設置が可能となったことにより、春日北中学校ブロック3校（春日北中、春日北小、日の出小）をモデル校として教育委員会が指定し、全国でも初期の段階で（九州では初めて）コミュニティ・スクールを導入した。（表9-1）

また、コミュニティ・スクール等施策と平行して、学校への予算を含む権限移譲やゆとりある教育環境づくりを進めてきた（表9-1）。これら施策との一体的推進が、コミュニティ・スクールの充実につながるものと考えている。

2. 導入（教育委員会）と指定（学校）の手続き

(1) 導入に当たっての教育委員会の動き、方向性

特に、最初3校導入時に学校と教育委員会が行った主なことを図9-1に挙げる。手探り状態での始動ではあったが、これまでの三者共育の理念をもとに、学校と教育委員会が共に考え推進してきたと言える。このことは、学校運営協議会委員に行政職員を任命していることからも分かる。（図9-2）

□ 校長会での導入意義説明
□ 自治会長会での趣旨説明
□ 規則施行
□ 市の目標設定、構想説明
□ 保護者への啓発チラシ配付
□ 保護者、地域への教育ニーズ、現状調査
□ 保護者、地域住民説明会

図 9-1　学校、教育委員会による働きかけ等

行政職員が委員であることの意義

学校、地域の現状理解
　学校づくり、まちづくりに関わる職員

学校、地域への協力、協働
　委員同士であり、頼もしい職員

専門性を生かした支援、協働
　読書、子育て、不登校等共に考える職員

図 9-2　行政職員が委員であることの意義

また、教育委員会は3校の実践を検証し取組の成果等を明らかにしながら、未導入校や自治会に対し教育学校出前トークや校長会、自治会長会、PTA連合会等様々な場面を捉えて周知を行っていく。そして、準備の整った学校から順次導入し、平成22年全校での導入が完了したのである。

(2) 指定の手続き

2005（平成17）年4月「春日市学校運営協議会規則」を施行、同規則第2条で目的と協議会設置の趣旨を示している。

> **第2条** 協議会は、学校が掲げる教育目標の実現に向け、一定の権限と責任を持って学校運営に参画することにより次に掲げる事項の達成を目指すものとする。
> (1) 地域の住民及び保護者等が、学校との連携の下、目標を共有し、責任を分かち合い、協働して児童及び生徒の育ちに関わる学校と地域の風土が醸成されること。**（協働・責任分担方式）**
> (2) 学校、家庭及び地域の教育力が向上することにより、児童及び生徒の豊かに生きる力が育成されること。
> (3) 地域住民等と学校との信頼関係が深まることにより、地域に開かれ、地域が支え、信頼される学校となること。

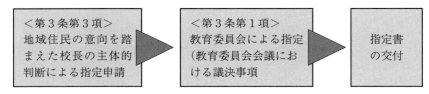

図 9-3　指定の流れ

指定については、同規則第3条第1項「教育委員会は、協議会設置により第2条各号に掲げる事項を達成できると認めるときは、設置する学校を指定し、当該指定した学校ごとに協議会を設置できる」及び同条第3項「校長は、地域住民等の意向を踏まえ、指定を申請することができる。」を踏まえ、図9-3の流れで指定手続きを行ってきた。また、指定に当たっては、教育委員会が指定書（図9-4）を作成し学校に対し交付している。

他市町村で見られる準備委員会設置につい

図 9-4　指定書

第9章　春日市教育委員会の取り組み

ては、規則や要綱を含め特段決まりを設けていない。学校の意見を尊重する考え方に立ち、地域意向や学校地域間の関係性等の実情を踏まえ、準備が整った学校が自ら指定申請する形で順次導入が進んできた経緯である。

3. 取組と成果

(1) 学校運営協議会

　学校運営協議会の大きな役割は、承認、協議、具申、評価であると捉えてい

表9-2　協議内容等事例（平成18年度導入春日西小学校　※年9回、児童下校後開催）

回数、日時	三者連動カリキュラム説明・依頼	協議、報告内容	教員出席数
4/22 第1回	○年間計画 ○西っぴい先生年間予定	○学校経営方針【学校】 ○年間行事計画【学校】	―
5/11 第2回 ※歓送迎会	○2年総合：野菜パーティー ○4年総合：ボランティア大作戦 ○5年家庭科：ミシン	○本年度PTA活動【PTA】 ○元気もりもりカード【PTA】 ○サマー寺子屋【PTA】	4名
7/13 第3回	○2年総合：冬野菜を育てよう	○児童会活動説明【児童会】 ○元気もりもりカード集計結果【PTA】 ○集団下校訓練【PTA】 ○CS進捗状況評価【学校】 ○夏季休業研修計画【学校】	3名
8/25	教育長トークに参加（テーマ：不登校）		
9/14 第4回	○1年生活：昔のおもちゃで遊ぼう ○2年総合：冬野菜パーティー ○5年総合：わたしたちの地区自慢	○学力、体力結果【学校】 ○元気もりもりカード集計結果【PTA】 ○教育長出前トーク報告【学校】 ○学校評価【学校】 ○寺子屋【PTA、地域】 ○WBC小中合同防災訓練【学校】	4名
10/12 第5回 ※学校関係者評価	―	○保護者授業評価【学校】 ○後期学校改善提案【学校】 ○平成29年度予算編成【事務職員】 ○ゆめまつり【PTA】	1名
※11、12、2月にも開催（詳細は省略）			
3/8 第9回	―	○児童会活動説明【児童会】 ○元気もりもりカード総括【PTA】 ○平成29年度学校経営構想【学校】 ○平成29年度学校運営協議会、 　学校行事予定確認	2名

る（協議内容例を表9-2に示す）。春日市では教職員の任用に関する意見の申し出に関する権限を有しており、これまで、地域連携教員加配要望や学校地域間のコーディネートを担っていた教員や学校事務職員の留置き要望などがあるが、特定の教職員を批判するような申し出は行われていない。

また、春日市における学校運営協議会の年間平均開催数は7～8回であり、全国平均の5回を上回る数字となっている。

（2）実働組織と双方向関係構築

学校運営協議会における協議や方針決定に基づき、実際の連携協働活動に関

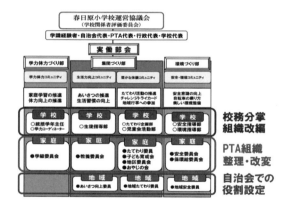

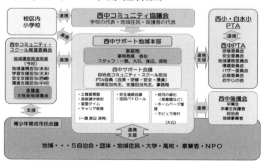

図9-5　実働組織例（春日原小学校、春日西中学校）

第9章　春日市教育委員会の取り組み

するより詳細な企画や運営を行う組織として実働組織を編成している。組織の在り方は、児童生徒の課題や活動内容等で各校特色があり異なる。

　また、協働活動の持続可能性を高めるため、三者が互いに win-win となるための「双方向関係構築」の視点が重要であることから、中学生による地域行事支援を開始する。（図9-6）。支援は次第に企画や運営へと段階を進め、行事への生徒参画は不可欠なものと認識され、学校、生徒と地域の相互理解の深まりや生徒の自己有用感が高まり等の成果も表れるようになった。

図9-6　支援、協働、そして貢献活動

(3) 地域連携カリキュラム

　項目1や2で述べた地域連携協働の意義に加え、地域連携活動の計画性、継続性の担保や校長や教頭、主幹教諭以外の教職員への意識付け等を理由に、

図9-7　地域連携カリキュラム事例（春日南中学校、春日西小学校）

305

学校運営協議会や実働組織で協議を行いながら「地域連携カリキュラム」を整備してきた。また、「地域を学ぶ」「地域を生かす」「地域とともに学ぶ」「地域に貢献する」というカリキュラム開発上必要となる4観点を教育委員会が学校に示している。

(4) 校区再編

地域住民が、学校を「地域の学校」と感じ、「うちの学校」と呼び親しむためには、地域コミュニティ（自治会）の範囲と学校区が一致しないことは大きな問題である。この問題を解消するため、通学区域審議会答申に基づき18校中8校で校区再編を行うこととし、6校が完了した。

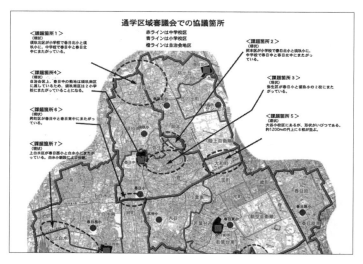

図9-8　通学区域審議会での協議箇所

(5) コミュニティ・スクール進捗状況評価

コミュニティ・スクールに関する進捗状況を確認するツールとして、学校運営協議会委員、教職員を対象に進捗評価を実施している（表9-3）。各校評価結

表 9-3 コミュニティ・スクール進捗状況評価表

コミュニティ・スクール進捗状況評価　（　　　　）学校	
4段階評価（4よく進んでいる　3概ね進んでいる　2少し進んでいる　1進んでいない）	
※ 分からない項目については、無回答としてください。	

I　共に育てる共育文化醸成の進捗状況（取組の良好さを見る）	
1　コミュニティ・スクールの組織と運営	評　価
①　学校運営協議会での協議状況はいかがですか。	4　3　2　1
②　実働組織・支援組織による推進状況はいかがですか。	4　3　2　1
2　学校の目標・課題の三者による共有化	評　価
①　学校運営協議会での共有化の状況はいかがですか。	4　3　2　1
②　教職員による共有化の状況はいかがですか。	4　3　2　1
③　保護者による共有化の状況はいかがですか。	4　3　2　1
④　自治会（地域）での共有化の状況はいかがですか。	4　3　2　1
3　学校と保護者・校区民との双方向の関係構築	評　価
①　地域からの学校に対する支援状況はいかがですか。	4　3　2　1
②　保護者（PTA）からの学校に対する支援状況はいかがですか。	4　3　2　1
③　学校からの地域に対する貢献状況はいかがですか。	4　3　2　1
④　学校と保護者・地域による協働の取組状況はいかがですか。	4　3　2　1
4　コミュニティ・スクールの認知	評　価
①　CSの目的・仕組み、活動についての教職員への周知の状況はいかがですか。	4　3　2　1
②　CSの目的・仕組み、活動についての児童生徒への周知の状況はいかがですか。	4　3　2　1
③　CSの目的・仕組み、活動についての保護者への周知の状況はいかがですか。	4　3　2　1
II　開かれた学校教育文化醸成の進捗状況（取組の良好さを見る）	
1　連携カリキュラム（教育課程以外の教育活動）の整備・取組	評　価
①　外部人材を活かしたカリキュラムの整備・取組状況はいかがですか。（「地域を生かす」）	4　3　2　1
②　自然、文化、伝統、施設等を活かしたカリキュラムの整備・取組状況はいかがですか。（「地域で学ぶ」）	4　3　2　1
③　地域に参画・貢献するカリキュラムの整備・取組状況はいかがですか。（「地域に還す」）	4　3　2　1
④　子どもと地域の人が共に学ぶカリキュラムの整備・取組状況はいかがですか。（「地域と学ぶ」）	4　3　2　1

果、日常的な学校運営協議会運営状況の把握、全国事例等を踏まえ、市として結果を総合的に分析、検証し、改善策等を提示している。

(6) 成果

① 児童生徒の変容としては、自尊感情や自己有用感の高まりや社会性や市民性の醸成、さらには、学力や基本的生活習慣の定着も見られる。また、生徒指導上の課題があった学校において、補導件数が激減した事例もある。

② 学校の変容としては、学校理解や支援が進み、加えて地域住民等による苦情が減少している。また、学校運営協議会や実働組織等での活発な議論や建設的な意見の聴取により、教育活動の充実と質の向上が図られている。
③ 地域の変容としては、地域行事の活性化や安全・子育てのまちというイメージ定着による転入者増加（子育て世代中心）がある。また、子どもへの関わりが生きがいになるなど、生涯学習の場が広がっている。
④ 家庭から見ると、多くの大人の目が子どもに注がれ、見守られていることにより、安心して学校に通わせることができる。また、地域住民等と関わる中で、親としての学びや成長を実感する姿が見られる。（アンケート等感想）

4. 課題と展望

　コミュニティ・スクール推進上、教育委員会の存在は重要である。導入時には、三者の理解を得ることはもとより、規則整備や予算確保、地域と学校をつなぐこと等果たす役割は大きい。また、事業が進むにつれ、市全体の方向性を整理し再度示したり、学校や地域ごとの課題解決のために学校運営協議会、学校、家庭、地域と共に考えていくことが求められる。その点で先に述べたように、学校運営協議会への行政職員の参画が重要であると考える。
　また、目標や思いの共有と協議が確実になされ、それを実行に移すための予算的裏付けや実行権限を学校運営協議会が持つこと、すなわち、「協議会のマネジメント」が非常に重要であり、教育委員会による働きかけが不可欠である。
　コミュニティ・スクール導入から10年以上が経過し、市民全体への浸透、学校運営協議会や連携協働活動の目的や意義の認識の薄れ、特定人材への負担集中、自治会、PTAの世代交代等課題は少なくない。次の世代に「志」「思い」をうまくつなぐこと、社会に開かれた教育課程編成や学校事務職員の地域との関わり等に向け教職員の意識をさらに高めること、人材の発掘、育成のためのシステム構築等が求められており、次のステップに進む必要があると考える。

第 9 章　春日市教育委員会の取り組み

引用・参考文献

春日市教育委員会、春日北中、春日北小、日の出小（2009）：地域運営学校の展開、三光出版

春日市教育委員会（2012）：コミュニティ・スクールの魅力、ぎょうせい

春日市教育委員会、春日市立小中学校（2015）：コミュニティ・スクールの底力、北大路書房

春日市教育委員会、春日市立小中学校（2017）：市民とともに歩み続けるコミュニティ・スクール、ぎょうせい

伊藤文一、西祐樹（2017）：春日市におけるコミュニティ・スクールの特徴とその連携協定のあり方について―教育委員会事務局改革、自治会改革との連動―、福岡女学院大学教育フォーラム第 19 号、p59-74

（西　祐樹）

第 10 章　沖縄市教育委員会の取り組み

1. コミュニティ・スクール導入の背景

　沖縄市は、沖縄県の中部に位置する同県第 2 の都市で、人口は、約 13.9 万人（2015（平成 27）年 4 月）である[1]。嘉手納飛行場などの米軍基地が位置することもあって、国際色豊かで、エイサーなどの芸能や、音楽活動も活発である。所管する小学校は 16 校、中学校は 8 校である。

　沖縄市教育委員会では、児童・生徒の学力保障を中心に据えながら、さまざま教育施策を展開している。その背景には、沖縄市のみならず沖縄県が抱える様々な教育課題を直視し、それに真剣に向き合おうとする問題意識がある。子どもの貧困問題については、2016（平成 28）年 1 月 5 日の報道では、沖縄県における子どもの貧困率が全国最多の 37.5%（2012（平成 24）年）となり、悪化の伸びも突出していると報じられた[2]。また、基地を抱えることから、外国にルーツを持つ児童・生徒の数も多い。そのため、県内児童・生徒の学力の水準や格差については長らく問題意識が持たれてきた[3]。

　こうした県全体の状況の中にあって、沖縄市も例外ではない。沖縄市教育委員会の指導主事は、貧困や多国籍化等は日本社会全体にとっての課題であるが、同市はその「一丁目一番地」にあると述べている。

　現在、学力保障に向けて、授業改善に係る施策や、教員集団の組織に係る施策などが総合的に進められているが、「沖縄市型」コミュニティ・スクールの導入・推進は、その一環として位置づくものである。

2. 導入の手続き

　学校運営協議会制度を導入する直前の 2013（平成 25）年度時点で、学校評議

員は全校に導入されていた。また、学校関係者評価も行われていた。学校支援地域本部は2008（平成20）年度から実施されている。これらを土台とし、2013（平成25）年度に文部科学省の委託事業[4]を受託しながら準備を進め、2014（平成26）年度に所管する小・中学校全校に対し、学校運営協議会を設置した。

　コミュニティ・スクールの推進は、行政施策上、次のように位置付けられている。沖縄市の教育目標は「自ら学び、心豊かで個性と創造性あふれる幼児・児童・生徒の育成」であるが、そのための重点目標として「子どもの未来を切り拓く沖縄市教育の創造〜学校組織マネジメントを生かした信頼される学校づくりの推進〜」が挙げられている。これを受けた重点事項として「③「地域から信頼される学校」の構築学校改善のためにコミュニティスクールを推進」が挙げられている[5]。

　沖縄市におけるコミュニティ・スクールの推進手法の第1の特色は、全校に一斉設置するというドラスティックさと、既存の組織や取り組みを踏まえ、それらを発展的に活かす形で定着を図るという漸進性が両立している点にある。

　全校一斉設置する際には、校長会等で不安の声が上がらなかったわけではなかった。これに対しては、各校が既に行っている取り組みを基盤にして、無理のない形で、既存の実践を深化させる方向性を教育委員会が示していった。

　具体的には、各校に置かれていた学校評議員をベースとして学校運営協議会への移行を図った。教育委員会が委員を任命する際に、校長の推薦を受けることを学校運営協議会規則に明示したことも、学校評議員制度の運用を踏まえたものである（第7条第2項）。

　また、2015（平成27）年度からは、学校関係者評価委員会も学校運営協議会に統合した。これは、多くの学校で、学校関係者評価委員と学校運営協議会委員を兼任して活動している保護者・地域住民がいるからで、省力化と、双方の機能の一体化とを目的としている。

　委員の人数は各校10名で、校長、学校支援地域本部の地域コーディネーターを含むよう求めた。会議は、年間4回開催することを示している（うち1回は拡大学校運営協議会；後述）。

権限としては、(1) 教育課程の編成に関すること (2) 学校経営計画に関すること (3) 組織編制に関すること (4) 学校予算の執行に関すること (5) 学校の施設、設備等の管理及び整備に関することに関して校長が毎年度基本的な方針を作成し、学校運営協議会の承認を受けることとなっている（学校運営協議会規則第5条）。また、学校運営に関する意見については、第6条第1項に規定されている。さらに、職員の任用についての意見については、第6条第2項に規定されているが、沖縄市の「教育委員会を経由し」て申し出るものとされている。これらの意見申し出は、「あらかじめ校長の意見を聴取」してから行うものとなっている（第6条第3項）

3. 主たる取組とその成果

　学校評議員を母体にしているとはいえ、従前の状況とまったく同一というわけではない。前述した学校関係者評価の機能や、後述する学校支援地域本部、小・中の連携という諸施策との連関性を意識し、それらを有機的に結びつけることが意識されている。さらに、2015（平成27）年度から「1校1取組」を求めている。これは、教育長の発案・呼びかけによるもので、コミュニティ・スクールだからこそできる取り組みを各学校で1つ（以上）定め、その実践と報告を求めるものである。「1校1取組」の内容を、以下の表10-1に示した。これを集約した教育委員会としては、「学校課題解決型」（安全・生徒指導・基本的生活習慣改善等）・「地域連携行事型」（祭り・行事等）・「地域参画」（あいさつ運動・クリーン活動等）・「地域資源活用」（空き地・田んぼ等の利用等）という4つのカテゴリに分類しているという。教育委員会は、報告を集約し、好事例があった場合はそれを他校にも紹介するなどして、実践の在り方を広げたいと考えているという。一斉設置はしたが、特定の実践を学校に押し付けるのではなく、様々な可能性が学校から上がってくるのを待ち、その知見をもとに漸進的な改善が図られているのである。

　第2の特色は、横のつながりと縦のつながりを意識し、中学校区でのコミュ

第 10 章　沖縄市教育委員会の取り組み

表 10-1　2015（平成 27）年度における「1 校 1 取組」

	学校名	1 校 1 取組テーマ
小学校	越来小学校	越来小 PTCA 親子まつり
	コザ小学校	ふれあい農園プロジェクト（空き地の有効活用）
	中の町小学校	学校・家庭・地域の絆を紡ぐ「中の町小学校・校区民生涯楽習笑励会」
	安慶田小学校	あいさつのこだま運動〜こだましあう心を育てよう〜
	諸見小学校	「心のこもったあいさつをしよう」
	島袋小学校	「学校・家庭・地域」をつなぐふれあいグランドゴルフ大会
	山内小学校	「あいさつがんばるぞ！！ウィーク」
	北美小学校	「北美小壁面クリーンアップ作戦」「学校・家庭・地域をつなぐ秋祭り」
	美里小学校	朝の児童の交通安全の確保を図るための看板・標識の設置
	美東小学校	学校課題の解決に向けた学校・保護者・地域の連携 徹底事項「早寝・早起き・朝ごはん」＆「徒歩による登下校」
	宮里小学校	学校・家庭・地域がつながるあいさつ運動 〜あいさつの輪を広げよう〜
	高原小学校	みんなで守ろう、子どもたちの安全 〜登下校時の児童の安全確保のために〜
	室川小学校	地域とつくる「わったーがっこう」〈室川結まつり〉
	美原小学校	子どもたちのあいさつ習慣を確立するための学校・家庭・地域で共通する取組推進（宮中校区）
	泡瀬小学校	田んぼ体験！種から精米まで→感謝の心でいただきます！
	比屋根小学校	登下校時における安全な通学路の確立 〈登校路整備・朝の地域パトロール〉
中学校	越来中学校	学校の信頼回復とコンビニ型学校経営への理解・協力体制の構築
	コザ中学校	熟議「問題行動・不登校生徒への対応」「学習支援」
	山内中学校	山内中学校区青年会との連携〜風山祭〜
	美里中学校	授業 1 分前入室・黙想。心を落ち着かせて授業に臨む姿勢を整えよう。
	美東中学校	美東中地域清掃大作戦 in クリーンデー 「生徒を地域へ！地域を学校へ！」
	安慶田中学校	課題解決に向け、それぞれの立場で、できることからはじめよう。
	宮里中学校	クリーンデー「地域とともに、自分たちの住む街をきれいにしよう！」
	沖縄東中学校	創立 20 週年記念事業生徒テーマ 「ありがとう、地域とともに 20 年 未来へ輝け沖東中」

ニティ形成を志向していることである。

　横のつながりとしては、学校支援地域本部[6)]による諸活動があり、2014（平成26）年度には、沖縄市全体で1,827人のボランティアが登録し、延べ人数で53,416人が活動した[7)]。学校支援地域本部のコーディネーターを学校運営協議会委員に含めるなどし、学校運営協議会との連携を図るよう各校に求めているという。

　縦のつながりとしては、小学校と中学校の連携を意識し、中学校区でのコミュニティ形成を志向している。学校運営協議会は、基本的に各校に設置されるが、年に1回は中学校ブロックで拡大開催を持つようにしている。小中学校全体の教育活動が理解でき、中学校区全体でどのような子どもを育てたいかという目的の共有を図っている。

4. 課題

　全校に一斉設置しながらも、既存組織の転用を図ることで学校の負担感をやわらげながら漸進的に進めること、小・中連携等といった他の教育施策を組み合わせていくことなどに「沖縄市型」コミュニティ・スクールは特徴づけられていた。他の地域でも参考にできる特徴であると考えられる。

　また、困難な地域課題に対する明確な問題意識の中で、コミュニティ・スクール等の諸施策が展開されていた。ただ、子どもの貧困等については地域の善意に依拠するのみで解決するものではない。ヒト・モノ・カネも含めた国レベルでの施策が充実してこそ、地域での取り組みと連動して施策の効果を発揮するものだろう。その点を指摘たい。

　　注
1) 2016（平成28）年2月23日に訪問調査を行い、インタビューをするとともに、資料提供を受けた。本章は、その時点での情報をもとにして記述されたものである。
2) 『琉球新報』1面（2016（平成28）年1月5日）

3) これらの事情について、沖縄タイムス社『学力ってなに：「最下位」の衝撃を超えて』2008（平成20）年等を参照。
4) 「『コミュニティ・スクールの推進への取組』に係る委託事業」（研究内容A：コミュニティ・スクールの導入促進に関する調査研究）を受託。なお、2014（平成26）年度も同事業を受託している。
5) 『平成27年度 沖縄市の教育』
6) 2008（平成20）〜2010（平成22）年度は文部科学省からの受託事業、2011（平成23）年度以降は、文部科学省と沖縄県の補助事業として実施している。
7) 2014（平成26）年度文部科学省委託事業「コミュニティ・スクール（学校運営協議会制度）」の導入に関する調査研究事業 報告書

（仲田　康一）

第11章 高等学校におけるコミュニティ・スクールの導入と展開

1. 全国の高等学校の導入・推進状況

　全国の高等学校におけるコミュニティ・スクールの導入・推進状況は、2004（平成16）年の制度創設から10年を経過した2014（平成26）年4月時点での文部科学省の調査によると、小学校1,240校・中学校565校に対して高等学校は12校と、特別支援学校とともに低調な伸びとなっていた。
　ところが近年、各地で高等学校でのコミュニティ・スクールの導入が急速に拡大していることが文部科学省の指定状況の報告及び筆者の調査により明らかになった。2006（平成18）年4月の高知県立大方高等学校から2017（平成29）年4月現在までの高等学校の導入・推進状況を整理すると次のようになる。

表11-1　高等学校でのコミュニティ・スクールの導入・推進状況の経年推移

2006 H18年	2007 H19年	2008 H20年	2009 H21年	2010 H22年	2011 H23年	2012 H24年	2013 H25年	2014 H26年
2校	3校	3校	4校	5校	5校	9校	11校	12校
2015 H27年	2016 H28年	2017 H29年						
15校	25校	65校						

表11-2　平成18～28年度間コミュニティ・スクール導入の高等学校一覧

	都道府県・ 指定都市名	高等学校名	課程・学科	指定年月日
1	高知県	県立大方高等学校	定時制と通信制併置・単位制普通科	平成18年4月1日

第 11 章　高等学校におけるコミュニティ・スクールの導入と展開

	高知県	県立中芸高等学校	定時制・単位制普通科	平成 18 年 4 月 1 日（平成 21 年度までの指定）
2	三重県	県立紀南高等学校	全日制・普通科	平成 19 年 6 月 1 日
3	横浜市	市立横浜サイエンスフロンティア高等学校	全日制・単位制理数科	平成 21 年 6 月 1 日
4	岡山市	市立岡山後楽館高等学校	定時制・単位制総合学科、併設型中高一貫教育校（現在、全日制・単位制総合学科）	平成 22 年 12 月 1 日（平成 24 年 4 月に全日制に移管）
5	千葉県	県立多古高等学校	全日制・普通科と農業系の生産流通科の併置校	平成 24 年 4 月 1 日
6	千葉県	県立長狭高等学校	全日制・普通科	平成 24 年 4 月 1 日
7	北海道	道立北海道別海高等学校	全日制・普通科と酪農経営科の併置校	平成 24 年 5 月 24 日
8	横浜市	市立南高等学校	全日制・普通科、併設型中高一貫教育校	平成 24 年 7 月 1 日
9	三重県	県立白山高等学校	全日制・普通科と情報コミュニケーション科の併置校	平成 25 年 4 月 1 日
10	富士市	市立高等学校	全日制・単位制総合探究科・ビジネス探究科・スポーツ探究科の併置校	平成 25 年 6 月 1 日
11	知内町	町立北海道知内高等学校	全日制・普通科	平成 26 年 5 月 12 日
12	千葉県	県立浦安高等学校	全日制・普通科	平成 27 年 4 月 1 日
13	大分県	県立玖珠美山高等学校	全日制・普通科と地域産業科の併置校	平成 27 年 4 月 1 日
14	札幌市	市立札幌大通高等学校	定時制・単位制普通科	平成 27 年 10 月 5 日
15	千葉県	県立京葉高等学校	全日制・普通科	平成 28 年 4 月 1 日
16	神奈川県	県立岸根高等学校	全日制・普通科	平成 28 年 4 月 1 日
17	神奈川県	県立釜利谷高等学校	全日制・普通科	平成 28 年 4 月 1 日

第Ⅲ部　事例校にみるコミュニティ・スクール導入の過程と成果・課題

18	神奈川県	県立逗子高等学校	全日制・普通科	平成28年4月1日
19	神奈川県	県立小田原城北工業高等学校	全日制と定時制併置・工業科	平成28年4月1日
20	神奈川県	県立愛川高等学校	全日制・普通科	平成28年4月1日
21	長野県	県白馬高等学校	全日制・普通科と国際観光科	平成28年4月1日
22	滋賀県	県立長浜北高等学校	全日制・普通科	平成28年4月1日
23	山口県	県立周防大島高等学校	全日制・単位制普通科と地域創生科の併置校、連携型中高一貫教育校	平成28年4月1日
24	山口県	県立美祢青嶺高等学校	全日制・単位制普通科・機械科・電気科の併置校	平成28年4月1日
25	山口県	県立大津緑洋高等学校	全日制・単位制普通科・生物生産科・生活科学科・海洋技術科・海洋科学科の併置校	平成28年4月1日

　表11-2に加えて、2017（平成29）年4月現在で新たにコミュニティ・スクールを導入した40校は、北海道ニセコ町立高等学校、山形県立小国高等学校、神奈川県立の市ケ尾・田奈・向の岡工業・百合丘・横浜明朋・旭・磯子工業・横浜栄・瀬谷・横須賀工業・藤沢西・藤沢工科・藤沢総合・秦野総合・二宮・相原・神奈川総合産業・上溝南・相模田名・大和東・相模向陽館の21の県立高等学校、三重県立南伊勢高等学校、奈良県立の五條・大淀・十津川の3の県立高等学校、山口県立の高森・岩国工業・熊毛南・下松工業・南陽工業・防府商工・西京・山口農業・宇部工業・長府・萩（本校）・萩（奈古分校）の12の県立高等学校、下関市立下関商業高等学校である。

　上記のとおり、高等学校でのコミュニティ・スクールの導入とその取組に関しては、高知県立大方高等学校から岡山市立岡山後楽館高等学校の5校がパイロット校として先進的な役割を担ってきた。そして近年では、千葉県・神奈川県・奈良県・山口県の4県での県立高等学校への導入が顕著であり、それらは

2017（平成29）年3月の地方教育行政の組織及び運営に関する法律（以下、地教行法と略す）の一部改正に伴うコミュニティ・スクールの新たな導入段階を迎えたことと相俟って、今後の高等学校導入の先導的な役割（各教育委員会が規定する「学校運営協議会の設置及び運営に関する規則」等の一部改正の取組と運営改善など）を担うものとして期待される。以下、岡山市、千葉県、神奈川県の各教育委員会による取組を順に紹介し、その上で高等学校の取組の特性と今後の展開について整理してみたい。

2. 岡山市地域協働学校と岡山市立岡山後楽館高等学校の取組

　岡山市では、中学校区を単位として「岡山市地域協働学校」として独自のコミュニティ・スクールの導入を広げている。その端緒は、岡輝中学校区にある3校が文部科学省指定を受けて「新しいタイプの学校運営に関する実践研究」に取り組んだことにある。その後、岡輝中学校区での取組成果をいかして、2005（平成17）年4月1日付けで「岡山市地域協働学校運営協議会の設置等に関する規則」が制定され、それに基づき同年4校園を指定したのが始まりとなる。「岡山市地域協働学校」の特色は、中学校区ごとに連絡会を設置して同区内の幼稚園・小学校・中学校の連携を強化することで、連続性のある教育力及び学校運営力の持続と発展に資する支援システムを構築していることにある。

　岡山市立岡山後楽館高等学校（以下、後楽館高校と略す）は、1999（平成11）年に2校の定時制高等学校を発展的に再編・統合して創設された岡山市立唯一の高等学校である。高等学校の再編に当たっては、単位制による定時制総合学科の中高一貫教育校として、新たな歩みをはじめ、その後2012（平成24）年度からは年次進行で全日制高等学校に移管するところとなり、2015（平成27）年度末をもって全日制に完全移管した。

　後楽館高校は、「他にない学校をつくろう」をスローガンに、「自主自律」と「自分で創る学校生活」を建学の精神とし、校訓は「愛と創造」、学校教育目標は「豊かな人間性と自立心の育成」「個性と創造性の伸長」を掲げている。単

位制による学校として「留年がない」ことや「自分で作る時間割」を通じて、自己の在り方・生き方を深く考える教育を徹底して行っているほか、多様な生徒の受け入れとして「インクルーシブな教育環境」の整備にも取り組んでいることが指摘できる。

　後楽館高校の地域協働学校運営協議会では、構成員としては全体で12名であり、学識経験者をはじめ元ＰＴＡ役員・同窓会代表・地域住民として子育て応援の代表に加え、中高一貫教育校として中学校と高等学校のそれぞれの校長も委員となっている。この運営に当たっては、同校の教頭や主幹が担当している。協議会の取組を通じて、学校理解の促進をはじめキャリア教育やボランティア活動など生徒の教育活動についての応援団や、外部講師の調整などに参画・協働していて、学校運営の円滑な取組と生徒にとって実りある教育支援をめざした展開に寄与している。

　岡山市立学校の学校運営協議会は、前述の規則の定めにより、「基本的な方針の承認」と「運営に関する評価と情報提供」、さらには「連絡会の開催」が主な権限として位置づけられている。学校の「運営に関する評価」等を通じて、校長等に対しての意見申し出の機会になっているが、教職員の任用に関して教育委員会に意見を述べる規定は見当たらない。委員の任期は１年と規定されているものの、再任することは可能となっている。協議会の会議は公開とし、会議録の調整と協議会の活動状況を公開することについても努力義務として規定している。また、岡山市では、岡山市地域協働学校運営協議会の委員の参加についてはすべてボランティアとなっている。規則の中で注目できる項目としては、教育委員会が必要に応じて協議会に「指導及び助言」を行うとある点で、教育委員会による各学校への指導や支援の体制整備を伺えることである。2017（平成29）年３月の地教行法の一部改正を踏まえ、岡山市教育委員会が学校運営協議会の規定をどのように改定を図り制度改善に取り組んでいくのか、これまでの同市及び同校の実績からも期待されるところである。

3. 千葉県教育委員会による県立高等学校の指定とその取組

　千葉県では、前掲の表11-2のとおり、県立高等学校（多古・長狭・浦安・京葉）4校がコミュニティ・スクールとして取組を進めている。県内全体をみると、市町村立学校4校の指定を加えると全体8校でコミュニティ・スクールを導入している状況であり、そのうち習志野市立秋津小学校は2006（平成18）年10月1日にコミュニティ・スクールとなり、全国的にも学校と地域との参画・協働による実践的な取組を発信した先導的な学校として注目されていることからもわかるように、学校と地域が力を合わせ相互の信頼関係を築き、子どもたちの成長を支え、地域と共にある学校づくり、そして地域コミュニティづくりを推進している状況にある。そうした中、4校の県立高等学校は、それぞれの学校の特性や生徒・地域の実情等に応じて、学校と地域の双方向の理解を促進しながら、学校運営協議会の組織や取組を工夫し、参画・協働による具体的な活動を形成し、継続・発展させる仕組みづくりにも努力を重ねているといえる。

　千葉県教育委員会では、コミュニティ・スクールの導入に当たり、2012（平成24）年1月に地教行法に基づき「学校運営協議会の設置及び運営に関する規則」を制定している。校長作成の学校運営の基本方針の承認を必須とし、また学校運営や教職員の任用についても意見を述べることが任意として規定されているが、教職員の任用に関して協議会で審議する場合の会議は公開にはしていない。これらを含め、学校運営の改善に学校運営協議会がどのような役割を果たしているのかなど、今後の取組に関する情報提供が待たれるところである。

　千葉県の県立高等学校での取組として注目できるのは、生徒と地域住民の活動への積極的な参加が学校運営協議会を中心に組織的・機動的に進められていること、学校運営協議会の理解促進を図るための情報配信などの工夫がなされていること、また学校教育法施行規則第49条に基づく「学校評議員制度」と「学校運営協議会制度」が法的根拠の点からも制度上異なることを明確にして後者による参画・協働による学校と地域との双方向性のある教育実践をめざし

ていることが伺えることにある。

4. 神奈川県教育委員会による県立高等学校の指定とその取組

　神奈川県では、県教育委員会が策定・公表した「県立高校改革基本計画」（2015（平成27）年1月策定）及び「県立高校改革実施計画（全体・Ⅰ期）」（2016（平成28）年1月策定）の中で明らかにしているとおり、「実施計画（Ⅰ期）」の2016年度から2019年度までの4年間で、すべての県立高等学校（2016年4月現在142校）でコミュニティ・スクールを導入する方向性を打ち出している。神奈川県の取組については山口県とともに、高等学校での導入に関して全国が注目している状況にある。神奈川県では、前掲の表11-2のとおり、2016年度の5校（岸根・釜利谷・逗子・小田原城北工業・愛川）に続いて2017年度に前述の21校が加わって26校の県立高等学校がコミュニティ・スクールを導入している現状であり、このことは全国の公立高等学校を所管する教育委員会の中で最多であり、同県をモデルに導入検討を進めている他県の教育委員会も少なくない。

　神奈川県教育委員会では、コミュニティ・スクールの導入に当たり、2016（平成28）年3月に地教行法に基づき「神奈川県立学校における学校運営協議会の設置等に関する規則」を定めている。校長作成の学校運営の基本方針の承認を必須とし、また学校運営や職員の任用については校長を経由して教育委員会に対して意見を述べることができるとしている。また、学校運営協議会のもとに地域との参画・協働による学校運営の実質的な活動母体として部会の設置を規定しており、そのうち「学校評価部会」は全校必置として義務づけ、学校評価システムにおける「学校関係者評価」の取組を明確にして機能性を高めた点は特筆できるとともに、県立高校生の主体的な学びや地域社会への参画意欲の育成に向けて、「県立高校生学習活動コンソーシアム」の仕掛けや取組内容に独自性が認められ、また「地方創生の観点からの学校運営協議会」の展開に関しても注目を集めている。今後の方向としては、各県立高等学校が学校運営

協議会の活動や取組成果をホームページ等の工夫により公開するなどして、地域の参画・協働による教育活動・学校運営がより活発化し、生徒・教職員にとっても、地域住民にとっても実りある展開・成果となることを期待するものである。

5. 今後の高等学校でのコミュニティ・スクールの拡大に向けて

　2017（平成29）年3月、国会（第193回）で地教行法の一部が改正され、すべての公立学校がコミュニティ・スクールになることをめざし、学校運営協議会の設置が努力義務化された。これに基づき、文部科学省は、改めてコミュニティ・スクール（学校運営協議会制度）について「学校が地域住民や保護者と教育目標を共有し、組織的・継続的な連携を可能とする法律に基づいた仕組み」と定義し、それに続けて「学校がチームとして教育力・組織力を発揮するとともに、学校と地域が適切に役割分担をすることで、子どもたちの健やかな成長と質の高い学校教育の実現が可能になる」と指摘している（文部科学省ホームページ等）。

　高等学校でのコミュニティ・スクールに関しては、小・中学校などの義務教育諸学校との比較の観点からも、制度導入から10年以上経過し、この間に導入上の特性と課題をどのように捉えてきたか、教育委員会の担当職員と公立高等学校の校長を対象に独自に意見聴取した結果、概ね①から⑧に集約できた。

　この他に少数意見ではあったが、「各教育委員会が定める学校運営協議会の組織と運営に関する規則を見ると、地教行法の関係条文を独自に解釈し、学校や地域等の実態に応じたものとして制度上の根幹として制定したところも伺え、法的な整備に困惑した」とする回答もあった。このことは、学校評議員制度以来、学校教育法施行規則に基づいて発足したところ、あるいは同法に準拠あるいは参酌して類似制度として発足したところが、全国各地で現出したことの流れを汲む証左といえる。

　今後のコミュニティ・スクールの普及・拡大に当たっては、地教行法に基づ

① 高等学校にとっての「地域」の捉えが各学校・地域の実態により異なり、通学区域や入学者選抜制度等に伴う学区制ないしは学区撤廃による広域制の特性等もあり、学校運営協議会の組織に課題を抱いていたこと
② 学校評議員制度の導入・定着の時期とも重なり、教育委員会として新たな制度導入としてのコミュニティ・スクールに対して、他県の動向を見据えることにし、これまで検討を保留してきたこと
③ 制度創設からこれまでの経過の中で、モデルとなる高等学校の導入事例が少なく、都市部の教育委員会での動きも低調であったこと
④ 教育委員会としてコミュニティ・スクール推進の所管が生涯学習の関係課で社会教育主事などが担ってきたところが多く、学校教育を所管する課との連携・協力や指導主事の制度理解に課題を抱え、準備が上手く進められてこなかったこと（制度導入上の人的・予算的な課題も含む）
⑤ 教育委員会として事務局職員の関係法規に基づく学校運営協議会の制度理解に温度差があり、学校運営等の指導行政に当たる指導主事等による、校長をはじめとする管理職や教員への制度理解や導入推進（規則未制定）等にも課題があったこと
⑥ 「開かれた学校づくり」の取組と同様に、教職員の学校外の地域活動や地域との連携・協力に取り組む知識・経験、また意識改革に課題を抱えて、校長として学校運営協議会を設置し運営する上で自信や見通しがもてなかったこと
⑦ 教育委員会として学校の管理職・教職員による学校運営協議会の組織づくりと運営の在り方に対して、継続的な研修や支援体制が必要なこと
⑧ 高等学校での導入の場合、課程・学科等の特性と設置趣旨、生徒・地域の実態等を踏まえた学校運営協議会の取組が期待されるで、学校と地域が相互に参画・協働が図れるテーマを設定することができるよう、教育委員会として学校と共に魅力ある取組の研究・検討を行ってきたこと

く学校運営協議会制度としてその有する権限（役割）を各教育委員会が規則上で定め、制度として統一感のある一元化をめざした改善整備を行い、その運用により設置趣旨のめざす効果が如何に発揮されるか実質性を重視した制度に高めていくことが求められる（2017（平成29）年3月の地教行法一部改正に伴って、これからまさに各教育委員会はこれまで制定した学校運営協議会の組織と運営に関する規則を、たとえば改正により「指定する（指定の取り消し）」という表現が条文上から削除されたことや「二以上の学校について一の学校運営協議会」への改善対応を行う必要があり、この機会をいかした取組を期待する）。

　高等学校への学校運営協議会の導入とその促進には、上記の意見からも学校の教職員のみならず指導主事をはじめ教育行政の関係職員のパラダイム転換を

第11章　高等学校におけるコミュニティ・スクールの導入と展開

図ることが前提となる。法的な解釈や運用の理解を適正に図るとともに、コミュニティ・スクールを導入し効果を挙げている高等学校の豊富な実践事例から学びノウハウの提供に努め、併せて学校が円滑に導入を図れる規則の整備や人的・物的な支援と環境づくりを進めることが肝要である。教育委員会がコミュニティ・スクール導入に向けた教職員への意識醸成と学校サポート体制の構築を行い、指導主事と社会教育主事が連携・協力してイニシアチブをとり、円滑な導入に向けた取り組みを促進することで、学校運営協議会制度を活用して学校がより良い教育の提供を図り、併せて地域の活性化にも供し、地域と共にある高等学校づくりを進めていくことを期待するものである。

(梶　輝行)

第 12 章　特別支援学校におけるコミュニティ・スクールの導入と展開

はじめに

　コミュニティ・スクールの対象は公立幼稚園から高等学校までの各段階の校種並びに特別支援学校とされるが、高等学校と並んで特別支援学校の指定校は未だ少ない。2005（平成 17）年に我が国最初の特別支援学校のコミュニティ・スクールとして京都市立西総合支援学校が指定されてから 12 年を経た 2017（平成 29）年 4 月 1 日現在、全国の特別支援学校のコミュニティ・スクールは 21 校にまで拡大したが、この数の割合は全国特別支援学校の約 2.1％ に過ぎない。

　柴垣らはその最も大きな理由として、教育委員会のコミュニティ・スクール導入の「考えがない」ことを指摘している（柴垣・朝野　2014）。全国的レベルで見た場合、特別支援学校の多くは高等学校と同様に都道府県立であることから、学校運営協議会の権限の一つである「教職員の任用意見申出」が任命権者である教育委員会に直接向けられることを懸念しているからだと考えられる[1]。言うまでもなく、市町村立学校の場合には、その意見は市町村教育委員会を経由して間接的に都道府県教育委員会に寄せられる。そこに、都道府県立学校のコミュニティ・スクールが浸透しない理由があると考えられる。

　ところが、京都市は政令指定市であるから特別支援学校の教職員の任命権者に位置づくにも拘わらず、全 8 校のコミュニティ・スクール指定を遂げている。

　そこで本章では、京都市立総合支援学校と共に、市立の一例として見附市立見附特別支援学校を取り上げて、特別支援学校におけるコミュニティ・スクールの実態と特徴を明らかにすることとした。

第12章　特別支援学校におけるコミュニティ・スクールの導入と展開

1. 特別支援学校のコミュニティ・スクール指定状況

　表12-1は、2017（平成29）年4月1日現在の特別支援学校のコミュニティ・スクール指定数である。全21校中8校は京都市立総合支援学校で、指定年も早いという特徴がある。京都市立西総合支援学校の指定以後、全ての京都市立総合支援学校が指定を受けた。これに対して、京都市以外での導入はさほど進

表12-1　特別支援学校のコミュニティ・スクール指定状況

	学校名	指定年月
1	京都市立西総合支援学校	平成17年5月
2	京都市立北総合支援学校	平成18年11月
3	京都市立東総合支援学校	平成18年12月
4	京都市立呉竹総合支援学校	平成18年12月
5	京都市立白河総合支援学校	平成20年10月
6	京都市立鳴滝総合支援学校	平成23年11月
7	京都市立桃陽総合支援学校	平成24年1月
8	岐阜市立岐阜特別支援学校	平成25年4月
9	新潟県見附市立見附特別支援学校	平成26年4月
10	横浜市立若葉台特別支援学校	平成26年4月
11	京都市立東山総合支援学校	平成28年4月
12	新潟県糸魚川市立ひすい特別支援学校	平成28年4月
13	兵庫県篠山市立篠山特別支援学校	平成29年4月
14	山口県立宇部総合支援学校	平成28年9月
15	山口県立下関総合支援学校	平成28年9月
16	山口県立岩国総合支援学校	平成29年9月
17	山口県立田布施総合支援学校	平成29年9月
18	山口県立周南総合支援学校	平成29年9月
19	山口県立山口南総合支援学校	平成29年9月
20	山口県立下関南総合支援学校	平成29年9月
21	山口県立萩総合支援学校	平成29年9月

んでおらず、横浜市、新潟県見附市・糸魚川市、岐阜市の4校にとどまっていたが、近年、兵庫県篠山市のほか、山口県立が8校指定された。なかでも、山口県はすでに市町立小・中学校が全校指定されていたという下地があり、その後、コミュニティ・スクール導入を積極的に推進してきた県教育委員会が県立学校（高等学校を含む）の指定を促すに至るのである。特別支援学校（同県では「総合支援学校」）の場合、「コミュニティ・スクール導入による、障がいのある子どもの地域における自立と社会参加の促進」を取り組み課題に置いて、その指定を推進している。

　高等学校を含む都道府県立学校が義務教育諸学校に比べてコミュニティ・スクールの指定率が低いもう一つの理由には、学校にとっての「地域」概念が曖昧だという背景がある。柴垣は、質問紙調査の結果を踏まえて、特別支援学校にとっての「地域」が「何を問題にするかによって、その範囲や対象が異なる」ことがあり、また学校教職員によってもその捉え方に違いがあることを明らかにした（柴垣・朝野　2014）。学区制を外した高等学校も同様に「地域」の捉え方が曖昧だが、特に特別支援学校は、児童生徒の交流や共同学習の推進、職業教育や進路指導の充実のほか、医療・福祉機関との連携などが高等学校以上に強く求められるため、「地域」の概念が広く、かつ曖昧になる。

　そうした背景の下でもコミュニティ・スクールの指定を浸透させた京都市では、いかなる状況にあったのであろうか。

2．京都市立総合支援学校のコミュニティ・スクールの実態

（1）京都市のコミュニティ・スクールの導入状況

　そもそも京都市は全国的に見ても、コミュニティ・スクール導入に積極的であった。2002（平成14）年度から3年度にわたった行われた文部科学省の調査研究事業「新しいタイプの学校運営のあり方に関する実践研究」の指定を同市立御所南小学校が受けると、学校支援活動を中心にした活動を意欲的に展開し、特に御池中学校と高倉小学校と連携しながら地域連携活動で成果を上げていっ

た。その結果、2004（平成16）年度にはこれら3校がコミュニティ・スクールの指定を最初に受けることとなった。

京都市がコミュニティ・スクール指定を力強く進めたのは、当時の教育長である門川（現市長）であったが、それ以前にも、当時の桝本市長の英断によって教育委員会内組織として「地域教育専門主事室」を1997（平成9）年に設置し、いじめや不登校などの今日的課題の克服を目指した。ように、教育課題を学校だけでなく、家庭や地域と協力しながら解決し、学校が家庭や地域から信頼されることが大切だとする認識があったのである（京都市教育委員会地域教育専門主事室　2014）。その後、門川教育長は、明治時代に、学校を作るために市民から竈の数に応じた資金を「竈金」と称して集めた伝統があることを踏まえ、コミュニティ・スクールの導入に積極的に取り組んだのである。

そうした伝統の下で誕生した京都市のコミュニティ・スクールは、「学校・地域の実情に応じて、ボランティア参画の企画推進委員と一体となって『子どものために行動する』ことが最大の特徴」（京都市教育委員会 2007）であるとされる。つまり、学校運営協議会の協議のみに終わらせず、実働組織である企画推進委員会と連携しつつ活動を展開するようなタイプのコミュニティ・スクールを誕生させたことになり、京都市ではこれを「京都方式」と呼んでいる。この学校運営協議会の実働組織を連結させる「京都方式」は元々御所南小学校の取組から生まれたもので、現在、各地のコミュニティ・スクールに影響を与えることになった。こうして京都市は、特別支援学校も例外とせずに、地域共にある学校づくりとしてコミュニティ・スクールを導入したのであった。

その結果、2017（平成29）年4月末現在、市立の小学校163校・中学校54校・総合支援学校8校・幼稚園11園がコミュニティ・スクールに指定されている。京都市は柴垣が指摘するように、教育委員会の考え方が指定に影響した好例になる。

(2) 京都市立総合支援学校の概要

それでは、特別支援学校の概要を見てみることにしよう。京都市では特別支

援学校を「総合支援学校」と称するが[2]、現在これは8校（北、白河、東、東山、鳴滝、西、呉竹、桃陽）存在する。このうち最も新しい学校が東山総合支援学校である[3]。

　京都市は、北・東・西・南という4つの通学区域に分けられ、それぞれを北総合支援学校・東総合支援学校・西総合支援学校・呉竹総合支援学校の通学区域に割り当てている。市教育委員会はこの4つの総合支援学校を「地域制」の総合支援学校と位置付けている。知的障がいや肢体不自由がある児童生徒は、これらの4つのうち自宅から最寄りの総合支援学校に通学することになる。このほか、白河総合支援学校と東山総合支援学校は高等部職業学科のみの設置校であることから京都市内全域を通学区域として、知的障がいのある生徒に企業就労等を目指した教育に重点を置いている。また、桃陽総合支援学校は京都市桃陽病院に隣接する学校で、同病院に入院中の小中学部児童生徒を対象にすると共に、京大病院、京都府立医大病院、国立病院機構京都病院、第一日赤病院内に分教室を設置し、各病院に入院する小中学部の児童生徒の教育を担当している。後述する鳴滝総合支援学校は国立病院機構宇多野病院等に入院する児童生徒を対象にするとともに高等部職業学科を設置している。東山総合支援学校も高等部のみの職業学科設置校であるが、「地域とともに」をコンセプトにし、白川総合支援学校東山分校の独立によって誕生した。このように総合支援学校の環境と役割は多様であるため、学校運営協議会の活動も各学校の実情に応じた取組を工夫している。

　以下では、タイプの異なる西総合支援学校と鳴滝総合支援学校の指定の経緯と取組について取り上げることにしよう。

(3) 京都市立西総合支援学校

　西総合支援学校は、京都市西部を通学区域とする「地域制」の学校に位置付き、主として知的障がい・肢体不自由の児童生徒を対象とした総合制の特別支援学校である。軽度の知的障がいの者から、重度重複障がいで医療的ケアの必要な者までの多様な障がいや特性のある児童生徒が在籍している。

「地域制」である同校は、地域資源や教育ニーズ、教育ビジョンを地域と共有し、地域住民が自分の役割に応じて学校運営に積極的に参画していくことで成り立つ「市民ぐるみ・地域ぐるみ」の学校づくりを目指している。

全国初のコミュニティ・スクールであることから、指定当初はその運営の在り方を一から模索することになったが、結局、学校運営協議会に実働組織として専門部会（企画委員会）を設置して、新たな取組に挑戦することとなった。
・「第三者評価（学校評価）プロジェクト」
・「地域の教育力（ボランティア養成）プロジェクト」
・「地域とともに（地域活動推進）プロジェクト」

実働組織による活動を展開しようとする「京都方式」である。これら企画推進委員会によって、地域参画による学校評価の実施、ボランティアの発掘・養成と活用、校区内小学校との連携活動などの実践を推進していくことが決められた。

そうして、地域ボランティアの支援を得ながら、特別支援の必要な児童生徒の放課後活動のあり方を探る中で、「地域とともにプロジェクト」の企画として、放課後地域活動グループである「わくわくクラブ」が保護者とボランティアの自主運営によって開始されるのである。これは、在籍児童・生徒と卒業生、そして学区内の障がいのある児童・生徒を対象にした放課後事業である。地域の社会福祉施設との連携・交流にも努めている。

同校は「地域制」の学校ではあるが、「障がいのある子ども」を要素としたテーマ・コミュニティとしても活動の輪を広げてきている。学校運営協議会委員には、保護者、地域代表、大学教授等のほかに施設代表や社会福祉協議会代表が含まれている。そして、「地域との双方向の連携、協働」による生活の場づくりと学びの育みをモットーに活動を続けている。この学校は特別支援学校のコミュニティ・スクールのロールモデルになっていると言ってよい。なお、同校のコミュニティ・スクールとしての取組については、単著にまとめられている（朝野　2013）。

(4) 京都市立鳴滝総合支援学校

　京都市立鳴滝総合支援学校は、元々が隣接する国立病院機構宇多野病院に入院中の筋ジストロフィー症の児童生徒を対象とする病弱養護学校であったが、2004（平成16）年4月に高等部に職業学科（生活産業科）を設置して、知的障がいのある生徒に対する就労を目指した教育も担うように改変された。そして、2013（平成25）年4月には京都市立病院内に分教室を設置した。

　前述したように、「地域制」でないため、京都市内全域を通学区とされ、院内の児童生徒には京都府内や、他府県からの者も含まれる。そのため、2011（平成23）年11月の学校運営協議会の発足に向けた課題は，「地域」をどう捉えるかということであった。同時に、学校運営協議会の委員の選出も課題とされたのである（柴垣・朝野　2014）。委員については、発足時は、校長、自治会長、筋ジストロフィー協会会長、クリーニング会社社長、ユースホステル所長。ビル・メンテナンス協会役員、PTA会長など実に多様で有り、さらにその後には障がい者就労・生活支援センター所長を加えるなどしている。学校運営協議会は生徒の教育に関わりのある関係者が一堂に集まった形になったのである。委員選定に際しては、単なる選出母体に捕らわれずに、学校の課題解決に助言等が得られる人材を優先させたのである。この点は「地域制」の学校とは異なる独自の考え方になる。

　「地域」に関しては、学校所在地域とサテライト施設のある地域を中心として、「必要に応じて対象地域を設定」することにしたようである（柴垣・朝野 2014）。この「必要に応じた対象地域の設定」というアイデアは都道府県立学校にとって有益な示唆になるだろう。つまり、学校近隣にない施設や機関の協力を要請する場合には、それらが所在するところも対象地域として捉えることになる。

　そうした地域連携は、①校外のサテライト施設の活用、②生徒増に応じた専門教科（クリーニング，ビルメンテナンス，福祉）の内容の充実、③学校所在地域における社会福祉協議会との協働的な取り組み、④女性会等との連携、⑤実習・就労先企業等との連携、⑥卒業後の生活支援に関わる就労・生活支援セン

ターとの連携など、実に多様な関係機関等とで取り組まれた（柴垣・朝野 2014）。言うまでもなく、これらとの連携は委員の選定の在り方に強く関係している。

そして、これらの連携による課題解決を継続的に図ることを目的として、「宇多野地域連携企画推進委員会」と「ビル・メンテナンスに関する企画推進委員会」の2つの専門部会（企画推進委員会）を設置した（「京都方式」）。

このように、鳴滝総合支援学校では、学校とサテライト施設の所在地を核とする「対象地域」との協働にとどまらず、学校の諸課題の解決につながる関係機関等との協働という2つの視点から学校運営協議会を組織したのである。そして、学校運営協議会の力を得て、地域協働による防災活動の実施、近隣特別養護老人ホームやサテライト施設における活動の展開、ビル・メンテナンス協会の協力によるメンテナンス認定などの実践を推進することができたのである。

そうした活動の輪が広がり充実していった背景には学校運営協議会の存在が大きいと言われる。例えば、「それまで個々に対応していた諸課題について、学校運営協議会を核として総合的に対応しようとする意識が、管理職をはじめ教職員の中に生まれてきた」こと、そして、「委員の方々と共に議論をし、解決策を考えていく中で学校の教職員だけでは出てこないような発想が生まれ、それまで構想段階でとどまっていたものが一気に具体的な取組として動き出している」ことが見出されたからである（柴垣・朝野　2014）。これらはコミュニティ・スクール指定によってこそ得られた成果になる。

3. 新潟県見附市立見附特別支援学校

京都市の例が都市型だとすれば、見附特別支援学校は非都市部における小規模市立学校の例の一つになる。同校は知的障がいのある児童生徒50人を対象にした小規模校であるが、小学部から高等部までにわたる学校である。小学校と隣接しているため、両校は日常的に多様な交流活動に取り組んでいる。

元々同校は1979（昭和54）年に市立まごころ養護学校として開校され、2011

(平成23) 年に見附特別支援学校に改名された。そして、2014 (平成26) 年にコミュニティ・スクールの指定を受けることになった。その背景には、高等部設置（平成25年度）に伴い、卒業生の進路や産業現場での実習先の確保、福祉事業所との一層の連携などが課題とされたことがある。

同校は市内唯一の市立特別支援学校であるため、市内全域が「地域」とされ、また障がいのある児童生徒に関わる施設・機関が市内に点在している実態にあることから、前述した課題解決に迫るために、点在する関係機関と学校をつなぐネットワークが必要視されるようになった（小玉・菊地　2016）。

同校ではコミュニティ・スクール指定に至るまでにも地域連携の下地が作られていた。2002 (平成14) 年度からは児童生徒が地域で生きていく力を育てるためのカリキュラム開発が取り組まれ、地域住民等を子どもたちにとってのパートナーとしい位置づけていた。そして、2008 (平成20) 年度からは学校支援地域本部事業を開始し、ボランティア活動を積極的に採り入れしていく。こうした取組がコミュニティ・スクール指定につながっていったのである。

同校の要覧によれば、学校経営の方針の中に、「コミュニティ・スクール推進」として以下の文言が記されている（同校の『平成28年度学校要覧』）。

・「学校の積極的な情報提供」⇒「熟議の創出」⇒「協働の取組」⇒「評価の共有」のサイクルの中で地域に根ざす学校づくりを推進する。
・児童生徒一人一人の地域生活を支えるため、関係機関等との顔の見える関係づくりを進め、ネットワークを構築する。

大きな取組課題は、「地域とつながる確かなネットワークの構築」とされ、これが「障がいのある子供たちの地域生活を支えるネットワーク会議」（以下「ネットワーク会議」と略す）として具現化されたのである。

学校運営協議会はコミュニティ・スクール推進委員会と称され、委員には育成会会長、入所施設園長、福祉事業所施設長、総合体育館長、地域関係者、PTA役員、校長・教頭・教務主任が任命された。これら推進委員がネットワーク会議を企画・運営し、第1回会議を2014 (平成26) 年10月にスタートさせた。ネットワーク会議は年1回の開催とされるが、「就労特化にするのでは

なく、様々な関係機関や団体等との日常的な関わりがもてるとよい」「企業での見附特別支援学校の認知度は低い」「子供たちのできる姿をもっといろんな形で発信できると相互理解につながっていく」などの意見が出されている。こうした意見を踏まえて「熟議」を進め、学校・保護者・関係機関等の「協働」につなげて、関わる支援者が一体となって機能することを目指すのである（小玉・菊地　2016）。

　成果としては、「関係機関とのパイプが太くなり相互理解が進んだこと」、「顔の見える相互理解が構築され、協働体制が充実したこと」、「職場実習を受け入れてくれる企業が増加して、障がい者の雇用拡大にもつながっていること」、などが指摘されている（文部科学省　2017）。

おわりに

　以上の事例3校からは、おおよそ特別支援学校のコミュニティ・スクールには次のような特徴が見出されるのである。

　第一に、特別支援学校では地域コミュニティとテーマ・コミュニティという二面性を活用している。西総合支援学校及び鳴滝総合支援学校はもちろん、見附特別支援学校の場合には、CS推進委員会が地域コミュニティに関わり、ネットワークがテーマ・コミュニティに関わっている訳である。

　第二に、特別支援学校は、地域組織や保護者、教育関係機関のみならず、福祉施設・団体や医療機関、さらに就労支援機関など他校種以上に多様な施設・機関・団体との連携が求められるが、学校運営協議会がこれら関係機関等とのネットワークを構築し、そのハブとして機能しているのである。

　第三に、そうしたネットワークによって障がい者に対する理解を広げているのである。特別支援学校の場合には、むしろ社会が学校に対して閉ざす姿勢を見せる傾向にあるが、コミュニティ・スクール指定によってそうした姿勢が改善され、障がい者や特別支援学校に対する理解が深まってきているのである。

　特別支援学校のコミュニティ・スクール導入が進みにくい理由の一つである

「教育委員会の考えがないから」は、結局はコミュニティ・スクールに対する教育委員会の理解不足に起因するであろう。以上に述べたような取り組み方法や成果が確実に理解されれば、教育委員会の「考え」も導入に向かうものと思われるのである。

注
1) 筆者らの全国調査によれば、都道府県教育委員会が学校運営協議会の3権限のうち「教職員の任用意見申出」を最も重要だと回答（重要度第Ⅰ位の回答）した都道府県教育委員会は皆無であった（6教育委員会中が回答）。回答数は少ないが、都道府県教育委員会が「任用意見」を避ける傾向にあることがある程度読み取れる。ちなみに、市町村教育委員会の場合は4.4％に過ぎない（コミュニティ・スクール研究会編　2015）。
2) 京都市では、平成16年4月にそれまで障がい種別に設置していた養護学校を、障がい種別によらない地域制総合支援学校に再編し、校名を総合養護学校に改称した。平成19年4月からは、学校教育法の一部改正に伴って養護学校が特別支援学校と改称されたことにより総合支援学校と改称している。
3) 京都市立白河総合支援学校東山分校時代にも、東山分校学校運営協議会が設置されていた。

参考・引用文献
柴垣登・朝野浩（2014）『特別支援学校におけるコミュニティ・スクールの推進に関する調査研究』立命館大学教職教育推進機構　朝野研究室
京都市教育委員会地域教育専門主事室編（2005）『京都発　地域教育のすすめ』ミネルヴァ書房
京都市教育委員会（2007）『地域ぐるみの学校運営協議会』より
京都市教育委員会ホームページ「学校運営協議会」より
http://www.city.kyoto.lg.jp/kyoiku/page/0000038884.html（2017年5月4日閲覧）
朝野浩（2013）『わたしたちがはじめたコミュニティ・スクール』、ジアース教育新社
柴垣登（2013）「特別支援学校におけるコミュニティ・スクール活用についての考察」、『京都教育大学大学院連合教職実践研究科年報』第2号、90-103頁
文部科学省（2017）『コミュニティ・スクール2017～地域とともにある学校づくりを目指して～（パンフレット）』初等中等教育局参事官
小玉義明・菊地建（2016）「地域とつながる確かなネットワークの構築を目指して」（全国コミュニティ・スクール研究大会IN由利本荘　第五分科会　配付資料）
コミュニティ・スクール研究会編（2015）『平成27年度文部科学省委託調査研究　総合マネジメント力強化に向けたコミュニティ・スクールの在り方に関する調査報

告書』日本大学文理学部。

※本稿のうち京都市立総合支援学校の事例に関わる部分は、柴垣登・朝野浩両氏の論考に拠った。なかでも元同校校長の朝野浩氏からは執筆協力を得たところである。この場を借りて両氏に謝意を表したい。そして、これに筆者が見附市の事例を加えて執筆したのが本稿である。

(佐藤　晴雄)

第13章　小中一貫校のコミュニティ・スクール

はじめに

　国では、コミュニティ・スクール（学校運営協議会制度・地域運営学校・CS）について「地方教育行政法」を改正し、教育委員会による指定を経ることなく設置可能とし、学校運営協議会を「置くように努めなければならない」とし、この2017（平成29）年度からCSへの移行を努力義務とした。

　本市は既に2012（平成24）年度から指定を重ね、2015（平成27）年度には全小、中学校を指定している。2016（平成28）年7月には「全国コミュニティ・スクール研究大会in由利本荘」を開催したところである。

1. 由利本荘市の概要

　2005（平成17）年3月、1市7町が合併して誕生、秋田県の南西部に位置し、北は秋田、東は横手に隣接、面積は1210平方キロ（東西32キロ、南北65キロ）で県内最大、全国の市の中でも17番目の広さを誇り、人口は約8万人で、人口密度にはかなり恵まれている。

　南に標高2236メートルの秀峰鳥海山、中央を一級河川子吉川が日本海に注ぎ、山、川、海に恵まれた豊かな田園、海岸平野に恵まれ、また山間地帯も形成、気候は県内では比較的温暖で、しのぎやすい地域である。

　産業基盤は農業と先端技術産業の農工一体型に加え、鳥海山・飛島一帯を包括する広域なジオパーク、鳥海山北麓の獅子舞番楽、人形芝居をはじめ伝統的芸能等の文化遺産や、日本海側最大規模を誇る縄文前期の貝塚「菖蒲崎遺跡」がある。また、京・大坂、北陸、北海道等を中心に貿易した北前船の寄港地の石脇、古雪の二港をもち、近年は学力向上等の施策にかかわり、全国各地から

第13章 小中一貫校のコミュニティ・スクール

本市への学校や教育委員会視察が相次いでいる。

本市の人口は減少が著しく、2005（平成17）年の1市7町の合併時には約9万人を擁していたが、2017（平成29）年には約8万人となり、子どもの数も減少し、学校の統廃合を余儀なくされ、ここ10年間の間に小学校は21校から14校に、中学校は11校から10校に減少している。

急激に進んでいる人口減、児童生徒数の減少は、従来の地域社会がもつで実施されている祭りや行事をはじめ、住民同士の様々な会合や共同作業の縮小も余儀なくされ、これらのことは、まさに地域コミュニティの衰退ともいえる現象である。

一方、学校においては、子供の減少は学校規模の縮小、そしてそれに伴い教員も減少し、とりわけ教員のうち、当市出身の教員が年々減少し、学校と地域とのパイプ役の一端が崩れる可能性もある。

こうした状況下にあって、子供の存在はやはり地域にとっては宝そのものである。

地域の活性化、元気を呼び戻し、呼び起こす源になるのは子供の存在そのものであり、一人でも多くの子供の数が増加することを期待するとともに、子供をかけがいのない存在として育てようとする気運も年々高まっている。

2. 地域と学校は常に強い絆で

そのためには、地域と学校との関係が協力的で、双方向強い絆で結ばれることが特に必要である。子供の活躍は大いに称え合い、問題行動に対しては前向きに取り組み、学校・地域の当面の差し迫った社会的・地域的な課題に対し

ては更に、関係機関等との協働体制を一層確立し、生起する課題解決に向けてかかわり、取り組む新たな学校モデルを構築・発信する必要が期待されている。そのためには、とりわけ学校、地域を結ぶ首長部局の役割が大きい。

そこで由利本荘市では首長部局から問題を提起し、学校・地域との連携・強化を図るため、具体的には「学ぶん・チャレンジ・プログラム」～地域の明日を担う人材の育成プログラム、即ち、「明日の地域を創るのは、地域の子供たち」であることを共通認識し、地域の学校を通して「ふるさと愛」を育み、自信と誇りをもって、地域を引き継ぎ、地域に根付く人材の育成に取り組んでいる。

まず第一に児童生徒が地域に関心を持ち、従来からの地域に誇りと自信をもつ「ふるさと教育」に学び積極的に地域課題に取り組む場の構築が大切である。

ところで児童生徒の豊かな心や「ふるさと愛」の育成に関しては文部科学省の全国学力・学習調査や秋田県独自の学習状況調査のアンケート(平成27年度調査)からみると、

「今住んでいる地域の行事に参加していますか」の問いに、小学校は58.7％、中学校に至っては31.7％に過ぎない。

この状況を踏まえ、地域とかかわる力を身につけさせるには、コミュニティ・スクールと首長部局とのかかわりが求められていることから、次のことを構想し、実践している。

　A．校長のリーダーシップ発揮の観点から、学校運営協議会の委嘱の任命において、校長の意見を反映する仕組みにしたい
　B．学校運営協議会の目的として、学校を応援し、地域の実情を踏まえた特色ある学校づくりを進めていく役割を明確化したい
　C．小中一貫教育など、学校間の教育の円滑な接続に資するため、複数校について一つの学校運営協議会を設置できる仕組みにしていきたい
　D．現行の機能は引き続き備えることにした上で、教職員の任用に関する意見に関しては、柔軟な運用を確保する仕組みを検討していきたい

3. 本市全小中学校のＣＳ導入の背景

(1)「ふるさと教育」との類似性と共通性
　本県・本市「心の教育」を基底として、ふるさとに生きる自信と誇りをもつ「ふるさと教育」を学校共通実践課題としてきている。地域の自然や歴史、文化、先人の働きを学ぶことによって、地域とのかかわりも深まってきている。学校地域が協働して子供の教育活動にあたってきている。このことは、学校と地域が子供の教育について共通理解を図って、双方向に臨むＣＳのねらいと合致する。

(2) 人口減少が続く中での子供の役割
　地域の人口減は、学校の小規模化が進行し、児童生徒の減少、地域に子供の声、子供の遊ぶ歓声が聞こえなくなった。そして地域には空き家や、高齢化による一人家庭が増加してきている。そのため、「子供会」の行事も年々縮小され、祭りの行事の担い手も少なくなって、地域には活気がなくなってきている。
　例えば、矢島地区の濁川集落はかつてそれなりの規模があり、昔からの濁川獅子舞番楽を演じ、今、文化庁の国指定に係る記録選択となっている。しかし集落の戸数は11と少なく、維持・発展させるためには、舞い演じる担い手・後継者育成が大きな課題である。
　学校は地域の多くの子供を預かって子供の教育に真剣に取り組んでいる一方、保護者・地域は、登下校の見守りをはじめ、学校周辺、校地の草刈、グランド整備または校舎内の清掃、運動会や校外学習活動支援などの活動をしてきている。
　今、地域自体に人口減や高齢化が進行し学校が地域課題の何にどう貢献できるか、地域の疲弊していく姿に、子供とともにどう立ち向かうのかが問われている。それには学校と保護者地域が双方向にタッグを組み、一つ一つに課題に対して、真剣に取り組まなければならない、との認識に立つべきであろう。

(3) リアル熟議に学ぶ

　本市のＣＳ指定への歩みについて欠かすことのできないのが、他地域・都市との交流そして情報交換と学ぶ姿勢である。まず、指定への契機になった一つは、佐々田亨三教育長自身が2010（平成22）年2月に、文部科学省の「熟議」に基づく教育政策形成の在り方に関する懇談会（座長　金子郁容慶応大学教授）の委員になったことである。その中で、ＣＳの実現には「熟議」が不可欠であることを学んだ。まず、人材育成等のための教育施策企画立案、推進等政策形成には「熟議」に基づいて、即ち、他者の考えや行動を尊重しながら、常に自分としては何ができるか、課題解決のために主体的に何を実践して社会に貢献できるか等を話し合って、明日から行動・実践する、いわゆる新しい公共型の在り方・有り様の基本を学ぶことができた。ＣＳもまさに、地域が学校に、学校が地域に何かできるかの問いと実践の連続といえよう。地域の一人一人が学校の児童生徒の課題解決のために主体的にかかわり実践するという姿である。

　その中で学校教育や学校環境問題として、なかなか解決困難である、次のような「いじめ・不登校」、「中1ギャップ」、「子供の携帯・スマホ依存」、「読書離れ」、「学校の統廃合」等の課題に対して参加者全員が「熟議」を重ね、それぞれ主体的に事を成し、解決に導いていく。まさに保護者、地域の方々が当事者意識をもって一人一人が学校の問題に取り組み、解決しようとする主体的なかかわりそのものといえよう。

(4)「熟議」で子供のために何ができるか、を問い合う

　コミュニティ・スクールの実現へのプロセスの一つに、「熟議」は不可欠である、といっていい。人口減少の進む中であっても、子供は学校・家庭・地域を舞台として遊び、学びを通して成長していく。この子供達のために、私たち家族は、私たち教職員は、私たち地域の住民一人一人は何ができるかを常に問うことから出発することが大事である。熟議には、私たち大人一人一人が、子供のために「明日から何ができるか」を常に話し合いのテーマとし、一人一人の考えを尊重し合い、即できること可能なことを実践していく働きがあるから

であり、このことこそ、コミュニティ・スクールに求められる理念ともいえよう。

(5) リアル熟議の実現とコミュニティ・スクール

由利本荘市では、2010（平成22）年8月1日、本荘南中学校において、東北・北海道では、初のリアル熟議を、鈴木　寛文部科学副大臣、板東久美子文部科学省生涯学習政策局長をはじめ、関係者をお招きして開催した。テーマは学校・家庭・地域の連携強化に向けて「〜子ども達が語りかけるもの〜」として子ども、学校、家庭、地域の連携強化が如何に大事であるかを再確認し、一人一人の役割、実践を問うこと、具体的にはグループ11名として、保護者・ＰＴＡ、地域住民、校長・教頭、教職員等の構成による11グループ、121名のリアル熟議参加者となった。関係者、傍聴等を含めると、300名以上にも上った。

4. 西目小中一貫校の醍醐味
　　―西目幼・小・中・高校の取り組みを通して―

(1) 由利本荘市教育の基本理念

2005（平成17）年3月の一市七町による新市誕生から10数年を経過し、スポーツ立市を宣言するなど、まちづくりの将来像として、「人と自然が共生する躍動と創造の都市（まち）づくり」を掲げ、教育の基本方針として「ふるさと愛に満ち創造性あふれるひとづくり」を目指して推進してきている。即に西目地区では、後述する地区の歴史に学び、ＣＳとの類似性を視点としてきている。

まず、西目小・中学校それぞれの学校運営協議会を統括して西目地域運営協議会を組織し、事業計画に基づく取り組みを進めています。その事業計画を企画、立案、推進するに当たっては、学校、地域、双方向一体となって事を成すことができる協働コーディネーターの役割は大きい。本市ではこの役割を行政、教育委員会勤務経験者で、保護者としてＰＴＡ活動でも主力メンバーの一人で

あった方が担っている。

図化すると、次のようになる。

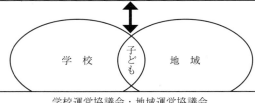

(2) 歴史に学び、「氏子的なコミュニティ・スクール」が基礎

　戦後、多くの学校は映画、芝居公演、音楽演奏等をはじめ、青年団活動にも活用され、特に演劇活動は、住民自身がサークルをつくり、脚本を書き、配役を演じるなど脚光を浴びた。学校・教職員、保護者・地域住民が協働・一体となって事を成し遂げ、心の絆を強く結んでいた。まさに学校は地域活動・文化の中心であった歴史に、私たちは今こそ学ぶ必要がある。地域の社、神社の果たしてきている役割も大きい。豊作や住民の安全・安寧を祈願し、祭りでは御輿、神楽などが町を練り歩き、時には神社に絵馬、習字、算数・数学の解・産学として奉納し、また、境内に土俵をつくり奉納相撲も行ってきた。氏子の人たちはこうした祭りを通して地域を守り、発展させてきている。どんなに人口

が少なくなろうとも一体となって協力し合い絆を深めているのである。統廃合がすすんで、地域から学校がなくなったとしても、地域と統合校が新たな絆を構築して、神社と氏子のような強い絆で結ばれる関係が大きな基礎となろう。

(3)「全村学校」づくりに学ぶコミュニティ・スクール

　特に西目地域では1932（昭和7）年、時の村長佐々木孝一郎氏が「全村学校」を提唱し、教員の協力を得て各集落に教員を住まわせ、夜学を開いて村民の教育に当たっている。村民は勉強を重ね、農耕、山林、漁業等に精励、しかも常に勤勉、勤労、実直を貫き、村はやがて全国でも屈指の模範村となった歴史がある。以来西目地域の人々の教育に寄せる熱い期待は、志を抱く勤労学徒への期待として胸に抱かれ、今日まで脈々と受け継がれている。

　現在、「立志の学校」として歩んでいる西目中学校は、「全村学校」の歴史に学び、ふるさと教育をもとに、「地域とともに」をキーワードとして教育活動を行っている、小・中・高校の校長を委員とする学校関係者評価委員会と地域の方で組織する学校評議員会を開催して、コミュニティ・スクールを実現している。

(4) 西目幼・小・中・高校の取り組み

　西目中学校は2013（平成25）年4月5日、学校だより第1号で、教育目標を「夢を力に」とし、夢を叶えるために、「知力」「心力」「体力」の向上を目指し、学校経営のキーワードとして「地域と共に」を掲げ、地域の学校として、中学校は何ができるのか。授業でも行事でも、「もっと西目地域に目を向けた取り組みの工夫を展開していきます。」と宣言している。

　学校だより第12号（7月5日発行）では、子どもは西目地域の希望であり、期待の星であります。とのことから、地域と共に子どもの夢を育むことを掲げ、校長は多くの地域の声に耳を傾け、学校をよくしていくために、今年度からコミュニティ・スクール（地域の学校）を展開していきたいと考えていることを表明。こうした土台を踏まえ、ＣＳの指定に発展したのである。

第Ⅲ部 事例校にみるコミュニティ・スクール導入の過程と成果・課題

しかも西目地区は、市立の幼稚園、小学校、中学校、それに秋田県立の西目高等学校が西目地区協議会と市教育委員会のもと、月に一度定例情報交換会を開くなど、一同に会す機会に恵まれていることから、ＣＳに係る事業に各学校とも歩調を合わせ取り組むことができたのである。

(5) 幼・小・中・高校の学校区カレンダーの全戸配布

2004（平成26）年５月、第１回学校・運営協議会を開いたのを皮切りに、毎年度３回開催している。その中で、幼・小・中・高校の各行事等を盛り込んだ学校区カレンダーを地区全体に全戸配布し学校と地区の交流のあしがかりとしている。

(6) かかしプロジェクト誕生

幼小中高（西目幼稚園・西目小学校・西目中学校・西目高校）と地域が協働して「かかし」をつくり、ＪＡの協力を仰ぎながら、西目地域内の田んぼに立てる「かかしプロジェクト」を実現する。

「幼稚園年長組と小・中の全校児童・生徒、そして西目高校の農業課科学系列の生徒、総勢600人

が約10人ずつ60組の縦割りグループをつくり、グループごとに自分たちのデザインした『かかし』を作成する。完成した『かかし』は、ＪＡの指定する水田の他、西目小学校の学校田と畑、幼稚園・中学校の周辺、その他の西目地域内に設置する。」というものであり毎年度実施している。

このプロジェクトは、西目小・中学校のコミュニティ・スクール構想の中で、「地域に貢献し、共に活動する喜びを味わえる機会をもちたいという思いから生まれた。広大で美しい稲田、農業を学ぶ生徒のいる高校が、地域の中に確かに存在することを生かし、ふるさと西目への思いと誇りを育てよう」と（前校長　佐藤和広　談）まさに熱意と大志に学んだ成果の発揮といってよい。

(7) 学力も生徒指導もワークショップ型の研究推進

幸い西目小、西目中学校は2015（平成27）年から「新たな学びに関する教員の資質向上のためのプロジェクト」の国のフィールド校としての指定を受け、相互に研究交流が推進され、小・中一貫校としての歩みが学習指導の分野からも生まれた。「主体的・対話的で深い学び」を目標とする、アクティブラーニングの視点を掲げ、次期学習指導要領改定を目指す、次世代型教育推進センターの指導を受けている。

西目小、西目中学校では、小・中教員が授業の指導案・検討会、授業後の研究討議等、合同でワークショップ型の研究会を、教科部や学年を超えて設けるなど、小・中一貫教育の良さを互いに発揮している。

こうした動きの中で、小・中一貫校として自然に機能していることは、両校にとって大きなプラスとなっている。全国的にも常に問われている、いわゆる「中1ギャップ」の課題に対しても、小学校6年生の学級担任を中心とした中学校教員がスムーズに情報交流もできている。

5．ＣＳはあくまでも子供をどう育てるか、にある

学校とＰＴＡ・地域が双方向に教育理念、教育実践等を共有し、展開するの

は、子供をどう導き、どう育て、地域社会の自立した人間に仲間入りをさせてやるかにある。学校と地域が「子供」に中心を据え実践していきたいものである。

(1) 子供をどう育てるかを常に考え、地域社会で生起する子供をめぐる課題に真正面から立ち向かいたいものである。

(2) 子供は常に迷い、悩み、不安をかかえ、つまずいたり、あきらめたり失敗したりしながら挑戦を繰り返す存在である。このことを学校も地域も認め、励まし、考え、導く諸活動を展開したいものである。

(3) 子供は地域社会にとって宝である。人格の完成を目指し、自立させ地域社会の一員として育てることは、大人の責務である。子供に常に寄り添い、教え、導く姿勢を持ち続けるには、学校・地域双方向で、時として熟議・ワークショップ等を設け実践行動をしていきたいものである。

(佐々田　亨三)

第14章　幼稚園におけるコミュニティ・スクールの導入と展開

1．コミュニティ・スクール導入の背景

　開成町は、神奈川県西部の足柄上地区中央部に位置し、東京から70km圏内、横浜からも50kmの距離にあり、町面積6.55km²と県内で一番面積が小さい町である。本町の東には酒匂川が流れ、箱根外輪山、南には相模湾、北には丹沢山塊を望むなど、都市からほど良い距離にありながらも自然に恵まれたなだらかな平坦地である。町のイメージとして「田舎モダン」をキャッチフレーズとしている。

　開成町は1958（昭和33）年に2つの村が合併して誕生し、2015（平成27）年2月に町制施行60周年を迎えた。合併当時は人口4,633人の農村地帯だったが、温暖な気候と交通網の発達により、近年は住宅地として、また農・商・工の調和のとれた都市として発展してきた。2015（平成27）年国勢調査では、町の人口は17,013人となり現在も人口が増えている。前回調査から5年間の人口増加率は3.9％となっており、平成17年国勢調査から3回連続で県内市町村の中で1位となっている。さらに、総人口に占める0歳から14歳までの年少人口の割合は15.3％で、こちらも県内市町村の中で1位となっており、6歳未満の子どもがいる一般世帯の割合は12.2％で県内市町村中1位となった。

　増え続ける児童の増加に対応するため、新たに2010（平成22）年4月に2校目となる「開成南小学校」を開校した。住宅開発を進める小田急線開成駅周辺の町南部地区に、「この学校に通いたい、通わせたい」という子育て世帯が住みたくなるよう、区画整理が終わり、家が建ち始める前に新しい小学校を建設した。

　開成町の町名の由来は、明治初期に両村組合立で開設した「開成小学校」で

ある。「開成」とは、「学問、知識を開発し、世のため成すべき務めを成さしめる」という中国の言葉（開物成務）が語源で、町民にとって学校は、町の名前になるほど重要な存在として考えられてきた。このように、教育への関心が高い開成町では、教育を町の主な施策の中心においた町づくりを進めてきた。

開成町では、2002（平成14）年度から学校評議員制度を導入し、学校長を中心として学校と地域が協力関係を築きながら学校運営を行い、学校長へ地域の意見を述べられる貴重な場としてその機能を果たしてきた。2008（平成20）年に学校運営協議会を設置したことで、評議員制度は発展的に解消した。

開成町の学校はこれまで、地域の方々と強い絆で結ばれて運営されてきた。一方で、人口の増加に伴い、転入世帯や若い世帯が増え、地域と学校の結びつきや自治会活動を始めとする地域での活動が以前よりも希薄化している状況や支援者の偏りなど、継続的な支援に課題が見られるようになってきた。

このような課題を踏まえ、学校長や教職員の異動、地域の世代交代があった場合でも、地域と学校の関係を続けていくという目的からコミュニティ・スクールを導入し、学校と地域が連携して町の子どもたちの育成を支える取組みを制度化した。

2008（平成20）年度、町立開成小学校及び町立文命中学校に学校運営協議会を設置したのを始めとし、開校したばかりの開成南小学校を2012（平成24）年度にコミュニティ・スクールに指定したことで、町立小中学校全てがコミュニティ・スクールとなった。町内唯一の幼稚園である町立幼稚園についてもコミュニティ・スクールの導入について準備を進めてきた。

開成町では、「開成町人づくり憲章」を2009（平成21）年に制定し、開成町の行う教育が目指す目標、子ども像、町が行う教育は人づくりであるという理念をまとめている。幼稚園から中学校まで一貫した教育の目標があることで連続した教育が行われ、教育行政も一体となって町の子どもたちを育んでいる。

幼・小・中の連携した教育の推進を図っていく中で、これまで3校で開催していた合同の学校運営協議会の開催に幼稚園職員も参加するよう働きかけ、開成町として目指す「人づくり憲章」の達成に向けて、平成27年4月、町立幼

稚園の学校運営協議会が設置されることとなった。これにより、開成町立学校全てがコミュニティ・スクールとなった。

2. コミュニティ・スクール導入の手続き

　2008（平成20）年度の導入にあたっては、町で「コミュニティ・スクール推進連絡委員会」を立ち上げ、各学校と教育委員会職員が導入に向けた調査研究、課題等の共有を行った。開成南小学校、開成幼稚園の導入に際しては、各園・学校で「コミュニティ・スクール推進委員会」を立ち上げ、先に導入した小、中学校が導入に向けて取り組んだ過去の成果や課題などを参考にしながら、それぞれの学校、地域特性にあった委員の構成、部会などの組織づくりを進めた。

　幼稚園ではこれまで、「開成町幼稚園教育改革検討委員会」を設置し、保護者、地域住民、有識者等から意見聴取を行いながら、保育料、給食費、延長保育、三年保育等といった町立幼稚園の在り方を研究してきた。これらの研究内容をふまえ、幼児教育のさらなる充実に向けた具体的な改革を実施しながら、幼小中連携教育の充実を図るためには、地域の支援、保護者の理解が必要であり、コミュニティ・スクールを導入することが、幼稚園教育改革を進める上で必要であると考えた。

　検討委員会の委員を中心に、一年間推進委員会で検討し、どういった部会を設置するか、委員をどういった団体から出してもらうかなど、先進事例の視察等も行いながら、組織づくりを行った。そして、2015（平成27）年4月に学校運営協議会を設置し、コミュニティ・スクールとなった。

　委員の任期については、他の学校と同様1年とし、再任は妨げていない。小・中学校では、PTAの代表を1名委員として任命しているが、幼稚園では、より多くの保護者の関わりを増やすため、保護者委員は2名とした。また、支援部と評価部の二つの部会から構成することとした。

3. 主な取組みと成果

　開成幼稚園では、幼児教育の充実に向け様々な改革に取り組んでいる真っ最中である。大きな改革の一つとして、三年保育の導入と老朽化対策及び三年保育開始に向けた園舎の大規模改修があげられる。

　開成幼稚園では就園前の三歳児を中心に、子どもの集団生活と保護者の子育ての仲間づくり、子育ての悩みを相談できる場として幼稚園に隣接するコミュニティセンターを活用した「のびのび子育てルーム事業」を行ってきた。この事業は、週のうち1日午前2時間、親子で登園し、幼稚園職員と一緒に親子で活動する。希望すれば、お弁当を持参し、午後まで滞在することもできる。

　「幼稚園教育改革検討委員会」の中でも、この取組みの効果は多いに評価されてきた。幼稚園での三年保育を望む声が大きくなり、三年保育を開始する近隣自治体が多い中、開成町では三歳児親子に対する独自の事業を早くから展開してきたことで、三年保育への需要の高まりはなかった。

　しかし、就学前教育の重要性の高まりと共に、開成町でも週五日の三年保育を望む声が大きくなり、「幼稚園教育改革検討委員会」の大きな研究課題となってきた。検討委員会や町長の教育施策の目指す方向性から、これまでの「のびのび子育てルーム事業」を発展させ、2019（平成31）年度には開成町らしい三年保育を開始することが決まった。

　これまで週1日の登園だった「のびのび子育てルーム」事業は、2015（平成27）年度より登園日を週1日から2日に増やし、そのうち1日は三歳児だけの登園日「すくすくルーム」とし、集団活動や幼稚園指導要領に則った活動、時間設定をしている。2016（平成28）年度からは三歳児だけの活動をさらに1日増やし、週3日の就園前教育に取り組んでいる。段階的に三年保育に向け「のびのび子育てルーム事業」は発展し、本格的な三年保育の開始に向けた課題の研究が進んでいる。

　大きく変わり始めている幼児教育に、地域、保護者、園長、教職員、教育委

員会職員が目指す学校目標と整合を図りながら、園の運営について協議できる場として、学校運営協議会があることで、大きな混乱もなく改革を進めることができている。

この他にも、園での給食指導の在り方、登園でのバス利用についての意見集約、園外保育の在り方など、学校運営協議会で委員が意見を出し合いながら三年保育の本格実施に向けた準備が進められている。

開成町では、町立幼稚園が一園しかないことから、教職員の異動もなく、競合する園もない。保護者アンケートの実施や地域・保護者ボランティアの積極的な受け入れなどを行ってきたが、園の運営にはこれまで園職員しか携わってこなかった。

学校運営協議会を設置したことで、地域、保護者と園の運営について協議する機会ができ、運営に新しい発想を取り入れることが可能になったことは、幼稚園に学校運営協議会を設置した成果の一つと言える。教職員も地域へ相談するパイプ役を得ることができ、また、園の運営を知ってもらうことで保護者・地域が園への理解・協力を深めるきっかけとなった。

4. 課題

開成町においても、少子高齢化が進んでいる。町の総人口に占める65歳以上の割合は前回調査から3.6ポイント上昇し25.1%となり、四人に一人は65歳以上となっている。高齢単身者、高齢夫婦世帯も増加している。また、転入世帯の増加とともに、自治会未加入世帯が増加しているなど地域のつながりが希薄になってきている。地域の力を持続していくため、園・学校を核とした地域のつながりを創出していくことが、園・学校に求められている。

町立幼稚園の園児は、現在各学年約100名前後となり、町内在住年齢児の約50％が町立幼稚園に通園している。町内には、私立保育園が3園あり、他自治体の保育園や私立幼稚園に通っている幼児も含めると、約50％が町立幼稚園以外に通っている。残りの約50％の幼児が通う町内私立保育園にも町の目

指す「人づくり憲章」や子ども像、町教育振興基本計画に位置付けた様々な事業運営をどのように取り入れてもらうかといった課題も見え始めた。

　また、放課後子ども教室、放課後児童クラブの運営や子ども会加入数の減少等まだまだ地域、保護者、行政が一体となって協議、検討しなければならないことが山積している。

　学校運営協議会を設置し、活動を始めてまもなく10年が経とうとしている。委員の成り手不足や学校支援ボランティアの在り方など、当初の組織、構成からの見直しや再編成も検討していかなければいけない時期にきている。

　就学前教育が以前にも増して重要になってきた昨今、発達障害や家庭環境など幼稚園が直面する課題は日々変化している。食物アレルギーへの対応、親の働き方の変化に伴う延長保育への需要の増加など、現代的課題への対応のためにも、保護者、地域、行政が肩を寄せ合って協議することのできる学校運営協議会は必要な組織であり、その必要性は高まっていると感じている。

　今回の法改正でもあるように、園・学校運営には、地域協働支援者のような地域のリーダー役が必要になってきている。

　開成町は、町民の教育への関心が高く、これまでも学校が困った時は地域に助けてもらっていた。子どもは地域の宝物であり、園・学校長が変わっても、自治会長が変わっても園・学校と地域の支援体制が変わることなく、教育が推進されるコミュニティ・スクールは意義のあるものである。開成町は、もともと地域と学校の距離が近かったからこそ、コミュニティ・スクールの導入に際して大きな問題もなく進められたのだと感じている。

　町民一人ひとりがそれぞれの立場で連携しながら、子どもたちに関わり、町の子どもたちを「オール開成」で育てるという町長の願いと共に、コミュニティ・スクールを今後も活用しながら、地域とともに教育を推進していきたい。

（鳥海　均）

資　料

資料

コミュニティ・スクールの実態と校長の意識に関する調査（校長用）

○この調査におけるコミュニティ・スクールとは、地方教育行政の組織及び運営に関する法律第47条の5に基づいて学校運営協議会を設置する学校のことを指します。
○コミュニティ・スクールの場合は、F1～5、Q1～Q30及びQ36～Q41の質問に回答してください。
○コミュニティ・スクール以外の場合は、F1～3、Q1～8、Q31～Q41の質問に回答してください。
○各問については、数値を記入するもの、選択肢の番号を○で囲むか、記入するもの、そして、記述するものがあります。それぞれの問に応じてお答えください。なお、記入に当たっては、黒色の鉛筆またはペンを御使用ください。
○学校名等を記入していただきますが、調査報告書等には記載せず、また学校名が特定できないよう回答結果を数的に処理いたします。このため、市区町村教育委員会へ御提出いただく際は、封筒に封入し、封をした上で、各市区町村教育委員会へ御提出ください。
○調査対象は、コミュニティ・スクール指定校（平成26年4月1日現在で指定されている学校）及び未指定校の一部です。平成27年5月1日現在の状況をお答えください。
○回答済みの調査票は、平成27年6月12日（金）までに区域内の学校の調査票をとりまとめの上、教育委員会より文部科学省に御提出いただくこととなっておりますので御留意ください。

※校長職の方にご回答をお願いします。その場合、他の教職員と相談されても構いません。
◎貴校が所属する自治体名及び学校名並びに児童生徒数・教職員数を記入してください（非公表）

自治体名　・都道府県名　　・市区町村名

学校名

児童生徒数　327.7 人

教職員数　22.2 人
（常勤の教職員数のみ※）
※学級を担任する臨任及び養護教諭並びに栄養教諭、事務職員を含む。

F1　貴校の校種は次のうちのどれですか。当てはまる項目の番号を○で囲んでください。
1. 小学校　65.8%　2. 中学校　31.8%　3. 幼稚園　1.9%　4. 高等学校　0.2%
5. 特別支援学校　0.2%

資料

F2 貴校の学級数をお書きください。

普通学級　平均　11.27 学級　　特別支援学　2.0 学級

F3 貴校は現在、コミュニティ・スクールに指定されていますか。指定されている場合には、最初に指定された年度を（　）内に記入してください。指定予定がある場合には、「2」の（　）内に予定年度を記入してください。
1. コミュニティ・スクールに指定されている　47.5%
　（平成17年度指定）　2.7%　（平成18年度指定）　5.0%　（平成19年度指定）　6.3%
　（平成20年度指定）　5.9%　（平成21年度指定）　7.1%　（平成22年度指定）　5.7%
　（平成23年度指定）　12.0%　（平成24年度指定）　21.2%　（平成25年度指定）　20.6%
　（平成26年度指定）　13.6%
2. コミュニティ・スクールではないが、指定の予定がある（平成27年度も含む）　2.0%
　（平成27年度）36.1%　（平成28年度）50.8%　（平成29年度）8.2%　（平成30年度）3.3%
3. コミュニティ・スクールでなく、指定の予定もない　50.5%

F4 【コミュニティ・スクールのみ回答】コミュニティ・スクールの指定を受けるために要した準備期間はどれくらいでしたか。当てはまる項目の番号を○で囲んでください。
1. 6カ月未満　12.6%　2. 6カ月以上～1年未満　44.4%　3. 1年以上～2年未満　28.5%
4. 2年～3年未満　9.3%　5. 3年以上　1.9%
無回答　3.3%

F5 【コミュニティ・スクールのみ回答】コミュニティ・スクールの指定を受けるに至ったきっかけは何ですか。最も強い要因（項目）を一つだけ選んで、その番号を○で囲んでください。複数の要因がある場合でも、ご自身の判断で一つにしぼってください。
1. 学校が希望して指定された　8.5%
2. 教育委員会からの働きかけによって指定された　61%
3. 首長のマニフェスト等にとりあげられた　1.8%
4. 学校の希望と教育委員会の働きかけが一致して指定された　24.1%
5. その他（　　　　　　　　　　　　　　　　　　　　　　　　）1.3%
6. わからない　2.0%
無回答　1.3%

資料

Ⅰ．あなたの学校や地域の様子について質問します。

Q1　現在のあなたが勤務する学校や教職員について、それぞれの問にお答えください。回答は当てはまる選択肢の番号を一つ選んで、〇で囲んでください。

	とても当てはまる (4)	(3)	(2)	まったく当てはまらない (1)
A．教職員は何事にもお互いに協力しながら取り組んでいる	4　65.0%	3　34.6%	2　0.4%	1　0.0%
B．教職員は地域の行事や会議に積極的に参加している	4　21.6%	3　59.5%	2　18.2%	1　0.7%
C．教職員は学校支援ボランティアの活用に積極的である	4　25.0%	3　58.5%	2　15.6%	1　0.9%
D．教職員の時間外勤務や休日出勤は多い方である	4　34.9%	3　45.2%	2　18.2%	1　1.6%
E．教職員はコミュニティ・スクールについて理解している	4　8.8%	3　44.3%	2　42.5%	1　4.4%
F．教職員は学校運営に積極的に関わろうとしている	4　25.7%	3　67.5%	2　6.8%	1　0.1%
G．学校の運営に地域や家庭の声が反映されている	4　22.6%	3　72.4%	2　5.0%	1　0.1%

Q2　あなたの学校に在籍する児童生徒について、それぞれの問にお答えください。回答は当てはまる選択肢の番号を一つ選んで、〇で囲んでください。

A．児童生徒は学習活動に意欲的に取り組んでいる	4　28.2%	3　66.7%	2　5.1%	1　0.0%
B．児童生徒の学力は高い	4　8.1%	3　47.1%	2　42.4%	1　2.3%
C．児童生徒の問題行動は少ない	4　35.7%	3　47.9%	2　14.9%	1　1.5%
D．児童生徒の不登校は少ない	4　41.0%	3　36.8%	2　20.2%	1　2.0%
E．児童生徒の家庭学習の時間は長い	4　2.3%	3　36.7%	2　57.4%	1　3.5%
F．児童生徒は多様な体験活動に取り組んでいる	4　20.8%	3　62.2%	2　16.8%	1　0.2%
G．児童生徒は地域活動に積極的に参加している	4　18.7%	3　58.1%	2　22.7%	1　0.4%

Q3　あなたの学校の児童生徒の保護者について、それぞれの問にお答えください。回答は当てはまる選択肢の番号を一つ選んで、〇で囲んでください。

A．保護者は学校行事に積極的に参加している	4　35.5%	3　57.5%	2　7.0%	1　0.1%
B．保護者は学校の活動に積極的に協力している	4　30.5%	3　60.7%	2　8.7%	1　0.1%
C．保護者は学校の実態を十分把握している	4　9.7%	3　74.5%	2　15.7%	1　0.2%
D．保護者は学校支援活動を積極的に行っている	4　15.7%	3　61.3%	2　22.5%	1　0.6%
E．PTA活動は活発に行われている	4　25.9%	3　61.6%	2　12.1%	1　0.4%
F．保護者はコミュニティ・スクールについて理解している	4　2.2%	3　28.3%	2　55.6%	1　13.8%
G．保護者からの苦情は少ない方である	4　28.2%	3　55.4%	2　15.4%	1　1.0%

Q4　校区の地域住民（保護者を除く）について、それぞれの問にお答えください。回答は当てはまる選択肢の番号を一つ選んで、〇で囲んでください。

A．地域住民は学校行事に積極的に参加している	4　18.1%	3　58.0%	2　23.1%	1　0.7%
B．地域住民は学校の活動に積極的に協力している	4　25.9%	3　59.5%	2　14.0%	1　0.6%
C．地域住民は学校の実態を十分把握している	4　6.1%	3　60.6%	2　32.7%	1　0.6%
D．地域住民による学校支援活動が活発に行われている	4　20.3%	3　54.3%	2　24.0%	1　1.3%
E．自治会や子供会などの地域活動が活発に行われている	4　20.8%	3　55.9%	2　22.3%	1　1.0%
F．地域住民はコミュニティ・スクールについて理解している	4　1.5%	3　23.0%	2　59.2%	1　16.3%
G．地域からの苦情は少ない方である	4　36.9%	3　52.4%	2　10.1%	1　0.6%

資料

Q5　平成26年度の学校だより等（全校児童生徒や地域住民等に配布しているもの）の発行回数は、何回でしたか。（　）内に回数を数値で記入してください。
　　　年間（　　　　　）回　　　平均値（16.0）回

Q6　学校の情報をホームページで公開していますか。当てはまるものを一つ選んで、その番号を○で囲んでください。
　1．ホームページを開設し、月1回以上更新している　66.6%
　2．ホームページを開設し、隔月程度更新している　7.8%
　3．ホームページを開設し、年数回程度更新している　13.1%
　4．ホームページを開設しているが、1年以上更新していない　4.6%
　5．ホームページは開設していない　7.8%

Q7　あなたの学校では、平成26年度間に、学校支援ボランティアが延べ何人くらい活動しましたか。活動していなかった場合には、「0」とご記入してください。

　　　　　　　　　　　　　　　　　　　　　　　　　　平均　397.7人

Q8　あなたの学校では、平成26年度間に、次のような学校支援活動が行われましたか。それぞれの問について、選択肢の番号を○で囲んでください。
　A．教師のアシスタント活動（プリントのまる付けや教材作成など）……　1．はい　20.9%　2．いいえ　79.1%
　B．ゲストティーチャーなど学習指導そのものに関わる支援活動…………　1．はい　84.3%　2．いいえ　15.7%
　C．施設・設備の整理に関する支援活動……………………………………　1．はい　68.9%　2．いいえ　31.1%
　D．読み聞かせ活動……………………………………………………………　1．はい　71.8%　2．いいえ　28.2%
　E．登下校見守り隊（交通安全ボランティア）……………………………　1．はい　79.6%　2．いいえ　20.4%

以下、コミュニティ・スクール指定校に対してお聞きします。コミュニティ・スクール以外の学校は、Q30まで飛ばして、Q31からお答えください。

Ⅱ．学校評議員制度・学校支援地域本部と学校運営協議会との連携について質問します。

Q9　学校評議員または類似制度の設置状況について、当てはまるものを一つ選んで、その番号を○で囲んでください。（以下、回答方法は同じ。）なお、類似制度とは、地教行法に定める学校運営協議会によらず学校運営に参画する協議会を有するもの（学校評議員制度を除く）のことです。
　1．現在、学校評議員が設置されている　9.3%　→Q10へ
　2．現在、学校評議員類似制度（学校評議員制度に代わるもの）が設置されている　3.1%　→Q10へ
　3．学校運営協議会設置に伴い、学校評議員または類似制度を廃止した（評議員の実質的活動を停止した場合も含む）　76.1%

資料

4. もともと設置されていない　8.4%　→Q10へ

⇒SQ9-1（Q9で「3」と回答した方のみお答えください。SQ9-2も同じ）
1. 学校評議員をそのまま学校運営協議会委員に移行させた　　9.9%
2. 学校評議員を学校運営協議会委員とし、さらに新たな人材も学校運営協議会委員に加えた　　50.2%
3. 学校評議員のうち一部を学校運営協議会委員に移行させた　28.3%
4. 学校評議員とは別の人材を学校運営協議会委員に任命させた　5.8%
5. その他（　　　　　　　　　　　　　　　　　）　0.8%

⇒Q9-2　学校運営協議会と学校評議員等（類似制度を含む）との関係について、以下の各項目について、選択肢の当てはまる番号を〇で囲んでください。

	とても当てはまる 4	3	2	まったく当てはまらない 1
A. 学校評議員等が廃止・停止されて、管理職の勤務負担が軽減した	4　2.0%	3　14.1%	2　54.5%	1　29.4%
B. 学校評議員等が廃止・停止されて、教職員（管理職以外）の勤務負担が軽減した	4　1.4%	3　11.9%	2　56.1%	1　30.7%
C. 学校運営協議会は学校評議員等よりも活発に意見を出してくれる	4　18.6%	3　60.5%	2　18.1%	1　2.8%
D. 学校運営協議会委員は学校評議員等よりも当事者意識が高い	4　23.0%	3　59.2%	2　15.5%	1　2.4%
E. 学校運営協議会の設置によって、学校支援活動や学校評価などの活動が積極的に展開されるようになった	4　26.1%	3　61.8%	2　11.1%	1　1.0%
F. 学校運営協議会と学校評議員等を併設する必要はない	4　83.5%	3　14.4%	2　1.2%	1　0.8%

Q10　あなたの学校には、学校支援地域本部等（学校の教育活動を支援する仕組み）が設置されていますか。当てはまる項目の番号を○で囲んでください。
1. 文部科学省補助事業としての学校支援地域本部が設置されている　　13.8%
2. 文部科学省補助事業以外の学校支援組織・仕組みが設置されている　24.3%
3. 学校支援地域本部または文部科学省補助事業以外の組織が設置されていたが、現在は廃止された　3.9%→Q11へ
4. （平成　　年度に）設置の予定がある（平成27年度も含む。文部科学省補助事業であることを問わない。）　3.5→Q11へ
5. もともと設置されておらず、今後も設置される予定もない　51.5%→Q11へ
無回答　3.1%

4. 設置予定年度
0　2.3%
（平成26年度）4.7%　（平成27年度）53.5%　（平成28年度）34.9%　（平成29年度）2.3%
無回答　2.3%

資料

⇒ SQ10-1 【Q10で「1」または「2」を選択した場合のみ回答してください。以下、SQ10-7まで回答してください。】 学校支援地域本部等を設置することになったきっかけは何ですか。最も強い要因（項目）を一つだけ選んで、その番号を○で囲んでください。複数の要因がある場合でも、ご自身の判断で一つに絞ってください。
1. 学校が希望して設置された　21.9%
2. 教育委員会からの働きかけによって設置された　44.8%
3. 首長のマニフェスト等にとりあげられた　1.0%
4. 学校の希望と教育委員会の働きかけが一致して指定された　19.2%
5. その他（　　　　　　　　　　　　　　　　　　　　　　）3.5%
6. わからない　3.7%
無回答　5.9%

⇒ SQ10-2 あなたの学校には、学校支援地域本部等（学校支援地域本部の類似の仕組みを含む。以下、同じ）を学校運営協議会と関係づけていますか。
1. 学校支援地域本部等を学校運営協議会の下部組織（実働組織）等に位置づけている　33.0%
2. 下部組織ではないが、学校運営協議会と連携させている　54.4%
3. 学校支援地域本部等と学校運営協議会は独立して活動している　9.3%
無回答　3.4%

⇒ SQ10-3 学校支援地域本部等と学校運営協議会のコーディネーターについて、当てはまるものを一つ選んでください。
1. 学校支援地域本部等の地域コーディネーターが学校運営協議会のコーディネーターを兼ねている　41.2%
2. 学校運営協議会独自の非常勤職員コーディネーターが配置されている　2.0%
3. 学校運営協議会独自のボランティアによるコーディネーターが配置されている　9.1%
4. 教職員がコーディネーターを担っている　21.7%
5. コーディネーターは配置されていない　21.5%
無回答　4.4%

⇒ SQ10-4 学校支援地域本部等の「地域教育協議会」等（活動方針、内容等を検討する市町村に設置される会議体）と学校運営協議会の関係について、当てはまるものを一つ選んでください。
1. 「地域教育協議会」等の機能を学校運営協議会が担っている　27.3%
2. 「地域教育協議会」等と学校運営協議会は連携している　30.0%
3. 「地域教育協議会」等と学校運営協議会は独自に活動している　10.4%
4. 「地域教育協議会」等は設置されていない　29.0%
無回答　3.4%

資料

⇒ SQ10-5 学校運営協議会と学校支援地域本部等の連携はどうなっていますか。当てはまるものを一つ選んでください。
1. 学校運営協議会の方針に基づいて、学校支援地域本部等による支援活動が実施されている 48.0%
2. 学校運営協議会と学校支援地域本部等が協議した方針に基づいて、支援活動が実施されている 14.3%
3. 学校運営協議会委員からの情報提供や助言を得ているが、学校支援地域本部等が主体的に方針等を決定し、支援活動が実施されている 23.6%
4. 学校運営協議会とはまったく別に、学校支援地域本部等による学校支援活動が実施されている 9.8%
無回答 4.4%

⇒ SQ10-6 学校支援は学校運営協議会設置規則等に位置づけられていますか。当てはまるものを一つ選んでください。
1. 学校運営協議会の役割の一つとして「学校支援」などの文言が明記されている 63.6%
2. 特に明記されていない 32.3%
無回答 4.0%

⇒ SQ10-7 学校運営協議会が学校支援に関わることによって得られる成果や課題にはどのようなことがありますか。以下の各項目について、選択肢の当てはまる番号を〇で囲んでください。

	とても当てはまる 4		3		2		まったく当てはまらない 1	
A. 学校運営協議会の意見等によって、学校のニーズにより的確に対応した支援を受けることができた	4	26.6%	3	61.4%	2	7.2%	1	0.5%
B. 学校運営協議会の意見等によって、保護者・地域のニーズにより的確に対応した支援を受けることができた	4	16.2%	3	61.3%	2	17.7%	1	0.5%
C. より持続可能な学校支援活動を受けることができた	4	24.6%	3	62.5%	2	8.4%	1	0.3%
D. より組織的かつ計画的に学校支援活動を受けることができた	4	22.4%	3	61.8%	2	11.1%	1	0.2%
E. より特色ある学校づくりを展開することができた	4	28.5%	3	57.7%	2	9.3%	1	0.5%
F. 学校支援ボランティア等が教育目標などを共有することによって保護者・地域の当事者意識が高まった	4	14.5%	3	59.6%	2	21.4%	1	0.1%
G. 保護者や地域住民等の学校運営への参画の機運が高まった	4	14.6%	3	59.6%	2	21.2%	1	0.3%
H. 学校運営のより確実なPDCAサイクルの確立につながった	4	15.0%	3	63.6%	2	16.7%	1	0.3%
I. 学校支援組織の人材を確保しやすくなった	4	25.4%	3	57.1%	2	13.1%	1	0.2%
J. 学校運営協議会の活動自体が活性化した	4	18.5%	3	59.8%	2	17.0%	1	0.5%
K. 学校支援活動が活性化した	4	22.6%	3	59.6%	2	13.0%	1	0.3%
L. 教職員が学校運営協議会のみならず、学校支援地域本部等にも関わることになって負担が増えた	4	4.4%	3	27.6%	2	55.9%	1	7.7%
M. 学校運営協議会委員の負担感が増した	4	2.5%	3	22.2%	2	62.3%	1	7.9%
N. 未だ学校運営協議会と学校支援組織の意思疎通・情報共有が十分できていない	4	0.7%	3	13.8%	2	53.0%	1	27.9%

資料

O.学校支援活動がメインとなり、学校運営協議会の本来の活動
　が十分にできていない ………………………………………… 4　1.0%　3　10.4%　2　54.2%　1　29.8%
P.学校運営協議会と学校支援地域本部等との意見がかみ合わな
　いことがあった …………………………………………………… 4　0.3%　3　4.2%　2　38.6%　1　51.9%

Ⅲ．学校運営協議会の活動について質問します。

Q11　現在、貴校の学校運営協議会の委員は何人いますか。

平均　13.36 人

Q12　学校運営協議会の委員に貴校の教職員（管理職を含む）が何人含まれていますか（担当者 [事務局] ではなく　委員として）。

平均　3.21 人

Q13　現在、学校運営協議会の代表（会長・委員長等）はだれが務めていますか。選出枠組でお答えください。
　　当てはまるものを一つ選んで、その番号を○で囲んでください。たとえば、学識経験者の保護者について、保護者代表として委嘱している場合には、「保護者代表」とお答えください。
　　1．地域代表　72.8%　2．保護者代表　6.2%　3．学識経験者　16.2%
　　4．学校代表　0.6%　5．その他（　　　　）1.9%
　　無回答　2.2%

Q14　学校運営協議会の主たる校内担当者の校務分掌上の位置づけ（分掌名）を書いてください。
　　　例：地域連携主任、生涯学習担当、渉外部長、主幹、教頭　など

記入欄

Q15　昨年度、学校運営協議会の会議は何回開催されましたか（年間の実績を回答してください）。定例会と臨時会等のそれぞれについてお答えください。

| 定例会 | 4.9 回 | 臨時会等 | 0.4 回 | 専門部会等 | 2.2 回 |

⇒ SQ15-1　専門部会や専門委員会等の下部組織を設置している場合には、その組織の名称を記入してください。
　　名称 [　　　　]・[　　　　]・[　　　　]・[　　　　]

資料

Q16　学校運営協議会の会議は一般に公開されていますか。当てはまるものを一つ選んで、その番号を○で囲んでください。
1．すべて公開されている　15.8%
2．公開を原則とするが、内容によっては非公開である　17.6%
3．非公開である　6.3%　4．特に決めていない　60.3%

Q17　学校運営協議会の審議等の結果を一般住民や保護者にどのように知らせていますか。当てはまる項目の番号を○で囲んでください。当てはまるものをすべて選んでください。（複数回答）
1．ホームページ　38.0%　2．学校便り・校長便り　67.6%　3．学校運営協議会便り　32.7%
4．学校運営協議会による報告会　4.6%　5．PTA集会　19.2%　6．地域懇談会　7.5%
7．Eメール　0.3%　8．その他（　　　　　　　　　　　　　　　　　）　2.6%
9．特に知らせていない　8.2%

Q18　学校運営協議会の議事録を作成していますか。当てはまるものを一つ選んで、その番号を○で囲んでください。
1．議事録を作成し、公開している（部分的公開を含む）　15.4%
2．議事概要に代えて、公開している　16.1%
3．議事録を作成しているが、公開していない　45.5%
4．議事録や議事概要は作成していない　23.0%

Q19　これまで学校運営協議会では、以下の事項を議事として取り上げたことがありますか。各問に当てはまる選択肢の1～4から一つ選んでください。
A．教育課程　　　　　　　　　　　　　　　　　　　　　　　　　4　35.0%　3　43.2%　2　16.5%　1　5.2%
B．学校行事　　　　　　　　　　　　　　　　　　　　　　　　　4　61.1%　3　35.3%　2　2.9%　1　0.6%
C．授業改善（学力向上のための取り組みを含む）　　　　　　　　4　36.5%　3　49.6%　2　11.3%　1　2.5%
D．いじめ・暴力・不登校など生徒指導に関すること　　　　　　　4　32.3%　3　50.5%　2　14.9%　1　2.3%
E．学校評価（学校自己評価・学校関係者評価など）　　　　　　　4　69.6%　3　27.2%　2　2.6%　1　0.6%
F．学校予算・決算（予算だけの場合も含む）　　　　　　　　　　4　8.1%　3　19.6%　2　39.9%　1　32.3%
G．学校への寄附（いわゆるコミュニティファンド）　　　　　　　4　1.2%　3　6.3%　2　26.8%　1　65.8%
H．校内人事（校務分掌等）　　　　　　　　　　　　　　　　　　4　3.8%　3　11.3%　2　32.4%　1　52.5%
I．教職員定数　　　　　　　　　　　　　　　　　　　　　　　　4　3.8%　3　11.3%　2　29.4%　1　55.2%
J．教職員評価（人事考課等を含む）　　　　　　　　　　　　　　4　1.6%　3　6.4%　2　28.2%　1　63.7%
K．教職員の資質改善　　　　　　　　　　　　　　　　　　　　　4　3.8%　3　25.7%　2　40.3%　1　30.3%
L．教職員の任用　　　　　　　　　　　　　　　　　　　　　　　4　2.0%　3　8.9%　2　28.3%　1　60.8%
M．地域人材の活用　　　　　　　　　　　　　　　　　　　　　　4　40.2%　3　47.5%　2　9.1%　1　3.2%
N．学校への注文・苦情への対応　　　　　　　　　　　　　　　　4　10.6%　3　44.1%　2　35.9%　1　9.4%
O．地域・保護者の巻き込み方　　　　　　　　　　　　　　　　　4　25.3%　3　56.8%　2　15.7%　1　2.1%
P．施設・設備の整備　　　　　　　　　　　　　　　　　　　　　4　19.4%　3　51.2%　2　24.2%　1　5.3%

Q20　昨年度（平成26年度間）、学校運営協議会において、学校が提示した教育方針や教育課程など学校の運営に関する基本的な方針の承認に関して、当てはまるものを一つ選んで、その番号を○で囲んでください。

資料

1. 修正意見等がなく承認された　93.5%　→ Q21 へ
2. 意見付きで承認され、その後修正した方針を確定した　5.6%
3. 修正意見が付いたが、その後に承認された　0.9%
4. 異論が出て、最後まで承認されなかった　0%

⇒ SQ20-1 （Q20 で、修正等があった＝「2」「3」「4」を選んだ場合のみ回答してください）
　　これまで（昨年度も含めて）に、修正意見等にはどのような内容がありましたか。
　A. 基本方針自体の問題点が指摘された　……… 1. あった　9.9%　2. なかった　90.1%
　B. 事実の間違いが指摘された　……… 1. あった　6.2%　2. なかった　93.8%
　C. 新たなアイデアが提示された　……… 1. あった　77.0%　2. なかった　23.0%
　D. 情報不足が指摘された　……………… 1. あった　10.8%　2. なかった　89.2%
　E. 文章表現等の修正がなされた　……… 1. あった　50.6%　2. なかった　49.4%

Q21　過去に、学校運営協議会が教育委員会に学校運営に関する意見を申し出たことが何件ありましたか。なかった場合は「0」とご記入ください。把握していない場合には、空欄にしておいてください。

> あった学校 6.5%・あった場合の平均値 2.1 件

Q22　昨年度（平成 26 年度間）には、学校運営協議会が教育委員会に学校運営に関する意見を申し出たことが何件ありましたか。なかった場合は「0」とご記入ください。

> あった学校 7.3%・あった場合の平均値　1.4 件

Q23　これまで（昨年度も含めて）に、学校運営に関して、**教育委員会や校長に対して**、どのような意見が申し出されましたか。各問について、当てはまる番号を○で囲んでください。

	4 教委と校長両方に対してあった	3 教育委員会に対してあった	2 校長に対してあった	1 なかった
A. 教職員の人事に関すること（任用意見権限以外）	1.8%	3.3%	5.9%	89.0%
B. 校務分掌に関すること	0.1%	0.1%	5.0%	94.9%
C. 教職員数(非常勤を含む)の増員に関すること	1.5%	3.1%	14.0%	81.4%
D. 地域人材の活用に関すること	2.2%	1.0%	72.0%	24.8%
E. 教育課程の改善に関すること	0.6%	0.3%	25.0%	74.1%
F. 新たな教育活動に関すること	1.3%	1.0%	48.0%	49.7%

資料

G．学習指導に関すること	0.7%	0.7%	56.0%	42.6%
H．生徒指導に関すること	1.4%	0.7%	65.4%	32.5%
I．土曜学習・放課後の学習活動の充実に関すること	1.4%	0.7%	33.6%	64.4%
J．施設・設備に関すること	6.9%	4.8%	54.3%	34.0%

Q24　昨年度（平成26年度間）に、学校運営協議会による教職員の任用（人事）に関する意見が任命権者に対して出されたことが何回ありましたか。なかった場合は「0」と記入してください。

> あった学校　6.6%・あった場合の平均値　1.2件

⇒ SQ24-1 【Q24で、任用意見が出された場合のみお答えください（「なかった＝0」はQ26へ）】
任用（人事）に関する意見にはどのようなことがありましたか。以下について、当てはまる事項に関する意見申し出の件数をお書きください。※一度に2人の事案を要望した場合は、2件となります。

A．他校（同一市区町村内）の特定の教職員を自校に配置するよう要望 ……… 1.00 件

B．他校（他の市区町村）の特定の教職員を自校に配置するよう要望 ………… 1.13 件

C．自校の特定の教職員の留任を要望 …………………………………………… 1.22 件

D．特定の教職員の転入を要望 …………………………………………………… 1.50 件

E．教職員に関する一般的要望（特定部活動の指導者や若い教職員の配置など）… 1.08 件

F．管理職の留任を要望 …………………………………………………………… 1.00 件

G．教職員加配を要望 ……………………………………………………………… 1.03 件

H．その他（　　　　　　　　　　　　　　　　　　　　　　　　　　　）

⇒ SQ24-2 「教職員の任用に関する意見」の内容のいくつかの例を、具体的にお書きください。

⇒ SQ24-3 教職員の任用に関する意見が反映されなかったことはありましたか。
  1．ほとんど反映されなかった　17.9%　　2．反映されない方が多かった　14.3%
  3．反映された方が多かった　40.5%　　4．ほとんど反映された　27.4%

Q25　過去に、学校運営協議会の意見によって実現した具体的事項について、以下の各問に対して当てはまる選択肢の番号を○で囲んでください。

	4 何度も実現した	3 少し実現した	2 実現しなかった	1 提案がなかった
A．希望した教職員が赴任してきた	2.1%	5.3%	1.1%	91.5%
B．校務分掌が改善された	0.5%	4.6%	1.1%	93.8%
C．教職員数(非常勤を含む)が増えた	0.5%	6.2%	6.7%	86.7%
D．地域人材が活用されるようになった	22.0%	46.8%	3.8%	27.4%
E．教育課程が改善された	2.5%	19.2%	2.1%	76.2%
F．新たな教育活動の時間が生まれた	6.3%	23.3%	5.7%	64.7%
G．学習指導の創意工夫が図られた	3.8%	39.8%	3.8%	52.5%
H．生徒指導の創意工夫が図られた	3.1%	44.1%	3.6%	49.3%
I．施設・設備の整備が図られた	7.3%	39.2%	12.5%	41.0%

Q26　現在、学校運営協議会は、法的権限に基づく協議のほかに、以下のような活動を直接行っていますか。「はい」または「いいえ」のいずれかの番号を○で囲んでください。
  A．学校支援活動に直接取り組んでいる……………………………　1．はい　63.5%　2．いいえ　36.5%
  B．学校評議員との合同会議を開催している………………………　1．はい　7.1%　2．いいえ　92.9%
  C．委員が学校関係者評価の評価者になっている…………………　1．はい　82.2%　2．いいえ　17.8%
  D．学校関係者評価を学校運営協議会の実働組織で実施している…　1．はい　58.9%　2．いいえ　41.1%
  E．学校自己評価について協議している……………………………　1．はい　85.4%　2．いいえ　14.6%
  F．青少年健全育成活動に取り組んでいる…………………………　1．はい　60.1%　2．いいえ　39.9%
  G．地域行事・地域活動に取り組んでいる…………………………　1．はい　67.2%　2．いいえ　32.8%
  H．保護者・地域からの苦情に対応している………………………　1．はい　23.4%　2．いいえ　76.6%
  I．自治会・町内会等との合同会議を開催している………………　1．はい　10.4%　2．いいえ　89.6%

Q27　これまで（昨年度も含めて）に、学校運営協議会で学校安全や非行防止等に関わる問題に取り組んだことはありましたか。「はい」または「いいえ」のいずれかの番号を○で囲んでください。
  A．学校運営協議会の議題として、毎年度取り上げている…………　1．はい　43.6%　2．いいえ　56.4%
  B．学校運営協議会の議題として、必要に応じて取り上げている…　1．はい　70.3%　2．いいえ　29.7%
  C．学校運営協議会が中心になって実態調査を実施した……………　1．はい　4.2%　2．いいえ　95.8%
  D．学校運営協議会が中心になって校外パトロールを実施した……　1．はい　10.4%　2．いいえ　89.6%
  E．学校運営協議会委員に、学校安全や非行防止、生徒指導などの専門家
    を入れている………………………………………………………………　1．はい　12.1%　2．いいえ　87.9%

資料

F. 学校運営協議会と警察や児童相談所等の関係機関が連携して、対応方針を協議している ……………………………………… 1. はい 5.5% 2. いいえ 94.5%
G. 学校運営協議会と警察や児童相談所等の関係機関と協議・情報共有の場が設定されている ……………………………………… 1. はい 5.3% 2. いいえ 94.7%

⇒ SQ27-1 【Q27で、A～Gのいずれか1つでも「はい」と回答した方のみに質問します。すべて「いいえ」の方はQ28から回答してください。以下、同じ。】学校運営協議会で学校安全や非行防止等に取り組むことによって、どのような成果が得られましたか。当てはまる選択肢の番号を○で囲んでください。

	とても当てはまる	4-3-2-1			まったく当てはまらない
A. 学校運営協議会の意見が問題解決に生かされた	4 10.0%	3 61.9%	2 23.8%	1 4.3%	
B. 学校運営協議会委員の指摘によって、安全や非行等に関わる問題が顕在化した	4 5.0%	3 42.1%	2 39.7%	1 13.3%	
C. 学校安全や非行防止に対する保護者・地域の理解が深まった	4 5.6%	3 55.9%	2 32.4%	1 6.2%	
D. 教職員の危機意識が高まった	4 6.0%	3 55.2%	2 31.7%	1 7.0%	
E. 問題に対して迅速に対処できるようになった	4 6.8%	3 50.9%	2 33.4%	1 8.8%	
F. 児童生徒が問題の深刻さを認識するようになった	4 2.8%	3 36.7%	2 47.4%	1 13.1%	

⇒ SQ27-2 学校運営協議会で取り組んだ問題にはどのようなことがありましたか。当てはまるものをすべて選んで、その番号を○で囲んでください（安全や命に関わること以外を含む）。
1. 防犯 54.5%　2. いじめ 46.5%　3. 自殺 0.8%　4. 暴力行為 6.1%
5. 不登校 36.8%　6. 虐待 10.1%　7. 不良集団との校友関係 4.5%
8. ドラッグ 0.8%　9. 窃盗 1.8%　10. 家出・深夜徘徊 4.4%
11. その他（　　　　　　　　　　　　　　　　　　　　　　　　　） 18.4%

⇒ SQ27-3 学校運営協議会が学校安全や非行防止等に取り組んでいる具体例とのその成果（例：補導件数の減少等）を自由にお書きください。

Ⅳ. 次に、コミュニティ・スクール制度全般に関するあなたのお考えについてお聞きします。

Q28 あなたの学校は、コミュニティ・スクールとしてどのような状況にありますか。各問について当てはまる番号を選んで○で囲んでください。

	とても当てはまる	4-3-2-1			まったく当てはまらない
A. 校長・園長のリーダーシップが発揮できている	4 35.9%	3 56.7%	2 7.1%	1 0.4%	

資料

		4		3		2		1	
B.学校運営協議会委員（以下、「委員」）に適材が得られている		4	39.8%	3	54.0%	2	6.0%	1	0.2%
C.委員から活発に意見が出されている		4	33.0%	3	52.7%	2	13.9%	1	0.4%
D.委員はコミュニティ・スクールを十分に理解している		4	28.2%	3	56.9%	2	14.7%	1	0.3%
E.学校運営協議会の意見が実現されている		4	18.3%	3	67.9%	2	13.3%	1	0.5%
F.委員以外の保護者・地域の協力が得られている		4	20.2%	3	62.5%	2	15.9%	1	1.4%
G.一般教職員も学校運営協議会に関わっている		4	15.8%	3	41.4%	2	33.9%	1	8.8%
H.私はコミュニティ・スクールの成果を実感している		4	26.7%	3	54.3%	2	17.8%	1	1.2%
I.私は学校評議員制度や類似制度との違いを実感している		4	22.6%	3	47.3%	2	26.7%	1	3.4%
J.活動費や委員謝礼の予算は十分ある		4	4.3%	3	19.1%	2	46.5%	1	30.1%
K.教育委員会のサポートが得られている		4	20.5%	3	48.2%	2	26.9%	1	4.4%
L.学校運営協議会の会議設定に苦労する		4	4.5%	3	23.5%	2	49.4%	1	22.6%
M.委員同士の意見が対立する		4	0.4%	3	3.9%	2	38.5%	1	57.2%
N.教職員の任用に関する意見申し出により人事が混乱した		4	0.0%	3	0.4%	2	6.7%	1	92.9%
O.委員の守秘義務が徹底されていない		4	0.5%	3	3.3%	2	17.0%	1	79.2%
P.管理職や担当教職員の勤務負担が増えた		4	11.0%	3	39.7%	2	36.1%	1	13.2%
Q.一般教職員の勤務負担が増えた		4	2.7%	3	17.4%	2	42.7%	1	37.3%
R.特定委員の発言で学校運営が混乱した		4	0.5%	3	2.2%	2	14.4%	1	82.9%
S.学校の自律性が損なわれた		4	0.1%	3	2.1%	2	16.6%	1	81.2%
T.制度として形骸化している		4	1.5%	3	10.7%	2	33.2%	1	54.6%
U.委員からの批判的な意見が多い		4	0.2%	3	1.3%	2	17.6%	1	80.9%

Q29 勤務校であるコミュニティ・スクール指定校は、コミュニティ・スクールの導入により、どのような成果につながったとお考えですか。各問について当てはまる番号を選んで○で囲んでください。

（着任間もない方は、教職員と相談の上、ご回答ください。）

	とても当てはまる	4		3		2		まったく当てはまらない 1	
A.特色ある学校づくりが進んだ		4	26.5%	3	57.3%	2	14.7%	1	1.5%
B.教育課程の改善・充実が図られた		4	7.5%	3	53.0%	2	35.0%	1	4.5%
C.児童生徒の学習意欲が高まった		4	4.8%	3	47.0%	2	43.3%	1	4.8%
D.児童生徒の学力が向上した		4	2.4%	3	35.6%	2	55.9%	1	6.2%
E.いじめ・不登校・暴力行為等の生徒指導の課題が解決した		4	2.6%	3	36.6%	2	53.0%	1	7.9%
F.教職員の意識改革が進んだ		4	6.2%	3	55.1%	2	34.7%	1	4.0%
G.教職員が子どもと向き合う時間が増えた		4	1.2%	3	16.6%	2	63.8%	1	18.5%
H.適切な教職員人事がなされた		4	1.7%	3	13.9%	2	39.0%	1	45.4%
I.学校関係者評価が効果的に行えるようになった		4	19.8%	3	61.0%	2	15.5%	1	3.6%
J.学校と地域が情報を共有するようになった		4	28.6%	3	64.1%	2	6.6%	1	0.7%
K.学校が活性化した		4	14.9%	3	62.6%	2	20.5%	1	1.9%
L.地域が学校に協力的になった		4	24.8%	3	61.5%	2	12.1%	1	1.6%
M.地域の教育力が上がった		4	10.3%	3	50.0%	2	35.8%	1	4.0%
N.地域が活性化した		4	7.7%	3	44.2%	2	43.1%	1	5.1%
O.地域と連携した取組が組織的に行えるようになった		4	19.9%	3	60.5%	2	17.3%	1	2.3%
P.保護者が学校に協力的になった		4	7.3%	3	55.3%	2	33.4%	1	4.0%
Q.家庭の教育力が上がった		4	1.4%	3	30.8%	2	61.5%	1	6.2%
R.学校に対する保護者や地域の理解が深まった		4	9.3%	3	65.1%	2	22.9%	1	2.7%
S.保護者や地域からの苦情が減った		4	4.0%	3	40.1%	2	47.1%	1	8.8%
T.保護者・地域による学校支援活動が活発になった		4	15.2%	3	60.3%	2	21.9%	1	2.6%
U.校長・園長のリーダーシップが向上した		4	12.5%	3	58.9%	2	25.5%	1	3.1%

資料

```
V. 管理職の異動があっても継続的な学校運営がなされている
   ･･････････････････････････････････････････････････････････････ 4  16.6%  3  64.0%  2  16.1%  1  3.3%
W. 学校の組織力が向上した ･････････････････････････････････････ 4   7.5%  3  58.9%  2  29.8%  1  3.8%
X. 子供の安全・安心な環境が確保された ････････････････････････ 4  17.3%  3  63.1%  2  17.4%  1  2.3%
```

Q30 あなたは、コミュニティ・スクールの運営に関して、どの程度満足感を抱いていますか。各問について当てはまる番号を選んで〇で囲んでください。

```
                                                      とても            4-3-2-1           まったく
                                                   当てはまる                          当てはまらない
A. 学校運営協議会の会議運営 ････････････････････････････････ 4  13.6%  3  74.2%  2  11.6%  1  0.6%
B. 基本方針承認行為による理解・賛同 ･･････････････････････ 4  26.5%  3  68.6%  2   4.5%  1  0.5%
C. 校長への意見申し出の積極性（意見内容を含めて）･･･････ 4  12.9%  3  67.9%  2  18.1%  1  1.0%
D. 教育委員会への意見申し出の積極性（意見内容を含めて）･･･ 4   6.2%  3  48.9%  2  37.0%  1  7.9%
E. 教職員の任用意見申し出の積極性（意見内容を含めて）･･･ 4   4.8%  3  44.5%  2  34.2%  1 16.6%
F. 学校運営協議会の議事内容の在り方 ･･････････････････････ 4   9.4%  3  73.3%  2  16.1%  1  1.2%
G. 学校運営協議会による情報提供の積極性 ･･････････････････ 4  16.0%  3  67.2%  2  16.2%  1  0.6%
H. 学校運営協議会委員の協力姿勢 ･･････････････････････････ 4  42.9%  3  53.4%  2   3.3%  1  0.3%
I. 学校運営協議会による保護者・地域の協力体制づくり ････ 4  16.6%  3  62.0%  2  20.2%  1  1.2%
J. 教職員の学校運営協議会活動に対する積極性 ････････････ 4   6.5%  3  50.3%  2  40.6%  1  2.6%
K. 教育委員会によるサポート ･･････････････････････････････ 4  12.7%  3  53.9%  2  29.8%  1  3.6%
L. コミュニティ・スクール制度全般 ････････････････････････ 4  10.4%  3  66.1%  2  22.2%  1  1.3%
```

[以下の設問については、学校運営協議会で「取り組んでいる」学校のみお答えください]

```
M. 学校運営協議会による学校評価の成果 ････････････････････ 4  24.7%  3  69.3%  2   5.6%  1  0.4%
N. 学校運営協議会による学校支援活動の活発さ ････････････ 4  23.6%  3  61.1%  2  14.0%  1  1.2%
O. 学校運営協議会による保護者・地域の苦情等の対応 ･････ 4   4.0%  3  45.4%  2  41.5%  1  9.2%
```

以下は、コミュニティ・スクール以外の学校に対する質問です。

Q31 あなたの学校の現況について、以下の各問にお答えください。回答は選択肢のうちから最も当てはまる番号を選んで、〇で囲んでください。

```
                                                      とても            4-3-2-1           まったく
                                                   当てはまる                          当てはまらない
A. 特色ある学校づくりが進んでいる ････････････････････････ 4  30.9%  3  64.5%  2   4.6%  1  0.1%
B. 教育課程の改善・充実が図られている ････････････････････ 4  19.9%  3  74.5%  2   5.6%  1  0.1%
C. 児童生徒の学習意欲が向上している ･･････････････････････ 4  13.0%  3  74.9%  2  12.0%  1  0.1%
D. 児童生徒の学力が向上している ･･････････････････････････ 4   9.1%  3  63.6%  2  26.9%  1  0.5%
E. いじめ・不登校・暴力行為など生徒指導の課題が解決している
   ･･････････････････････････････････････････････････････････ 4  26.8%  3  60.7%  2  12.1%  1  0.4%
F. 教職員の意識改革が進んでいる ･･････････････････････････ 4  13.9%  3  72.2%  2  13.8%  1  0.1%
G. 教職員が子どもと向き合う時間が増えている ････････････ 4   8.2%  3  46.4%  2  43.6%  1  1.8%
H. 適切な教職員人事がなされている ････････････････････････ 4  12.9%  3  64.1%  2  22.2%  1  0.8%
I. 学校関係者評価が効果的に行うことができている ･･･････ 4  15.4%  3  69.1%  2  14.9%  1  0.6%
J. 学校と地域が情報を共有できている ･･････････････････････ 4  13.6%  3  68.2%  2  17.9%  1  0.3%
K. 学校が活性化している ･･････････････････････････････････ 4  19.3%  3  73.2%  2   7.4%  1  0.1%
L. 地域が学校に協力的である ･･････････････････････････････ 4  42.5%  3  53.0%  2   4.3%  1  0.1%
```

M．地域の教育力が向上している	4	7.3%	3	57.1%	2	35.3%	1	0.4%
N．地域が活性化している	4	7.3%	3	55.0%	2	37.1%	1	0.6%
O．地域と連携した取組が組織的に行えるようになっている	4	15.9%	3	58.7%	2	25.0%	1	0.4%
P．保護者が学校に協力的になっている	4	23.4%	3	68.7%	2	7.9%	1	0.1%
Q．家庭の教育力が向上している	4	2.5%	3	44.2%	2	51.6%	1	1.6%
R．学校に対する保護者や地域の理解が深まっている	4	11.7%	3	76.9%	2	11.3%	1	0.1%
S．保護者や地域からの苦情が減っている	4	24.5%	3	60.6%	2	14.4%	1	0.5%
T．保護者・地域による学校支援活動が活発になっている	4	13.0%	3	61.1%	2	25.4%	1	0.5%
U．校長・園長のリーダーシップが向上している	4	16.9%	3	71.6%	2	11.5%	1	0.1%
V．管理職の異動があっても継続的な学校運営がなされている	4	22.6%	3	72.9%	2	4.4%	1	0.1%
W．学校の組織力が向上している	4	17.8%	3	74.8%	2	7.4%	1	0.1%
X．子供の安全・安心な環境が確保されている	4	22.6%	3	71.1%	2	6.2%	1	0.1%

Q32　現在、コミュニティ・スクールをめぐる貴校の現況について、各項目の選択肢から当てはまる方の番号を○で囲んでください。

A．首長には制度導入の意向がない　　　　　　　　　　　　　　1．はい　53.4%　　2．いいえ　46.6%
B．教育委員会に制度導入の意向がない　　　　　　　　　　　　1．はい　53.2%　　2．いいえ　46.8%
C．校長・園長である自分に指定の意思がない　　　　　　　　　1．はい　63.5%　　2．いいえ　36.5%
D．教職員はコミュニティ・スクールに消極的である　　　　　　1．はい　69.3%　　2．いいえ　30.7%
E．保護者は学校運営に参画しようとしていない　　　　　　　　1．はい　38.1%　　2．いいえ　61.9%
F．地域住民は学校運営に参画しようとしていない　　　　　　　1．はい　40.3%　　2．いいえ　59.7%
G．学校運営協議会委員の人材確保が難しい　　　　　　　　　　1．はい　57.1%　　2．いいえ　42.9%
H．地域との連携が難しい　　　　　　　　　　　　　　　　　　1．はい　16.7%　　2．いいえ　83.3%
I．解決すべき教育課題は多くない　　　　　　　　　　　　　　1．はい　32.2%　　2．いいえ　67.8%
J．学校運営は順調である　　　　　　　　　　　　　　　　　　1．はい　92.7%　　2．いいえ　7.3%

Q33　もしあなたが校長・園長としてコミュニティ・スクールの指定を受けるためには、どのようなことが重要だと思いますか。該当するものを以下から3つ以内選んで、回答欄にその番号を記入してください。「その他」を選択した場合には、番号を記入すると共に、（　　）に条件を記述してください。なお、類似制度とは、地教行法に定める学校運営協議会によらず学校運営に参画する協議会を有するもの（学校評議員制度を除く）のことです。

1．教育委員会からの働きかけがあること　34.8%
2．コミュニティ・スクール予算が確保されること　45.9%
3．教職員の加配措置がなされること　46.5%
4．コミュニティ・スクール担当コーディネーターが配置されること　50.5%
5．基本方針の承認について柔軟な運用を可能にすること（規定の見直し含む）　18.8%
6．教育委員会に対する意見申し出について柔軟な運用を可能にすること（規定の見直し含む）　6.9%
7．教職員の任用に関する意見申し出について柔軟な運用を可能にすること（規定の見直し含む）　21.3%
8．学校関係者評価の機能の役割の明確化を図ること　6.4%
9．学校支援の機能の役割の明確化を図ること　21.0%
10．学校評議員制度から移行するよう国が明確に示すこと　10.8%

資料

11. 学校支援地域本部との一体的推進を図ること　7.7%
12. 類似制度から学校運営協議会への移行を支援すること　4.7%
13. 学校ごとではなく複数校をまとめた学校運営協議会の設置を可能とすること　7.1%
14. 実践者の派遣と継続的な助言を得ることができること　11.2%
15. その他（　　　　　　　　　　　　　　　　　　　　　　）　2.5%

回答欄	1位	2位	3位

Q34　あなたは、校長・園長としてコミュニティ・スクールの指定を受けようとするお考えがありますか。当てはまるものを一つ選んで、その番号を○で囲んでください。
  1. ぜひ指定を受けたい　2.7%
  2. 教育委員会からの働きかけがあれば指定を受けたい　20.5%
  3. 気が進まないが、教育委員会から働きかけがあれば指定を受ける　10.6%
  4. 指定を受ける意思はない　30.5%
  5. 今のところはわからない　30.0%
  無回答　5.8%

Q35　現在、学校関係者評価をどのような方法・形態で実施していますか。当てはまるものを一つ選んで、その番号を○で囲んでください。なお、類似制度とは、地教行法に定める学校運営協議会によらず学校運営に参画する協議会を有するもの（学校評議員制度を除く）のことです。
  1. 学校関係者評価委員会などの評価組織を設置して実施している　28.6%
  2. 随時、評価者を委嘱して実施している　2.0%
  3. 学校運営協議会の類似組織で実施している　7.8%
  4. 学校評議員を活用して実施している　54.3%
  5. 実施していない　1.7%
  無回答　5.6%

以下は、すべての学校に対する質問です。

Q36　学校運営協議会の権限のそれぞれの意義について、あなたのお考えをお答えください。各権限の意義として、下記［選択肢］の「1」～「12」からよく当てはまると思う順に3つ以内選んで、該当する回答欄にその番号を記入してください。なお、同じ項目が重複してもかまいません。
［選択肢］
  1. 保護者・地域住民の学校運営に関する当事者意識を高めるため　95.2%

資料

2. 保護者・地域住民の意向を学校運営に反映するため　136.8%
3. 学校・家庭・地域でめざす子ども像・学校像を共有するため　99.3%
4. 学校運営の透明性を確保するため　65.8%
5. 保護者・地域住民の学校理解を得るため　72.3%
6. 教職員の意識改革を進めるため　61.4%
7. 学校が説明責任を果たすため　49.6%
8. 教職員体制を改善するため　74.9%
9. 校長のリーダーシップを発揮しやすくするため　55.7%
10. 学校マネジメントを強化するため　60.8%
11. 保護者・地域の学校に対する協力を得やすくするため　53.9%
12. 学校の教育課題の解決を図るため　101.0%
13. 学校運営の点検と見直しを図るため　74.0%
14. 教職員・保護者・地域のコミュニティ形成に関心を促すため　25.8%
15. わからない　9.7%→無記入

権限	第1位	第2位	第3位
A. 基本方針の承認			
B. 校長への意見申し出			
C. 教育委員会への意見申し出			
D. 教職員の任用意見の申し出			

Q37　学校運営協議会には法律上、以下の権限が与えられていますが、あなたは、特にどの権限が大切だと考えますか。大切であると考える順に、第一位から第三位までの番号を回答欄に書いてください。なお、コミュニティ・スクール以外の学校で、わからない場合には、空欄にしておいてください。
1. 校長が作成した基本的な方針（教育課程等）を承認すること　34.2%
2. 学校運営に関して校長や教育委員会に意見を述べること　33.6%
3. 教職員の採用等の任用に関して意見を述べること　32.2%

	1位	2位	3位
回答欄			

Q38　現在、コミュニティ・スクールの学校運営協議会は学校ごとに設置することとされていますが、小中一貫・連携教育を推進している場合や小規模市町村においては、複数校をまとめて設置できるようにすることについて、どう考えますか。当てはまるものを一つ選んで、その番号を○で囲んでください。
1. 単位学校ではなく複数校まとめた学校運営協議会を設置できるようにすることが望ましい　32.8%

資料

2．校長一人配置の小中一貫教育校などの場合に限って、複数まとめた学校運営協議会を設置できるようにするのが望ましい　30.9％
3．現行通りに、単位学校に設置することが望ましい　31.3％
無回答　4.9％

Q39　今後、コミュニティ・スクールの仕組みを多くの公立学校で導入することについて、あなたはどう思われますか。当てはまる項目を一つ選んで、その番号を○で囲んでください。
1．全国的に多くの学校で導入されることが望ましい　25.2％
2．教育委員会の判断にゆだねて導入すればよい　31.7％
3．希望する学校で導入すればよい　30.6％
4．わからない　8.2％
無回答　4.4％

Q40　コミュニティ・スクールを拡充していくためには、どのようなことが重要だと思いますか。以下の選択肢から重要だと思うことを3つ以内選択して、その番号を回答欄に記入してください。なお、類似制度とは、地教行法に定める学校運営協議会によらず学校運営に参画する協議会を有するもの（学校評議員制度を除く）のことです。
1．教育委員会が方針を明確にする　45.9％
2．教育委員会による研修・啓発活動を充実させる　17.4％
3．校内研修を充実させる　5.1％　　4．教育委員会による先進事例を提示する　13.6％
5．教育委員会による指導・助言を充実させる　9.0％
6．教育委員会が予算措置を図る　39.0％
7．教育委員会が教職員を加配する　36.7％
8．基本方針の承認について柔軟な運用を可能にする（規定の見直しを含む）　16.4％
9．教育委員会に対する意見申し出について柔軟な運用を可能にする（規定の見直しを含む）　7.8％
10．教職員の任用に関する意見申し出について柔軟な運用を可能にする（規定の見直しを含む）　14.2％
11．学校関係者評価の機能の役割を明確にする　11.5％
12．学校支援の機能の役割を明確にする　33.1％
13．類似制度から学校運営協議会への移行を支援する　9.5％
14．学校ごとではなく複数校をまとめた学校運営協議会の設置を可能にする　10.5％
15．実践者の派遣と継続的な助言を行う　10.8％
16．その他（　　　　　　　）　1.9％
17．拡充する必要はない　4.9％

	1位	2位	3位
回答欄			

資料

Q41　コミュニティ・スクール制度に関して、あなたのお考えを自由に書いてください。

調査はこれで終わりです。ご協力ありがとうございました。

おわりに

　我々のコミュニティ・スクール研究会は、2007年に文教協会の研究助成を得て、コミュニティ・スクールに関する最初の全国調査を実施し、以後、文部科学省の調査研究事業を受託して全国調査を続けてきたところである。この間、研究会メンバーに多少の入れ替はあったが、多くは当初のメンバーである。これらメンバーには、学校運営協議会委員等として、また教育委員会職員として、直接コミュニティ・スクールに関わった者が多い。さらに、本書は、コミュニティ・スクールを導入した教育委員会の教育長等にも論考を寄せていただいた。その意味で、実践に根付いたコミュニティ・スクール関係図書だと言ってよい。

　また、これまでの一連の調査は、研究を目的とすると同時に、教育委員会や学校関係者の参考に資するようコミュニティ・スクールの実態を明らかにすることも大きな目的としている。そのためか、これまで多くの関係者に我々の得たデータを活用していただいている。本書は、その全国調査の最新版として広く世に問うものであり、これから多くの方にご活用いただけるものと思っている。

　なお、コミュニティ・スクール研究会で取り組んだ最初の全国調査は以下の図書に収められている。本書と合わせてご参考いただければ幸甚である。

・佐藤晴雄編『コミュニティ・スクールの研究』風間書房、2010年

　本書をお読みいただければ明らかなように、コミュニティ・スクールは、学校改善のみならず、地域活性化のツールとしてもその役割が期待されている。そして、その導入が努力義務化された現在、これから多くの自治体や学校に浸透し、子供たちの健やかな成長と魅力ある地域づくりを推進する仕組みとして定着していくものと予想される。

　しかしながら、コミュニティ・スクールをめぐっては関係者に懸念や不要感などが未だ見られる。本書がこれらを払拭する一助になることを願って、「おわりに」をしめたい。

編者　佐藤晴雄

執筆者一覧

【編者】佐藤晴雄（日本大学教授）
　序章、第Ⅰ部第4章、第5章、第11章、第Ⅱ部第1章、第3章、第4章、第5章、第Ⅲ部第12章
　　東京都大田区教育委員会、帝京大学助教授を経て、現職。日本学習社会学会会長。早稲田大学講師、ちよだ生涯学習カレッジ学長等を兼務。東京都足立区立五反野小学校の運営指導委員会副委員長としてコミュニティ・スクール制度創設に従事し、近年は中央教育審議会専門委員としてその制度導入の努力義務化を提言した答申に関わる。関係著書に、『コミュニティ・スクールの研究』（編著、風間書房、2010年）、『コミュニティ・スクール』（エイデル研究所、2016年）、『コミュニティ・スクールの成果と展望』（ミネルヴァ書房、2017年）がある。

青木栄一（東北大学准教授）　第Ⅰ部第9章
　　日本学術振興会特別研究員、国立教育政策研究所研究員を経て、現職。中央教育審議会専門委員。コミュニティ・スクール（CS）の導入と教員の労働時間との関係についての実証的研究を研究代表者として実施。CSに関する文部科学省委託調査研究に研究分担者として参画。主著に『教育行政の政府間関係』（多賀出版、2004年、日本教育行政学会賞）、『地方分権と教育行政―少人数学級編制の政策過程』（勁草書房、2013年、日本教育経営学会学術研究賞）がある。

大園早紀（エイデル研究所）　第Ⅰ部第2章、第Ⅱ部第5章
　　日本大学文理学部及び大学院在学中から、大学近隣の学校運営協議会の活動に参加したことを契機に、コミュニティ・スクールに興味関心を持ち、以後研究を続けてきた。現在は株式会社エイデル研究所で『季刊教育法』の編集を担当している。

小笠原喜康（日本大学教授）　第Ⅱ部第2章
　　東京都杉並区立小学校教諭、金沢女子大学専任講師をへて、現職。世田谷区立松沢中学校学校運営委員会（学校運営協議会）委員長を8年務めた。また、神奈川県教育委員会では県立学校の第三者評価者を務めた。専門は、博物館教育学・教育認識論・メディア教育論であるが、広く教育問題の研究に努めている。

梶　輝行（横浜薬科大学教授）　第Ⅰ部第6章、第Ⅲ部第11章
　神奈川県立高等学校教諭、同県立総合教育センター指導主事、同県教育委員会指導主事、同県立光陵高等学校教頭・副校長、同県教育委員会県立高校改革担当課長を経て、現職。日本大学講師、昭和音楽大学・同短期大学部講師等を兼務。近年は高等学校のコミュニティ・スクール導入とカリキュラム・マネジメントの実践に関して、学校・教育委員会の要請で指導・相談等に対応している。

神林寿幸（〔独〕教職員支援機構・研修特別研究員）　第Ⅰ部第10章
　日本学術振興会特別研究員を経て、現職。東北大学大学院在学中からコミュニティ・スクールに関する文部科学省委託調査研究や東北大学プロジェクトに研究協力者として、教育委員会や教職員を対象とした調査の集計・分析に携わってきた。著書に『公立小・中学校教員の業務負担』（大学教育出版、2017年）がある。

北野秋男（日本大学教授）　第Ⅰ部第3章、第Ⅲ部第4章
　日本大学助手・助教授を経て、現職。東洋大学、慶応義塾大学などの講師を兼務。世田谷区社会教育委員、世田谷区立松沢小学校外部評価委員長を経て、同学校運営委員会（学校運営協議会）委員長としてコミュニティ・スクールの具体的運営に5年間従事した。アメリカの教育制度を専攻すると共に、学力調査にも尽力している。

小西哲也（兵庫教育大学教授）　第Ⅲ部第8章
　山口県教育委員会において平成19年に県内すべての公立学校のコミュニティ・スクール化を企画提案し推進した。義務教育課長、教育次長等を経て現職。平成26年度より文部科学省コミュニティ・スクール企画委員、平成28年度よりＣＳマイスターとして普及活動に努めている。コミュニティ・スクール導入による子どもの社会性の発達や社会に開かれた教育課程の在り方について調査・研究や研修に関わっている。

佐々田亨三（秋田県由利本荘市教育委員会教育長）　第Ⅲ部第13章
　秋田県教育委員会教育次長、県立博物館長を経て、現職。全国ＣＳ連絡協議会副会長。秋田県の学校共通実践課題「ふるさと教育」の推進、文部科学省のリアル熟議、三鷹教育子育て研究所ＣＳ研究会に関わる。由利本荘市の全小・中学校をコミュニティ・スクールに指定し、平成28年に「全国ＣＳ研究大会in由利本荘」を開催した。

柴田彩千子（東京学芸大学准教授）　第Ⅰ部第1章、第Ⅲ部第3章
　日本女子大学専任助手、帝京大学専任講師・准教授を経て、現職。明治学院大学講師、東京都八王子市教育委員、小金井市社会教育委員等を兼務。主な研究テーマは、地域づくりと教育。学校と地域の連携の在り方に関心を有し、コミュニティ・スクール全国調査に参画している。

髙橋　興（青森中央学院大学教授）　第Ⅲ部第1章
　青森県立高校長、県教育庁長生涯学習課長、県総合社会教育センター所長等を経て現職。中央教育審議会生涯学習分科会臨時委員等を歴任。一貫して学校と地域の連携協働に関心を持ち、各地の学校支援地域本部事業や小中一貫教育、コミュニティ・スクールの実践や研究に関わり続けている。平成28年度からCSマイスターとして普及活動に従事している。

髙部明夫（東京都三鷹市教育委員会教育長）　第Ⅲ部第5章
　昭和52年三鷹市役所に入庁。総務部職員課長、教育委員会総務課長、総務部調整担当部長、市民部長、教育委員会教育部長を経て、平成24年10月より現職。コミュニティ・スクールを基盤とした小・中一貫教育を柱に、学校・家庭・地域との連携・協働による学校教育の推進に取り組んでいる。

鳥海　均（神奈川県開成町教育委員会教育長）　第Ⅲ部第14章
　神奈川県山北町立清水小学校長、同立川村小学校長を経て、平成23年4月より現職。新設校の小学校のコミュニティ・スクール導入に取組み、町立小中学校の全校コミュニティ・スクール化を実現。平成27年には、町立幼稚園にコミュニティ・スクールを導入し、町立学校全てをコミュニティ・スクールとした。

仲田康一（大東文化大学専任講師）　第Ⅰ部第8章、第Ⅱ部第7章、第Ⅲ部第10章
　日本学術振興会特別研究員、常葉大学講師等を経て、現職。コミュニティ・スクールに関する政策と実践を社会学的に探求している。著書『コミュニティ・スクールのポリティクス』（勁草書房、2015年）で日本教育行政学会賞を受賞した。

西　祐樹（春日市教育委員会主任）　第Ⅲ部第6章、第7章、第9章
　平成24年度からコミュニティ・スクールの企画運営に従事し、市内複数の学校運営協議会に参画。「第1回全国コミュニティ・スクール研究大会inかすが」のほか、コミュニティ・スクールに係る文部科学省研究事業、地域学校協働活

動事業等に関わるとともに、視察対応や研究機関等への調査協力により、春日市における実践や成果について幅広く情報提供を行っている。

冨士原雅弘（日本大学准教授）　第Ⅱ部第3章
　日本大学助手・助教、東海大学専任講師・准教授を経て、現職。これまでコミュニティ・スクールには、文部科学省委託調査研究の研究協力者として関わる。また、教育制度史を専門としつつも、現代の教育問題に関心を持ち、日本学習社会学会事務局長などを務める。

堀井啓幸（常葉大学教授）　第Ⅲ部第2章
　帝京女子短期大学、富山大学、山梨県立大学人間福祉学部教授を経て、現職。甲斐市コミュニティ・スクール推進委員長・同市立双葉西小学校学校運営協議会委員を経歴。現在、山梨県南部町学校運営協議会委員、浜松市「はままつ人づくり未来プラン」検討委員会専門委員などを兼務。専門は教育経営学であるが、教育学と建築計画の融合による学校と地域のあり方について研究している。

村上純一（文教大学専任講師）　第Ⅰ部第7章
　平成27年度より現職。東京大学大学院在学時より、埼玉県志木市、長野県木島平村などで「開かれた学校づくり」、コミュニティ・スクール、教育課程特例校制度に基づく地域独自カリキュラムなどを研究。共著書に『教育現場に革新をもたらす自治体発カリキュラム改革』（学事出版、2012年）などがある。

吉田佳恵（〔独〕大学入試センター・試験問題企画官）　第Ⅱ部第6章
　神奈川県立高等学校教諭、同県立総合教育センター指導主事、同県教育委員会指導主事、同県教育委員会総務室専任主幹を経て現職。高等学校における学校評価・第三者評価、国語教育、地域との協働などの教育政策並びに各学校への指導・助言等に携わってきた。

コミュニティ・スクールの全貌
―全国調査から実相と成果を探る―

2018年2月15日　初版第1刷発行

編著者　　佐　藤　晴　雄
発行者　　風　間　敬　子
発行所　　株式会社　風　間　書　房
〒101-0051　東京都千代田区神田神保町1-34
電話 03（3291）5729　FAX 03（3291）5757
振替 00110-5-1853

印刷　堀江制作・平河工業社　　製本　高地製本所

©2018　Haruo Sato　　　　　　　　　NDC分類：374
ISBN978-4-7599-2205-9　Printed in Japan

〖JCOPY〗〈(社)出版者著作権管理機構　委託出版物〉
本書の無断複製は、著作権法上での例外を除き禁じられています。複製される場合はそのつど事前に(社)出版者著作権管理機構（電話 03-3513-6969、FAX 03-3513-6979、e-mail: info@jcopy.or.jp）の許諾を得て下さい。